唐朝往事系列

耿元骊 主编

郭子仪

力挽狂澜汾阳王

孟献志 著

辽宁人民出版社

图书在版编目（CIP）数据

郭子仪：力挽狂澜汾阳王 / 孟献志著 . — 沈阳：
辽宁人民出版社，2025.1
　　（唐朝往事系列 / 耿元骊主编）
　　ISBN 978-7-205-11138-0

　　Ⅰ . ①郭… Ⅱ . ①孟… Ⅲ . ①郭子仪（697-781）—
传记—通俗读物 Ⅳ . ① K825.2-49

中国国家版本馆 CIP 数据核字（2024）第 088424 号

出版发行：辽宁人民出版社
　　　　　地址：沈阳市和平区十一纬路 25 号　邮编：110003
　　　　　电话：024-23284191（发行部）　024-23284304（办公室）
　　　　　http://www.lnpph.com.cn
印　　刷：天津光之彩印刷有限公司
幅面尺寸：145mm×210mm
印　　张：10.25
字　　数：183 千字
出版时间：2025 年 1 月第 1 版
印刷时间：2025 年 1 月第 1 次印刷
责任编辑：赵维宁
助理编辑：姚　远
封面设计：乐　翁
版式设计：一诺设计
责任校对：冯　莹
书　　号：ISBN 978-7-205-11138-0
定　　价：78.00 元

总 序

盛唐：中华文明的辉煌时代

唐朝有自己独特的气质。当我们提起唐朝，经过长达千年集体记忆形塑，大概每一个华人都会立刻呈现一幅宏大画卷萦绕脑海，泱泱大国典范形象勃现眼前，甚至还会莫名有一种自豪感油然而生。三百年波澜壮阔（实289年），四千位杰出人物（两《唐书》有姓名者约数），五千万烝民百姓（开元载簿约数，累计过亿），共同在欧亚大陆东端上演了一出雄浑壮丽、辉煌灿烂的人间大剧。

唐朝在中国历史上有着巍然的地位。它海纳百川，汲取万方长处；自信宏达，几无狭隘自闭之风。日本学者外山军治以域外之眼，推崇隋唐时代是"世界性的帝国"，自有其独到眼光。唐代在数百年乱世基础上，在经历多次民族大融合之后，引入周边各族之精英及其文化，融合再造生机勃勃的新一代文化，从而使以华夏文明为中心的中原文明再次焕发出生机与活力。唐朝，也成为中华文明辉煌的时代。如果在朝代之间进行比赛，唐代在大多数项目上都能取得前几名，"唐"也与"汉"共同成为中华代称。

唐朝有着空前辽阔的疆域。其开疆拓土之勇猛气概与精细作业之高超能力，一时无双。皇帝的"天可汗"称号，使唐成为周边各区域政权名义共主。这是一个大有为的豪迈时代，自张骞通西域以来，再次大规模稳定沟通西域，所谓"是时中国盛强，自安远门西尽唐境凡万二千里，闾阎相望，桑麻翳野"。在南方则形成了稳定通畅的广州通海夷道，大概是同时代世界上最远的航路。杜环、杨良瑶在中亚游历，促进了东西方海路沟通，大批波斯、大食商人来到广州，唐代和中亚、西方直接往来越来越密切，唐帝国是世界舞台上的优胜者。

大唐独有气质、巍然历史地位、空前辽阔疆域，共同形成了"盛唐气象"。"盛唐气象"也从最初描绘诗文格调的形容词，逐渐转变为唐代整个社会风范的代名词。"盛唐"逐步成为描绘唐朝基本面貌最常用词语，一个典范概括。唐朝各个方面，都呈现出进取有为和气质昂扬的面貌，无论是精神、文化还是生活上，都展现了独特时代风貌，其格局气势恢宏，境界深远，深深体现在盛唐精神、文化、生活等各个方面。

盛唐的精神

大唐精神体现在何处？首先是开放的心态，其次是大规模的制度建设。没有开放心态，就不会建成这些制度。唐朝有传统时代最开放的万丈雄心，不自卑，也不保守，更没有"文化本位主义"的抱残守缺。上层统治群体胡人血统很深，胡汉通婚情况很普遍，社会氛围基本不强调排外。唐高祖母独孤氏，太宗母窦氏、皇后长孙氏，这些都是鲜卑人。"胡客留长安久者，或四十余年"，来华的日本人很多在唐娶妻生子，大食国李彦、朝鲜半岛崔致远等，都考中进士，日本人阿倍仲麻吕进士及第后还当过官员。华夷观念上，没有鲜明对抗。唐朝人不自限天地，也不坐井观天。

在制度建设方面，唐朝延续了隋朝之初创，多方面建立了模板标杆，后代仿而行之，千年而未改，是盛唐精神最佳外在表现。在中央行政体制上，建立了完善的三省六部制，其体制健全，运行相对其他制度较为顺畅。结束了家国一体、门阀政治局面，以皇帝为核心，建立官僚政治制度，以严密官僚体系，分门别类推动行政运作，这个基本框架和运行模式历经改良在后世得到了长期沿用。在法律上，唐代创建了律令格式体系，形成了中华法系。特别是唐律，不仅仅在中国，在东亚历史上都有着重要地位，得到了长期沿用。在科举体制上，进一步完善科举模式，也得到了长期沿用。科举公平考试最受益者无疑是寒素出身者，推动并加快了社会阶层流动速度。在礼制这个社会等级秩序最鲜明标志物的建设上，唐代也有着最大贡献，形成了最早的国家礼典，在东亚文化体系当中影响巨大。

盛唐时期昂扬向上，走在各方面都开创事功的道路上，能出现贞观之治、开元盛世新局面，也就不足为奇。虽然安史之乱打破了原有局势，但是它并没有颠覆已经形成的大格局，所以唐朝仍能继续维系百年以上。

盛唐的文化

唐朝是文化的时代，各种艺术形式都让人有如臻化境之感。大唐是诗之国度，唐诗是诗之顶峰，唐诗至今仍是我们中国人日常最爱古典文化，谁不能脱口而出一两句唐诗呢！唐诗厚重与灵巧并重，对现实、人生总是充满着昂扬奋发的精气神，所体现出的时代精神是那么刚健、自豪！读李白诗，不由得让人有意气风发之感。读杜甫诗，不由得起家国之深思。才气纵横如李白，勤思苦练如杜甫，是唐诗当中最亮的双子星。读边塞诗，似亲行塞上，悲壮深沉。读田园诗，则宁静致远，平和悠适。即使安史之乱以后，大唐仍然有元稹、白居易、韩愈、柳宗元等诸多诗文大家。韩、柳更是开启古文运动，兴起一代文体新风。无论是诗还是文，大唐诗人都已长领风骚千年之久。即使到了白话文广泛通行的今日，唐诗、古文又有哪个华夏子孙不读之一二呢？

而绘画、书法、舞蹈与音乐、史学等都在中国历史上具有重要意义，是前此千年的总结，又是后此千年的开创。吴道子是唐代最有名的天才画家，"吴带当风"，被称颂为"气韵生动"，自成一派；而山水画也开始兴起，出现了文人画，两派画风都深深影响了宋朝人审美趣味，流风余韵至今日。书法在本质上已经脱离了记录符号，其实也是一种绘画，是绘画和文字本身含义的结合体。唐代书法大盛，书法理论自成一格。前期尊崇王羲之书法，盛唐之后形成了张旭草书新体，书风飘逸；又形成了颜真卿楷书，端庄正大，成为至今通行常用字体，其影响可谓远矣。舞蹈与音乐更是传统时代的顶峰，太宗时形成"十部乐"，广泛引入了域外曲调。盛唐时代，更是从玄宗到乐工，都精于音律，《秦王破阵乐》《霓裳羽衣曲》大名流传至今。唐代史学承前启后，《隋书·经籍志》确定了史部领先子、集的地位，一直沿用到《四库全书》。纪传体成为正史唯一体裁，也是在唐代得以确立，"二十四史"由唐朝修成有8部之多。设史馆，修实录，撰国史，成为持续千年的国家规定动作，影响之大，自不必言。

文化是盛唐精神的最佳展示，是大唐时代风貌的具象化展示，表达了全社会的心理和情绪。

盛唐的生活

盛唐时代经济富庶，生活安定，杜甫有一首脍炙人口之史诗可为证："忆昔开元全盛日，小邑犹藏万家室。稻米流脂粟米白，公私仓廪俱丰实。"这就是唐代经济社会繁盛的形象化表述。盛唐时代，"天下大稔，流散者咸归乡里，……东至于海，南及五岭，皆外户不闭，行旅不赍粮，取给于道路"，几乎是到当时为止农业经济条件下，所能取得的最高峰。南方特别是江南得到了广泛开发，开元、天宝之时，长江三角洲开发已经取得了显著成绩，工商业更加发达，经济水平在全国取得了领先性地位。

盛唐时代，也是宗教繁荣时代。高宗建大慈恩寺，请玄奘译经。武则天更是深度利用佛教，在全国广建大云寺，推动了佛教大发展。玄宗尊崇密宗，行灌顶仪式，成为佛弟子。除唐武宗灭佛之外，唐代其他皇帝基本是扶持利用佛教。在中国历史上，唐代是佛教全盛时代，整个社会笼罩在佛教影子之下。唐朝也崇信道教，高祖自称老子后裔，高度推崇道教，借道教提高李氏地位，建设了一大批道教宫观。太宗规定道士地位在僧人之前，高宗追封老子，睿宗两个女儿出家入道。玄宗对老子思想高度赞赏，尊《老子》为《道德真经》，并亲自为其注释，颁行全国。

在唐代社会生活中，婚姻、丧葬、教育、养老是最重要的内容。盛唐时代，婚姻仍然非常看重门第，观察对方家族的社会名望和地位，对等才能让子女结合，基本实行一夫一妻多妾制。丧礼是社会关系确认重要标志，唐代有厚葬之风。在丧葬仪式方面，朝廷出台了官方规定，形成了系统化、程序化仪式。教育在盛唐时代也被高度关注，中央设立六学二馆，地方上设置了郡学和县学，开元时期全国各州县普遍设学。唐朝强调以"孝"治国，唐玄宗亲自为《孝经》作注，提高了老人地位，对老人提供各种礼节性待遇。

盛唐时代，虽然围绕最高权力争夺不断，但是百姓生活尚称安乐。然而，"渔阳鼙鼓动地来，惊破霓裳羽衣曲"，大唐转折来得也很猛烈，安史之乱对盛唐造成了重大伤害。另外，在我们对大唐赞叹有加的同时，不得不说，唐代短板也很多，特别是原创思想开拓性不足，微有遗憾。在传统时代唐朝所具有的开放性足以为傲，但是对其相对的封闭性也要有明确认识，值得思考。唐朝社会精英可以对外开放，但是普通百姓必须遵守牢笼规则，遍布长安的高墙和里坊就是佐证。大唐女性，看起来可以袒胸露乳，气质昂扬，独立自主，但只是少部分贵族妇女。大部分普通女性，还是生活在枷锁之中，虽然还没有裹脚这种身体残害，但是被禁锢的附属品命运还是传统时代所常见。

总之，唐朝个性鲜明，"大一统"最终成为定局。在唐朝之前，只有汉朝在一个较长时期内落实了大一统。隋朝虽然恢复了大一统体制，但是流星般的命运让它没有时间稳固大一统。唐朝立国稳定，最终把大一统定局为中华政体的深层底蕴结构，从此，大一统有了稳定轨道和天然正义性，延续千年，成为中华民族社会心理的共同基本。

如此唐朝，谁又不爱，谁又不想了解呢？然而时代变迁，让每个人都从史籍读起，显然不可能。虽然坊间关于唐代的读物已有不少，其中品质高超者也为数甚多，但是在文史百花园当中，自当要百花齐放，因此即使关于唐朝的普及性读物已经汗牛充栋，我们还是要在这著述之海当中，继续增加一些新鲜气息，与读者共赏唐朝之美！我们曾表达过，孟浩然"人事有代谢，往来成古今"最能代表我们的心声。没有人，没有事，也就没有历史。见人，见事，方见历史。所以，我们愿意努力在更多维度上为读者提供思考和探寻唐代历史的基础，与已经完成的"宋朝往事"略有不同，在人和事两方面基础上，增加了典制内容。大唐三百年历程，人事繁杂，典制丰富。我们采中国传统史学模式当中的纪事本末、列传、典制体裁之意，并略有调整，选十事、五人、五专题进行定向描绘，各书文字流畅，线索清晰，分析准确精当，且可快速读完。希望读者能和我们一起从更多维度观察唐、了解唐、思考唐，回首"唐朝往事"。

公元617年，留守晋阳（今山西太原）的唐国公李渊起兵，拉开了大唐王朝序幕，攻势如破竹，一年不到就改换了天地。虽然正史当中塑造了一个平庸的李渊形象，但是实情是没有李渊的方略和能力，就不会建成大唐。玄武门之变，兄弟刀兵相见，血流成河；父子反目，无奈老皇退位。从玄武门之变到出现贞观之治，二十多年时光，选贤任能、开疆拓土、建章立制，李世民留给世界一段值得长期探讨、反复思考的"贞观"长歌。太宗才人武媚，与高宗李治一场姐弟恋，却开创了大唐一段新故事。武周霸业，建神都洛阳，成就武则天唯一女皇。神龙元年（705），李武势力默认，朝臣积极推动，"五王"主导政变成功，女皇被迫退位，重新成为李家儿媳。此后十年间，四次政变，四次皇位更迭，大唐核心圈就没有停止过刀光剑影，但是尚未伤到帝国根本。玄宗稳定了政局，"贞观之风，一朝复振"，再开新局，开放又自由，包容又豁达，恢宏壮丽的极盛大唐就体现在开元时代。

郭子仪：力挽狂澜汾阳王

"开元盛世"四字，至今脍炙人口。

盛极而衰，自然之理。盛世接着就是天宝危机，酿成安史之乱。这场大变乱，改变了中国历史走向，时间长，范围广，破坏大，影响深。战乱过后，元气大伤。河朔藩镇只是名义上屈服，导致朝廷也只能屯兵防备。彼此呼应，武人势力极度膨胀，群雄争霸，朝廷无力。唐宪宗元和时代，重新形成了短暂振兴局面，这也是唯一一位能控制藩镇的皇帝，再次构建了由中央统领的政治秩序。元和中兴也成为继开元盛世后，大唐王朝最后一次短暂辉煌。宪宗身后，朝廷局势一天不如一天，穆宗、敬宗毫无能力，醉生梦死。文宗时代，具体操办政务运行的朝臣，以李德裕、牛僧孺各自为首的政治集团党争不断，势同水火，"去河北贼易，去朝中朋党难"。宦官权重，杀二帝，立七君，势力凌驾皇权之上。导致皇帝也难以忍受，文宗试图利用"甘露之变"诛杀宦官，但是皇帝亲自发动政变向身边人夺权功败垂成，朝臣一扫而光，大唐也就踏上了不归路。

大唐功勋卓著的名人辈出，自不能逐一详细介绍，只好有所选择。狄仁杰，我们心目中的"神探"，实是辅周复唐大功臣，两次为相，为君分忧，为民解难。特别是劝说武则天迎回李显，又提拔张柬之等复唐主力人物。生前得到同时代人赞誉，死后获得了后世敬仰。郭子仪在战乱中显露英雄本色，平安史，击仆固，退回纥，是力挽狂澜的武将代表。长期位极人臣，生活在权力核心地带，谨慎经营，屹立不倒，"完名高节，福禄永终"，可谓文武双全，政治智慧超群。上官婉儿是唐朝著名女性代表，有着出色的文字能力，是可以撰拟诏敕的"巾帼宰相"，还可以参与军国权谋，但命运多舛，未有善终。近年来墓志出土，形成了一波婉儿话题。韩愈，千古文宗第一人。谏迎佛骨，显示了韩愈风骨。一代文化巨人，"匹夫而为百世师，一言而为天下法"，努力振兴儒学，文起八代之衰，推动"古文"运动，千年之后，仍然能够感受到他的影响。陆羽，唐代文人的代表，撰写了世界上第一部茶叶专著——《茶经》，号为"茶圣"，影响千年，成为古今中外吟咏不已、怀念不止的人物。

大唐创业垂统，建章立制。三省六部，成为中国古代官僚行政的典范。三省六部是决策机构，九寺五监是执行机构。虽然三省屡经变迁，但是所确立的中枢体制模式，却是千年如一。六部分科管理行政，其行政原理至今还在运行。九寺五监，今日"参公""事业"单位名目仍可见其遗意。唐代法律完善，律令格式体系齐备，是中华古典法系的杰出代表，对东亚影响可谓广泛。大唐生活，千姿百态。衣食住行，是维系每个大唐人生存的基本，婚丧学老，是每个大唐人成长所必有的经历。八件大事，又都和等级制度挂钩，是观察唐朝日常的最佳窗口。古都长安，是东亚中心，也是当时"世界"之都，是经济中心，是文化交流中心，是思想和学术的高地。巍巍长安，是盛唐气象直接承载体，长安风华引领着世界风潮，展示着盛唐文明所达到的高度。吐鲁番地处丝绸之路要地，是中外文明交汇融通之处。多元人口组成，多元文化集结地，是大唐开拓西域的关键节点，具有重要的军政和战略地位。凡此种种，理当书之。

以上，就是"唐朝往事"的总体设计。我们希望以明晰的框架，建设具有整体感的书系。既有主线，又可分立；有清晰流畅语言，有足够的事实信息，也有核心脉络可以掌握。提供给读者既不烧脑又不低俗的"讲史"，以学术为基础，但是又不是满满脚注的学究文。专业学者用相对轻松的笔调来记录和阐释，提供一点不一样的阅读感受。这个目标能否实现还很难说，但是我们正在向此努力。我们21人以一年时光，共同打造的20部小书，请读者诸君阅后评判！

感谢鲍丹琼（陕西师范大学）、侯晓晨（新疆大学）、靳小龙（厦门大学）、李航（洛阳师范学院）、李瑞华（西北大学）、李效杰（鲁东大学）、李永（福建师范大学）、刘喆（北京师范大学）、罗亮（中山大学）、雒晓辉（中国社会科学院古代史研究所）、孟献志（首都经济贸易大学）、孙宁（山西师范大学）、王培峰（山东师范大学）、许超雄（上海师范大学）、原康（淮北师范大学）、张春兰（河北大学）、张明（陕西师范大学）、赵龙（上海师范大学）、赵耀文（重庆大学）、朱成实（上海电机学院）等学界友朋（按姓名拼音为序）接受邀请，给予大力支持，参加"唐朝往事"的撰写工作，更要感谢他们能在一年多的时间内不停忍受我的絮叨和催促，谢谢大家！感谢辽宁人民出版社蔡伟先生及其所带领的编辑团队，是他们的耐心细致，才使得本书以这样优美的状态呈现出来。

现在，亲爱的读者，请您展卷领略"唐朝往事"，与我们一起走进大唐，思考大唐！

耿元骊

2024年3月26日于唐之汴州

目录

引　言

　　唐建中二年（781），位极人臣、戎马一生的汾阳忠武王郭子仪薨，皇帝下诏评价其"扶翼肃宗，载造区夏。于国有患，劳其戡定；于边有寇，藉其驱除，安社稷必在于绛侯，定羌戎无逾于充国"。这样的成就谁人不羡？同时期，战功更胜于郭子仪的唯有"战功推为中兴第一"的李光弼，可他却因为宦竖当道，进退维谷，郁郁而终。反观郭子仪，从玄宗到德宗，历仕四朝，其间战乱不息，政局繁杂，而他却能长期位极人臣，于权力核心地带屹立不倒，直至光荣退休，举国崇敬，这在中国古代都极为罕见。郭子仪的一生能够用"力挽狂澜"一词高度概括，"力挽狂澜"包括哪些事情能让他有如此完美的仕宦经历和世人评价呢？

讲到郭子仪不得不提的是他功盖一世的卓越功勋，这也是他力挽狂澜的直接反映。天宝十四载（755，天宝三载，唐玄宗改"年"为"载"），安史之乱爆发，郭子仪于守孝期间被朝廷"夺情"起用。在李唐王朝大厦将倾之际，郭子仪率兵自西向东，收山西，出陉关，利用疲敌战术于嘉山大败史思明；再自东向西返回，坐镇军中，运筹帷幄，平河曲，复两京。如此大的功绩自然功高震主，郭子仪也不能幸免，经历了军旅生涯的一段蛰伏期。但在此期间，他并未沉沦抱怨，反而忍辱负重，等待着朝中的再次召唤。不久，吐蕃与仆固怀恩接连发动战争，郭子仪临危受命，捍卫京畿，戡定内乱，名震区夏。

郭子仪也拥有着极高的情商，在变幻莫测的官场中游刃有余地处理着复杂的人际关系，最终使他位极人臣。在宫中，郭子仪"不以物喜，不以己悲"，对皇帝保持着赤诚的忠心。当他失宠被削夺兵权时，他能无怨无悔，向皇帝袒露心声；当他屡建奇功，威望甚高时，他能明辨是非，贵则自抑。在军中，作为最高军事统帅的郭子仪，一方面能够及时发现身边的人才，即便双方是竞争关系，也能够不计前嫌迅速上报中央予以重用；另一方面对待部下犯的错误，能够宽严相济，稳定军心。这些都为郭子仪在朝中积累了很大的声名，并得到了众人的高度评价。在朝中，郭子仪的为人处世更具水平，他能够同那些奸佞小人和谐相处，即便遭到谗言，甚至祖坟被毁，也能以德报怨。这些都为他积累了人望，"完名高节，福禄永终"，成为一名后人眼中的"完美人臣"。

郭子仪的家族也很有特点，并与他的仕宦经历紧密相关。他虽然出生在一个累世冠冕的豪族，但他的先人仕宦经历并不出彩，郭子仪通过武举入仕，依靠着恩荫当了中央禁军的卫官，之后便依靠着出色的军事素养一路晋升，位极人臣。郭子仪也依靠着军功为其家族增光添彩，从而让自己家族走上了一条在军功起家后利用政治联姻不断稳固家族地位，最终由武入文的发展道路。

第一章
人杰初成

　　万岁通天二年（697），武周进入到第七个年头，在经过朝中的血雨腥风后，武则天的权力更加稳固，酷吏政治在此时走到了尽头。周兴、来俊臣等酷吏相继被杀，朝中人人自危，生怕一言一行被抓住把柄的紧张政治局面得到了缓解。而在边境地区，与契丹和突厥的战争还在持续，朝中的有识之士对此颇有意见。总体上，整个王朝政治氛围逐渐改善，但边境兵乱依然不息。

　　在这一年秋季（郭子仪生日一说为农历八月十五日，另一说为十二月十二日，因史无确载，故选择其故里传说的八月十五日。这一年有两个年号，九月底之前是万岁通天，九月底改元神功，根据本书确定的郭子仪生日，年号确定为万岁通天二年)，渭河平原天高云淡，气候宜人，正是丰收好时节。在长安东面180里的地方便是太州(华州垂拱元年避武氏讳改为太州)，治所为郑县。这里北临渭水，南望秦岭，东北3里有神台宫，东南10里处则是少华山。在如此时节，如此山清水秀、人杰地灵之地，诞生了本书主人公郭子仪。

一、累世冠冕

对于小郭子仪来说，他童年时代的社会大环境安逸、稳定，总体讲是不错的；而他的家族虽不能说是大富大贵，但在当时当地也可算是地方豪强，累世冠冕。这些都为他的成长提供了良好的保护。

今天郭子仪成为众多郭氏家族共同尊奉的始祖，而郭子仪生活的时代，更加崇尚门阀。自南北朝时期开始，标榜郡望之风盛行。唐朝建立后，由皇帝亲自主持编写的《氏族志》和《姓氏录》便充分体现出整个国家对于家族地位的重视。所以在《郭公家庙碑》中将郭子仪家族上溯到周文王姬昌的两个弟弟。其中姬仲在武王灭商之后被封在凤翔，治所在西虢；姬叔被封在靠近洛邑、荥阳一带，治所被称为东虢，两人因封地和爵位被尊称为虢公，虢与郭读音接近，所以虢公的后人姬序也被称为郭序，由此完成了由姬姓到虢氏再到郭氏最后成为郭姓的转变。从受姓始祖郭序到郭子仪将近 1000 年的历史，其中有记载的是秦朝末年太原人郭亭跟随刘邦起义，西汉建立后被封为阿陵顷侯。郭亭的曾孙郭广意在汉武帝时担任光禄大夫，这是皇帝身边负责顾问应对的侍从官，职级较高。郭广意之子郭孟儒担任冯翊太守后，郭氏家族便由太原迁至冯翊。至于什么时候迁至华州，史书中并未有详细的记载，有学者推断大概在北周、隋之际。这段时期战乱频仍，郭氏家族发展的史料失传，出现了一个数百年的真空期，史书和碑志当中有确切记述的先祖从北魏末年的七世祖郭智开始。

北魏末年，郭智先后担任秘书郎、中山郡太守和鄢州刺史。北魏永熙三年（534），北魏灭亡，分裂为东魏与西魏。郭智于西魏大统三年（537）投奔宇文氏，这是郭氏家族奠定后世兴旺最为重要的一步。

郭智的一个儿子郭徽，也就是郭子仪的六世祖，在西魏大统末年担任同州司马，后来在北周担任洵州刺史，封爵安城县公。真正让郭徽的仕途更进一步的贵人是他担任同州司马时的领导杨忠，在北周末年杨坚受禅让建立隋朝后，郭徽担任太仆卿，负责国家的车马与畜牧事业。

郭徽的长子郭荣因为小时候跟着父亲在同州，因此与同样在同州的杨坚关系亲密。杨坚曾对他说："我上观天象，下察人事，北周的气运已尽，我将代替它。"郭荣被这种雄心壮志所吸引，自此便紧紧跟随在其身边。郭荣相貌魁梧，外表疏放但内心缜密，很受大家的欢迎。北周大冢宰宇文护把他视为亲信，让他担任中外府水曹参军。当时北齐屡次进犯，宇文护便派他到汾州观察敌情。郭荣的军事才能便在此时凸显出来，之后在对北齐的战争中郭荣立下奇功被任命为大都督，不久又在对稽胡人的战争中获得军功，稽胡自此不再侵扰。周武帝亲自掌权后，郭荣被任命为宣纳中士。后来跟随周武帝灭北齐，再次获得很大的军功，封爵位为平阳县男，升任司水大夫。

隋朝建立后，因与杨坚称帝前的交情，郭荣被任命为内史舍人，封蒲城郡公，加官上仪同。之后多次升迁至通州刺史。隋炀帝即位后，郭荣领兵平定了夷陵人的叛乱，任左候卫大将军。之后跟随隋炀帝西征吐谷浑，拜任左光禄大夫。第二年，隋炀帝再度东征辽东，郭荣看到国家疲敝的状态，劝阻皇帝，但未被采纳。郭荣并未有任何不满，依旧再次出征，并且在战斗中亲冒箭矢炮石，日夜不卸铠甲100多天。隋炀帝知道后非常满意，并慰劳勉励他。大业九年（613），隋炀帝到了东都对郭荣说："公年事已高，不应再上战场，任你选择一个郡来安度晚年。"郭荣很感动，且不愿离别皇帝，便叩首陈言辞让，皇帝也很感动，拜任为右候卫大将军。杨玄感叛乱后，郭荣再次前往太原防御，第二年又跟着隋炀帝到柳城，之后不幸得病去世，享年68岁。死后追赠兵部尚书，谥号为"恭"。虽然此时距离郭子仪出生还有80余年，但郭荣已经显露出将门子弟应具有的风范与忠诚。

如果说郭荣的发展保证了郭氏家族在隋朝的兴旺，那郭荣的兄弟也就是郭子仪的五世祖郭弘道，则保证了郭家在唐朝的良好开端。

郭弘道并非靠着军功闻名，而是依靠着与李渊紧密的关系。郭弘道依靠着父兄的关系在隋朝任通事舍人、沧州长史和尚食奉御等职。虽然没有像郭荣一样在外征战屡获战功，但郭弘道跟其兄一样性情宽厚、外愚内敏，很受大家欢迎。他在担任尚食奉御时的直属领导是担任殿中监的李渊，两个人私下关系很好，往来频繁，交情很深。郭弘道还擅长相面之术，有一天他对李渊说："你的面相不是普通人臣的样子，希望你能够自重。"李渊听了之后，拿起郭弘道的银盆放在地上，回应道："如果你说的话能够日后应验，我今天就能射中它。"说罢，一击中的。郭弘道看到后说："我希望今天的事应验后，您能赏赐我一个金盆。"李渊听到后内心窃喜。

等到隋末天下大乱，李渊父子于太原起兵，建立唐朝。此时郭弘道身在洛阳，李渊派人不断打听郭弘道的下落。武德三年（620）三月，郭弘道从洛阳前往长安投奔李渊，李渊闻讯后，立刻派出使者将郭弘道引入宫，郭弘道见到李渊感慨道："我最早认识到您有天子之相，但直到今天才正式拜见您，反而落到了世人的后面。"二人追忆过往，一直到深夜。李渊对郭弘道先前的吉言念念不忘，因此对他大加赏赐，任命他为同州刺史。但郭弘道在同州任上并无太多作为，无心理事。李渊又把他征召回京担任卫尉卿，专管仪仗、兵器等事务，封爵部国公。可以看到，郭荣、郭弘道兄弟均为潜邸旧臣，这也就为郭氏家族在隋唐时代的发展奠定了良好基础。

郭弘道有两个儿子，长子名叫郭广敬，此人继承了其父部国公的爵位，官至左卫将军兼太子左卫率，策勋上柱国。唐太宗贞观二十一年（647），车鼻请求入朝，郭广敬便奉命出使漠北征召车鼻，但车鼻反悔不来。高宗麟德元年（664），郭广敬因为与上官仪关系紧密，在上官仪被武则天杀害后，郭广敬也不得幸免，被贬为隰州刺史。郭弘道次子名叫郭履球，此人是郭子仪的高祖，在隋代曾担任金州司仓参军，并无太多事迹。郭履球的儿子郭昶，也就是郭子仪的曾祖父，担任唐朝凉州司法参军。而郭昶之子，郭子仪的祖父郭通担任美原县主簿，虽然郭通天资聪颖，博览群书，在当时有一定美名，不过在才华尚未彰显的时候英年早逝。

郭通的儿子郭敬之（即郭子仪之父）继承了其家族为人亲善的优点，同时文武兼备，于光宅元年（684）应韬衿科及第，18岁时开始了仕宦生涯，先后担任涪州录事参军、瓜州司仓、雍北府果毅都尉加游击将军、申王府典军、金谷府折冲都尉兼左卫长史、原州别驾、左威卫左郎将兼牧南使、渭州刺史和吉州刺史。同时在开元末年，深受当时宰相之一的牛仙客赏识，被任命为绥州刺史，加官至中大夫，策勋上柱国。天宝三载（744）正月十日，当时担任寿州刺史的郭敬之病逝于京城家中。由这一长串的官名和履历可以看到，郭敬之的仕宦生涯相较于前人更为丰富，而且任职地域更为广阔，从中央到西北再到中部地区。虽然担任了不少军队的职务，但在军队中并未有太多建树。郭敬之78岁时去世，乾元元年（758）二月，唐肃宗因为郭子仪有大功于朝廷，便为郭敬之和其妻子向氏追封官爵名号。

在郭子仪刚刚出生时，郭敬之31岁，级别并不高，有学者推测他当时只是六品官员。当郭子仪入仕时，郭敬之51岁左右，级别最低是申王府典军，正五品上，最高为原州别驾，从四品下。可以看到，郭氏家族在南北朝至隋唐初期均取得了较高的成就，在当时社会上俨然是累世冠冕，且人丁兴旺。并且郭敬之早期为官的地方，涉及的地域面积广阔，足迹遍及中国东西南北，其子郭子仪随父亲就官而迁徙，所经历各地风俗、地貌、人情差别大，有利于其开阔眼界、增加人生阅历，对郭子仪的成长产生了重要的作用。而我们的主人公郭子仪便在这样的家庭环境下步入自己的仕途，闯出一条家族发展的新道路。

上面讲到，记载郭氏家族事迹较为完备的是《郭公家庙碑》。这块碑是郭子仪为其父郭敬之所立，唐代宗李豫撰写题额，颜真卿撰文并书丹碑阳，两位都是当时大名鼎鼎的人物，碑阴的书丹者没有明确记载，一种说法是颜真卿完成的，支持此说法者主要以清代学者为多，但也有学者考证认为应是徐浩所为，这种观点较为合理。但不管是谁所为，足见郭子仪在当时的地位。正印证了清人孙承泽所说："一代伟人之家庙，非得一代伟人之书，不足以当之。"

郭子仪作为四朝元老，再造王室第一人，遭到了朝中权宦鱼朝恩的忌恨，因而鱼朝恩设计将郭敬之的坟墓盗掘（史书中并未记录是鱼朝恩所为，只是根据推测认为鱼朝恩所为可能性最大），故意激怒郭子仪，从而使代宗失去对郭子仪的信任。郭子仪虽然遭此大辱，但并未有出格举动，反而独自一人进京面圣，自我检讨，因此得到代宗更深的信任。在此前提下，代宗亲自撰写碑额，也算安抚郭子仪。

此外，书法家云集的盛唐时代已经结束，当时撰写碑志遍天下且称雄书坛者只有徐浩、颜真卿二家。颜真卿还是一名功勋卓越的将领，在平定安史之乱时，颜真卿在河北防守严密，有力阻击了敌人的进攻，颜真卿与颜杲卿兄弟在平叛中的英勇事迹也广为时人称颂。在此期间郭子仪作为唐廷平叛的主要人物，两人自然少不了互动，因而从那时起二人便形成了良好的关系。

徐浩同样与郭子仪关系十分密切，甚至可以称得上是郭子仪家族"御用"书丹者，一是郭子仪去世后的墓志便是由徐浩所书，二是《郭敬之墓碑》同样是徐浩书阴。墓志的撰写主要分为三个步骤：撰写碑文、书写碑文和刻写碑文，在当时人们更为重视前两步，因此经常会花费重金或者依靠人际关系寻找著名书法家或者贤达人士撰文、书丹。而郭氏家族能够屡次找到当时大书法家徐浩为家族重要人物的碑志书丹，说明两家关系十分紧密。并且此时徐浩于朝中担任中书舍人，郭子仪为中书令，二者为上下级关系，自然互动频繁，关系密切。一块石碑能由当时最负盛名的两位书法家书丹，其艺术价值自然不用赘述。

二、武举入仕

少年时代的郭子仪秉承着父教家风，孝敬师长、关爱兄弟，所到之处无不称其品行端正、廉洁自律，平时以经世济民为己任，因而为邻里称道。正是有了这样的门风和修为，郭子仪在入仕之后平步青云，取得一番业绩。但这都是后话，此时的郭子仪尚不知道自己未来将面临哪些考验，也并不知道自己将成为那个拯斯民于水火，扶大厦之将倾的英雄人物，历史的有趣之处便在于此。

郭子仪出生的时候正值武周统治的第七个年头，国家政局基本稳定，武则天也在不断更新着唐王朝旧有的制度，其中对科举制的更新一直影响到后世。其中开设武举为国家选拔了大量精通武艺，具有将帅才能的人。

长安二年（702），武则天开设武举。这种考核方式以飞骑考试制度为蓝本创立，在武功方面略低于贞观十二年（638）后选拔飞骑的标准，但偏重于统率才能，且取消了贞观朝飞骑选拔的户等标准。此变化无疑与社会风气由尚武向尚文转变所带来的军人身份降低有关，其根源在于国家战事减少，人们寻求平稳安定的生活。

武举规定考试的方式有长垛（远距离射箭，箭垛用木板制作，上面盖着有大小5个圆环的布，距离射箭处105步。应考者用1石的弓箭，射30支箭，成绩按照射中环数分为4等）、骑射（该考试的靶场四周有矮墙，在矮墙上放置皮子制作的两只小鹿，长5寸，高3寸。应考者使用7斗之弓，骑在马上射箭，两发并中为上等）、步射（射稻草人，考试方式与长垛类似），还有马枪（在靶场四周矮墙上放置四个木头人，头顶盖上一块3寸5分的木板。应考者骑马挥舞8斤重的丈八长枪，左右击刺木板，必须做到方板落地而木头人不动，刺中3板或4板为上等）、翘关（关长1丈7尺，直径有3寸半，举起10次后，手持关，距离原来站立的地方不超过1尺）、负重（背着5斛米，行走20步）、材貌（身高6尺以上，仪容俊伟，神采焕然，可以担任统帅者为上等）。在上述科目的考试中，只要5项达到合格者即为中第，成绩优异者还可以直接授予官职。可见武举考试不仅是要选拔普通军官，还要优中选优，发掘未来可堪大任的军事人才。

玄宗开元四年（716），弱冠之龄的郭子仪参加了武举考试。此时的郭子仪相貌英俊、身材魁梧，并且很好地继承了郭氏家族的传统，才兼文武、骑射技艺无人能比。所以郭子仪很顺利地通过了武举考试选拔，一举中第，获得了做官的资格。按照唐制，由兵部对取得做官资格的应试者进行铨选，授予他们具体的武官职务。兵部的铨选考察有5项：长垛、骑射、马枪、步射和应对，可见其内容与武举考试类似。这自然难不倒郭子仪，顺利通过铨选后，他被授予了从九品下的左卫长上，这是隶属于南衙十二卫系统的职务，主要负责宫殿和宫外四周的警卫。

之后，郭子仪分别就任河南府城皋府别将、同州兴德府右果毅左金吾卫知队仗长上、汝州鲁阳府折冲知左羽林军长上等职，他的官职级别也由从九品升至正五品。从这几次升迁看，虽然官职名中出现了各地的折冲府，但这并不意味着郭子仪离开了京师。根据唐代兵制，各地折冲府抽调士兵前往禁中戍卫，在戍卫期间隶属于北衙或者南衙禁军，这也是自唐高宗朝禁军系统兵源发生重大变化的结果。左、右金吾卫属于南衙十二卫，负责宫内和城内的昼夜巡逻任务，左、右羽林军属于北衙禁军，也主要负责宫内的戍卫。作为天子亲兵，羽林军受到了若干优待，使其在待遇上明显好于南衙禁军。因此可以看到，郭子仪由南衙禁军迁转到北衙禁军，实际上地位在逐步提高。郭子仪出身于累世冠冕家族，以他为代表的官僚子弟是构成羽林军的主体，这充分体现了皇帝与官僚贵族共治天下的原则，本质上属于关中本位政策的遗留。此时郭子仪年少有为，顺利跻身于中级将领之列，成为郭家又一名将才，这也为其之后的发展开了一个好头。

三、门当户对

开元七年（719），23 岁的青年才俊郭子仪同 15 岁的京兆王氏女结为夫妻。王氏家族出于太原，其高祖是唐开国元勋王长谐，曾是李唐义军初建时候的六统军之一。唐朝建立后，先后担任左卫大将军、秦州都督、平原郡公，去世之后被封为荆州大都督，陪葬李渊献陵，充分体现了其地位；王氏曾祖王德玄（元），曾担任银青光禄大夫、唐州刺史，王德玄的堂兄王德真则为高宗、武后朝宰相。可见其家族在唐初地位之高。但到了王氏的祖父和父亲时，官职不显，祖父王士会曾担任河南府陆浑县令；父亲王守一担任宁王李宪的幕僚，由于李宪屡次辞让皇位，并与玄宗李隆基关系友善，因此王守一在死后也被追赠兖州大都督。可见王氏家族同样累世冠冕，不过在其祖父之后越发衰落，族人多任中下层文官。郭子仪母亲"平原郡君河内向氏"与王氏类似，在郭敬之的神道碑文中对向氏家族毫无文字介绍，显然向氏家门也不显赫。从而反映出在郭子仪功成名就之前，其家族的联姻对象大体上家世并不出众，考虑到郭氏家族在此时也有些衰落，因此王氏与郭子仪的结合也可称得上是门当户对。

王氏是王守一长女，生性孝顺、聪慧，不仅外貌秀美，而且从小就有大家闺秀的风范，同时女红极好，是唐代女子的楷模。王氏15岁时举行了及笄礼，在接受郭家的聘礼后，嫁给了郭子仪。当时，年轻的郭子仪初入官场，尚未有太多作为，王氏也勤俭持家，事必躬亲，孝敬公婆，恪守妇道，对于厨房烹饪等事务也亲自操办，而且样样精通。同时，王氏在世时，在外宣扬美德，积善祈福，在家里使郭家各成员和谐共处，亲睦妯娌，安抚郭氏宗亲，成为当时大家共同称赞的对象。

唐玄宗天宝年间，郭子仪出镇河中，建立了功勋之后，王氏也被册封为琅琊县君，不久又被加封为太原郡君。王氏教子有方，几个子女中，有的封为王侯，有的和皇室联姻。郭氏家族的尊贵冠绝大唐，在京城的封地方圆千里，门口连接着河汉。每年过节，郭家门口车水马龙，高官显爵、贵妇佳丽云集而至，整个郭府气势恢宏，全天下没有能与之相比的。但王氏仍然保持之前的美德，节约俭朴、温婉恭顺，最后被封为霍国夫人。国夫人是皇帝对文武大臣配偶的最高封号，按照唐朝的命妇制度，文武官一品、国公之母、妻为国夫人。王氏被封为霍国夫人，但此时郭子仪并未成为一品文武官，因而封王氏为国夫人足见皇帝对郭氏家族的重视。

安史之乱时期，郭子仪在外征战，王氏便带领家眷与皇室亲属居住在长安以西的大后方，之后跟随皇室先后搬迁到彭原、顺化和凤翔，夫妻二人聚少离多。在此期间，王氏教导诸子、众女行为礼仪、典章规范，因此得到了皇帝的特别封赏。

安史之乱平息后，虽然王氏家庭和美，子女皆成为国家栋梁，但王氏有着超凡脱俗的气度，考虑到物极必反，因此放弃了世俗繁华，皈依佛门。这与当时的社会风气关系密切，唐代女性群体中崇佛者众多，她们广泛参与佛事活动，并通过佛教表达意愿与希冀，发出自己的声音，从某种程度上来说，她们对于佛事活动的热衷程度，甚至超过男性。

此外从唐太宗李世民开始，就把迎奉法门寺佛骨作为一项极为隆重的盛典。唐肃宗上元元年（760）五月，按惯例又进行了一次迎奉佛骨的仪式，肃宗皇帝赏赐了大量的金银财宝，上有所好，下必甚焉。因此朝廷大臣们相互攀比，捐赠无数。作为朝中首屈一指的家族，王氏将衣服首饰悉数捐出，用郭氏在长安西的产业、别院设置法雄寺，还曾在山西法云寺修订藏经，修缮佛塔，并且在家也设置了禅堂。王氏先后被封为太原郡君、霍国夫人，封地都在山西，在山西兴办佛事自然也是顺理成章的。

唐代宗大历十二年（777）正月，王氏在长安平康里的居所去世，享年73岁。郭子仪在夫人去世后悲痛欲绝，伤心到了极点。在王氏去世后，郭子仪找到杨绾请求帮助撰写王氏的碑志。杨绾是何许人呢？他在天宝十三载（754）中辞藻宏丽科进入仕途。安史之乱时，杨绾冒着危险前往灵武，拥立肃宗登基，先后担任起居舍人、知制诰，之后拜中书侍郎、同中书门下平章事、集贤殿崇文馆大学士。从其职务看，他的文章水平了得，同时他还以德行著称天下。中书令郭子仪在邠州听说杨绾拜相后，主动减少五分之四的座内音乐，可见郭子仪对于杨绾的敬重。同时两人均为陕西华州人，算是同乡。因此当郭子仪找到杨绾帮助撰写妻子的碑文时，杨绾很爽快地答应了，一方面，这应该是他与郭子仪多年结交下来的深厚友谊的缘故，另一方面也是有感于王氏勤俭持家、品质高尚的事迹。

从为郭子仪撰写碑志的人员情况看，郭子仪的人际关系并不复杂，而且这些朋友之间也多有互动，比如杨绾曾经推荐过颜真卿担任刑部尚书。这些人物在当时都以强烈的家国情怀、良好的道德品行受到天下人的推崇，而他们也共同构成了郭子仪的朋友圈。

从郭子仪先人的发展历程以及郭子仪早期的仕宦经历可以发现，郭子仪早年间的成长环境是相对稳定健康的，他深受父母的宠爱，没有经历过频繁的战乱，没有感受过争权夺利的阴谋。家族先人才兼文武、宽容真诚的待人之道深深地影响着郭子仪，让他形成了"不以物喜，不以己悲"的人生哲学，这也是他的朋友多是德行高洁者和他日后在挫折中能够忍辱负重的重要原因。虽然他的父亲职级有限，却为郭子仪提供了良好的生活条件以及开阔眼界的平台。而他的夫人王氏同样是当时的道德标杆，虽然出身一般，却成为郭子仪在外连年征战时，使其家族发展未受影响，反而越发兴盛的首功之臣。有了这样一内一外的照应，郭氏家族必将成为唐朝各家族的典范，也为日后郭氏家族百年间持续发展壮大奠定了基础。

第二章

戍卫边地

　　顺利通过武举考试进入官场，证明郭子仪在军事技能以及领导才干方面都已是同届的翘楚。有了这样的基础，初入官场的郭子仪很快适应了宫中戍卫的工作节奏，凭借着卓越的才能以及低调务实的工作态度，郭子仪迅速取得了上级领导的认可。刚刚而立之年的他即将告别生活 20 多年的家乡和工作 10 多年的京城，开启一段全新的边地戍卫经历，等到从边地再回来将会是一番全新的景象。

　　当时的郭子仪可能尚不知道，未来这 10 余年，前路漫漫。防务工作的历练以及边地较为频繁的战争，将为他积攒下深厚的人脉关系，锻炼他卓越的领导才能，同时使他在军中取得较高声望，这些都对他未来承担起挽救国家的重任起到至关重要的作用。

一、外调岭南

郭子仪戍卫边地的第一站既不是未来深耕多年的西北，也不是长期战斗的东北，而是距离京城近 2000 千米的岭南道。当地的官员选授方式与中原有很大差异。岭南道的官员选授方式主要有两种，一是中央直接任命，二是间接选授。中央直接任命与其他地区无异，郭子仪也是以这种方式来到此地的。间接选授则较为特殊，在高宗上元三年（676），由都督补授岭南州县官变成由选补使任命岭南本地官职，也就是我们经常说到的"南选"，所以郭子仪在此地做官时，身边的同僚应该有大量的本地人，这也为郭子仪扩大自己的人脉，融入当地的生活提供了极大的便利。

郭子仪在此处担任桂州都督府长史充当管经略副使，桂州都督府长史为从五品上。都督府是唐初在边疆地区设置的军政机构，负责所管州镇防的所有事务。在都督之下，还有别驾、长史和司马为上佐，辅助都督管理各项军政事务。郭子仪从在京城负责卫戍，到在地方成为一方大员，虽然职级变化不大，但毕竟成了地方政府的二把手，权力相较于之前更大，负责事务更广泛，更适宜锻炼工作能力，可见朝廷有意培养郭子仪，希望他不仅仅只会在京城戍卫，更要肩负起今后领兵打仗的重任。当郭子仪踏上这片陌生的领土后，他将面临四个需要尽快解决的问题。

　　第一个困难是不同于北方的气候和自然环境，岭南的区域位置大致相当于今天中国的广东、广西、海南三省，云南部分地区以及越南北部诸省，郭子仪主要负责的地区在桂林一带。这个地区虽然风景秀丽，但当时人们对此地有"烟瘴之地"的印象。瘴气被古人视为一种有毒的气体，韩愈《潮州刺史谢上表》称："毒雾瘴氛，日夕发作。"相较于古人出于恐惧对瘴气无科学的认识导致地域歧视的情况，今天学者对瘴气则有不同理解：有的认为瘴气就是指疟疾；有的认为瘴气是指致病的自然环境，而瘴疠才是由瘴气导致的疾病。不管瘴气究竟是什么，毕竟与岭南湿热的气候关系紧密，毫无疑问这是古代岭南最具标志性和威胁性的自然特征之一。可以想见，当郭子仪踏上岭南道的土地时是何等的慌张，他不知道自己究竟要在这里任职多少年，也不知道他会在这里过上怎样的生活。好在，此地虽然整体气温相较于北方更为炎热，但气候还算舒适，杜甫《寄杨五桂州谭》称："五岭皆炎热，宜人独桂林。"这表明五岭地区酷热难耐，桂林气候却还十分宜人。所以对于郭子仪来说，虽然远离了家乡，但生活环境的舒适可能会让他缓解一下思乡之情。

克服了水土不服产生的浓厚思乡之情，郭子仪在此处面临的第二大问题便是饮食方面的巨大改变。岭南道在唐代一直是少数民族聚集、经济和文化相对落后的地域。饮食作为日常生活的重要内容，是郭子仪必须面对且无法回避的问题之一。由于郭子仪是关中人，从出生起每天的伙食就围绕着各种面食展开。当他初来岭南，看到天上飞的、地上跑的、水里游的，都可以作为岭南人的食材，自然会感到惊讶，此时他面临着吃什么和怎么吃的难题。虽然郭子仪没有留下在此处的生活记录，但其他南迁士人则有大量关于岭南饮食的记载。比如韩愈记载自己吃青蛙的经历，"余初不下喉，近亦能稍稍"，可见他在吃青蛙的时候内心十分挣扎。不光是青蛙，蛇羹也是当地重要的美食，所以南迁官员从一开始都是难以入口，到之后才渐渐接受，估计郭子仪在当时也差不多是这样的心理状态。

郭子仪面临的第三个大问题便是岭南复杂的人事问题。唐初，岭南本土的俚僚豪酋势力依然强盛，到了高宗、武后时期，中央开始采取各种手段瓦解这些蛮酋势力，冯、宁、陈、苏等大族逐渐衰落。郭子仪正是在此时来到岭南，因此推断他在当地也应该采取了相应的措施逐步削弱这些豪强的势力。

正是由于此地民族情况复杂，因而内乱频发，这是郭子仪面临的第四个问题。郭子仪前往桂州任职的具体时间大致是在开元十五年（727），这个时间点很特殊。开元十四年（726），邕州獠首领梁大海、周光叛；开元十六年（728）春天，春、泷等州獠人陈行范、冯仁智、何游鲁叛乱。邕州、春州和泷州皆在桂州的南部，桂州之所以重要，主要原因在于其地理位置关键，桂州是岭南道北通内地的重要关卡，由于灵渠和"相思埭"（今天也称桂柳运河）的开凿，从桂州到永州的道路是穿越五岭所有通道中唯一一条全程水路，比之前需要翻山越岭才能通往内地相比，时间、路程都大大缩短。郭子仪在此时来到此地为官想必是带着平叛的特殊任务，所以除了日常的行政事务外，郭子仪在桂州还需要频繁操练武备，以备随时可能出现的战争情况。从史书记载的情况看，开元十六年（728）叛乱结束，一直要到 10 年后才爆发新的叛乱。这足以说明，这 10 年间的治理达到了比较好的效果，为此处的社会发展带来了安定的局面。郭子仪的功劳自然不在话下。能力越大责任也就越大，当出现了如此卓越的政绩，自然也会被中央重视，因此朝廷将他调往战事更为频繁的西域也就只是时间问题了。

二、西北形势

因在岭南道取得了较为出色的政绩，郭子仪于开元二十年（732）前后被调往西域。从气候湿润、水草丰美的桂州到干旱少雨、荒无人烟的大漠地带，郭子仪将要面临的不仅仅是气候变化带来的巨大考验，随时准备前往战争一线才是更为艰巨的任务。他余生的军旅生涯基本上就要在北疆度过，而北庭都护府则是这段生涯的起点。

北庭都护府位于京城西北5000多里，统领天山以北，属于草原沙漠地带。郭子仪在西域先担任的是北庭副都护充四镇经略副使，北庭副都护是正四品上的职务，既管军事又管民政，既负责部落又治理汉民，属于军事、民政合一的军政管理机构。从管理的事务以及负责的区域看，他的权力已经较桂州地区大大增加。同时他还兼任四镇经略副使，这是一个使职，没有行政级别，四镇属于安西都护府。安西都护府位于天山之南，主要管辖焉耆、龟兹、于阗和疏勒四镇。此处地理位置十分关键，是控制西域，确保河西走廊以及丝绸之路畅通的重要关口。既有政治、军事上的意义，对于经济也有重要影响。从这种职务安排可以看出唐朝希望将统一管理整个西域地区。但天山南北地域广袤。安西四镇在距北庭都护府西南 2000 里外的地方，从今天的交通和通信情况看，同时管理这些地区可能还算方便，但 1000 多年前只能依靠马和骆驼奔波于大漠，属实有些困难了，也不知道当时郭子仪是如何克服这种困难的。

唐朝自武周至安史之乱前，在西北边疆建立起了一套完整的驻防体系，从北庭都护府到安西都护府之间的交通线上，分布了一些守捉城，这些守捉城是整个驻防体系中小规模的军事单位。此外，唐朝通过设置羁縻府州，用本土的蕃部首领治理本地的方式管理控制整个西域地区。可以想见，利用各个蕃部管理西域地区时，老实点的首领也许会听从中央统一管理，按时缴纳赋税，但也会有一些不服从中央调度的蕃部首领生出事端。所以郭子仪在西域任职的时候，经常在各个守捉城巡视，检查武备情况，操练军事。

郭子仪到任的时间同样十分讲究。武则天长安三年（703），原属于西突厥的突骑施攻占碎叶镇，成为天山以北最强大的部落，此时的武周并未采取硬碰硬的方式向其发动战争，而是采取了与其联合的手段共同管理此地。这也就为之后整个西域地区的动荡埋下了伏笔。

开元七年（719）唐廷册封突骑施可汗苏禄位"忠顺可汗"，看这个名字就知道唐廷对此地有何种期待了。此后一直到开元二十一年（733），双方关系还算和睦，突骑施也开始向东扩张，帮助唐廷分担一些捍卫西部边疆的重任。但是美好安定的时光总是短暂的，由于边地形势复杂，自然也易出现些问题。郭子仪在此处的工作还较为得心应手，很快便担任左威卫中郎将转右司御率兼安西副都护。左威卫中郎将为南衙十二卫下辖的官员，这也是郭子仪调任安西副都护之前的过渡职务；右司御率为太子东宫官职，并无实际执掌，只是代表身份地位，而郭子仪此时的职事官则是安西副都护，这也表明其已经从北庭调往安西任职。

开元二十二年（734），北庭都护刘涣擅自错杀了突骑施部落的使者阙俟斤，而这位使者率团来唐有两个目的：一是朝拜玄宗；二是与唐朝进行贸易往来。可见这是一次再正常不过的贸易交流。阙俟斤在突骑施部地位颇高，足见苏禄可汗对这次出访唐廷的重视。为何刘涣要杀死这样一位使者呢？刘涣此时担任北庭都护，郭子仪开元二十年（732）被调到西域地区任职，此人当是郭子仪的领导。刘涣作为地方高官，自然明白其中的利害关系，但他仍然杀死了突骑施使者，其中原因自然值得深思。有学者认为在阙俟斤被杀后，代替阙俟斤出使的何羯达为大食间谍，他在阙俟斤被杀前早已通过挑拨离间的方式引起刘涣对阙俟斤的警惕。由于之前朝廷与突骑施发生了边地冲突，北庭边军对突骑施本就不信任，再加上这样的挑拨离间，刘涣自然从保卫边境的目的出发，果断杀死了阙俟斤。

阙俟斤被杀后不久，刘涣便因谋反罪名被杀。唐廷此时为了平息苏禄可汗的怒火以及稳定西北局势，将刘涣杀害使者认定为叛乱，并传首突骑施汗廷，以防止影响扩大。但由于苏禄早有扩张的野心，这些举措并未能阻止战争爆发。这也充分说明，刘涣杀死阙俟斤只是一根导火线或者说是一个借口，苏禄发动战争是迟早的事情。为了应对同突骑施的战争，唐廷从河西和内地调集大军，在碛西节度使盖嘉运和安西四镇节度使王斛斯的带领下，唐军同突骑施血战三年，最终取得战争的胜利，苏禄也死于战乱。此时郭子仪先后在北庭都护和安西四镇节度使手下做副手，在这种局势下自然无法置身事外，只不过史书对此事并未记载。郭子仪在卫边战争中磨砺了军事才能，提升了指挥艺术，逐渐成长为一位经验丰富、行事果断的高级将领。

此外，由于西域地区有大量的蕃部，西域驻军中除了从中原调遣的汉族士兵，还会吸收部分蕃兵，因而在军政管理事务中，处理蕃部事务也是一项重要工作，汉人和蕃人均平等参与到管理工作中。由于郭子仪在岭南道时有同当地蕃人打交道的经验，所以对他来说这项工作驾轻就熟，这两段在边疆同蕃部官员共事的经历，也为其日后率领由汉族及其他少数民族组成的朔方军平定安史之乱奠定了基础。

三、朔方权界

在北庭和安西的历练完成后，郭子仪此时的工作经验与能力都达到了一个新的高度。在西域取得暂时的稳定之后，郭子仪又领到了一个新任务。这次的任命职责更重大。此次他负责的区域也是他任职时间最长、实力积攒最久的地区。长期的实力积累对于未来在平定安史之乱中取得的辉煌成就具有直接影响。

安史之乱爆发前，唐廷设立十节度使巩固边疆安定，其中安西与北庭两节度使负责西域防卫，河西与陇右两节度使主要负责西北方面的防卫，朔方与河东两节度使主要负责正北方面的防卫，范阳与平卢两节度使负责东北方向的防卫，剑南与岭南两节度使则负责南方的防卫。从以上几个方位可以看到，郭子仪任职朔方之前，已经戍卫过西域和南方，对整个国家的边疆戍卫工作已经驾轻就熟，此次来到朔方自然更要大展拳脚。

郭子仪刚刚调任朔方，便遇见了影响他未来军旅发展道路的重要人物即遥领朔方节度使的牛仙客。此人本是鹑觚县吏，因受到县令傅文静的重视，在傅文静高升陇右营田使后，被傅文静带到身边作为助手，之后获得军功升为洮州司马。随后，牛仙客兢兢业业地工作在边防第一线，王君㚟担任河西节度使时，牛仙客担任节度判官，并成为王君㚟的心腹。在王君㚟战死后，成为其继任者萧嵩的左膀右臂，负责河西的军政事务。牛仙客在任上清勤不倦，以诚待人。这种工作态度与为人处世的方式深受领导信任，所以在萧嵩回京担任中书令后，牛仙客又迎来了人生中的大转机。

在萧嵩的屡次推荐下，牛仙客改任太仆少卿、凉州别驾，代理河西节度留后，很快就接替萧嵩成为河西节度使，同时负责凉州事务。在河西节度使任上，牛仙客勤俭节约，专心于营田事务，发展当地生产，使得仓库充盈，政绩十分突出。玄宗派人核查后，十分高兴，要大力嘉奖他。但当时朝中存在文学与吏治之争，所以并没有出色文学才能的牛仙客很难进入权力中心。直到文学领袖张九龄罢相后，牛仙客才在李林甫的大力举荐下担任工部尚书，同中书门下三品，成为当朝宰相，并遥领朔方节度使。此时郭子仪已年过四十，对待工作认真负责，对待同事宽厚仁爱，与牛仙客有着相似的为人处世方式，因而二人作为上下级，相处十分融洽，关系也很密切，这也为郭子仪任职朔方节度副使之后的进一步发展提供了很大的便利。

唐都长安以北依次分布着渭河、渭北平原、北山、黄土高原、横山、鄂尔多斯草原、黄河、河套平原、土默川平原、阴山山脉。由于唐朝时战争中多使用冷兵器，以步兵和骑兵为主要兵种，因而利用自然地理形势设置关卡便成为首选。长安以北的复杂地形便可以被充分利用起来。而在长安以北的广阔地域中最关键的地点便是朔方镇的灵州。

灵州（宁夏灵武）为朔方镇治所，在京城西北方向，与京城相距1250里。灵州东拒黄河渡口，直接控扼南北交通要道，在李唐王朝的边防部署中，朔方镇与其东邻的河东镇承担着抵御突厥、回纥等北方游牧民族侵扰，守卫京城长安的重要任务，是唐前期北疆第一重镇。

正因处在如此重要的地理位置，唐廷自然会更加重视此地的军事作用。朔方节度使于玄宗开元九年（721）设置，之前以朔方道行军大总管为称。朔方节度使这个称呼首见于武则天时期，是当时为了针对突厥的不断入侵骚扰而设置，但是效果一般，后来，张仁愿修筑三受降城防御系统，这才有效地保卫了河套及关内道地区。到了玄宗时期，朔方节度使主要管理单于大都护府，即今天内蒙古和林格尔北；夏、丰、胜三州，即今天的河套以南；盐、绥、银三州，即今陕西北部；定远、丰安，即今宁夏银川北和内蒙古乌拉特前旗西。东、中、西三受降城沿黄河北岸东西分布。可见朔方节度使的辖区在今天内蒙古、河套及其周边地区，陕北和宁夏北部等地区。

朔方节度使自设置后，职责不断扩大，已非简单的承担边疆防务工作了。

开元十四年（726），朔方节度使要兼任关内营田支度使。关内营田支度使由两个使职构成，职责范围很广，很值得一说。一是营田使，这个职务是唐廷为了解决军粮问题而置，主要负责在边疆地区屯田，如此一来，既可以满足部队的军粮需求，还可以将盈余的粮食上缴国家；二是支度使，这个职务主要负责部队军资粮仗支用，很明显这是与营田使紧密相连的职务。让节度使同时兼任这两个使职，意味着中央将一部分财权下放给了节度使，在战时这样设置可以为军队提供有力的后勤保障。

开元十五年（727），朔方节度使又新增兼职关内盐池使。这是个什么职务呢？朔方地区总共有 13 处盐池，盐业作为朝廷的重要税收项目在开元年间引起了中央重视。由于盐业是百姓赖以生存的民生行业，盐业的税收既丰厚又稳定，由朔方节度使兼任这个职务，极大地增加了军费的数额。

正是由于朔方节度使的职责如此繁重，而节度使牛仙客又是遥领节度使，所以管理朔方地区的任务便落在了郭子仪身上。郭子仪先是担任节度副使，之后又被牛仙客任命为定远城营田使，定远城在灵州东北 200 余里，位于黄河与贺兰山之间，拥有良田数千顷，同时这里水资源丰富，被称为"塞上江南"。在此处营田，自然会极有成效。担任地方营田使是牛仙客得以入相的重要原因之一，因此，让郭子仪担任营田使是朝廷对郭子仪的一次有目的的培养。经营朔方军粮仓的经历，为日后郭子仪能够更好管理朔方军奠定了基础。

除了负责军队的钱粮问题，朔方节度使还要承担处理辖区内蕃族事务的任务。开元九年（721），唐廷颁布了一份诏书，允许内迁胡人首领任侨置府州的都督、刺史，并享有固定的俸禄，但其必须接受当地军政官员的管辖。所以在开元十六年（728），唐廷废除达浑都督府，改由朔方节度使兼任检校浑部落使，开元二十年（732），又增加押诸蕃部落使。这些举措均是秉承着诏书当中的精神，也进一步促进了各民族之间的融合，但如果处理不好，也有可能生出事端，这些都考验并锻炼了各节度使处理各民族间关系的能力。很显然，郭子仪在这个方面应该是极为擅长的，毕竟之前其任职地区的民族关系更为复杂。

同样是在开元二十年（732），朔方节度使又兼职闲厩宫苑监牧等使，同时兼三个使职，第一个是闲厩使，主要负责饲养马、牛及其他杂畜；第二个是宫苑使，主要负责管理京城皇家畜养禽兽的土地；第三个是监牧使，主要管理马政事务。朔方节度使这三个使职兼任并非偶然，之前担任闲厩使的是唐玄宗宠臣王毛仲，他养马水平高超，管理得当，饲养的皇家马匹膘肥体壮，很受皇帝认可。但当王毛仲失宠后，这个职务便转由朔方节度使担任。朔方是唐廷养马的大本营，供皇家游玩、戍卫京城的马匹均由此处供应，所以由朔方节度使兼任这三个使职打通了产马、养马和用马的三个环节。另外，由朔方节度使兼任这三个使职使得战争时用马更为便利，进一步增强了朔方军的实力。

到了开元二十二年（734），朔方节度使又开始兼任关内道采访处置使，又增加管理泾、原、宁、庆、陇、鄜、坊、丹、延、会、宥、麟十二州，同时京畿北部也纳入其管辖之下。这是对朔方节度使权力的又一次扩大，采访处置使主要负责考察地方官员的政绩，并向中央报告，掌握着升迁大权。最初这个职务由京官担任，但很快就转由朔方节度使担任。

综上，可以发现朔方节度使的权力在不断扩大，从最初仅仅负责地方的防务工作，到逐步增加了钱粮事务、民族事务、马政事务以及监察事务，管辖范围也扩大到几乎整个关内道。朔方军无论是在权力层面还是在地域层面，都达到了前所未有的局面。

郭子仪到朔方任职后，朔方节度使的职责又进一步扩大，开元二十九年（741），又兼任六城水运使，六城中丰安城位于现在的宁夏中宁，定远城在宁夏平罗姚伏附近，另外四城为东、中、西三受降城和振武军城，现均为内蒙古境内。六城水运使主要负责管理河套地区黄河水运。众所周知，唐廷北方交通以陆路交通为主，此次增加管理河套地区的水运职责意味着彻底将整个唐廷的北方交通管理事务交给了朔方军。天宝元年（742），朔方军管理的地域又增加了邠州，天宝八载（749）朔方节度使又兼任陇右兵马使，这实际上将朔方节度使的领兵权扩张到陇右道，加强了朔方军的军事实力。

在不断强化朔方军实力的背景下，唐廷抓住开元末年后突厥因内部分裂实力大为削弱的机会，联络回纥部落，以此对突厥形成南北夹击之势。时任朔方节度使王忠嗣调兵遣将，在巩固防御的同时，积极筹划北伐。天宝元年（742），郭子仪调任单于都护府副大都护、东受降城使、朔方左厢兵马使。单于都护府位于今天的内蒙古和林格尔土城子，东受降城在其西南120里处。单于都护府顾名思义，是唐廷为了安置被击败的东突厥降部而设置，此处蕃汉关系较为复杂。由于此地具有较好的种植条件和交通较为便利，成为兵家必争之地。让郭子仪负责此处，足见唐廷对他的了解与信任。这一年八月及之后天宝三载（744），王忠嗣先后出兵后突厥并取得胜利。在这段战事期间，郭子仪的父亲郭敬之去世，他按照仪制回家丁忧三年。天宝五载（746）夏天，郭子仪丁忧结束后，官拜右金吾卫将军兼任单于副都护，此时的西北形势已经发生改变。天宝四载（745）回纥出兵后突厥，斩杀其首领白眉可汗，后突厥最终亡国，回纥由此成为大漠的霸主。所以郭子仪再次返回北疆时，将与回纥发生更多的联系。此时，北疆已经平定，形势较为稳定。王忠嗣也功成身退，主动辞去朔方军节度使的职务，改由张齐丘接任。这次更换领导导致朔方军内部局势出现动荡，在朔方军内部经营多年的郭子仪也将迎来新的机遇。

四、胡兵蕃将

唐朝时期，朔方军驻扎地正是各个民族势力杂处的地带，高宗调露元年（679），朝廷在灵州和夏州南部的鲁州、丽州、含州、塞州、依州、契州即所谓的六胡州安置突厥降部，以唐朝官员担任六州刺史，但即便这样，蕃汉矛盾一直较为激烈，因此唐廷想了很多办法想要一劳永逸地解决问题。

玄宗开元九年（721），兰池的胡人康待宾诱导之前投降唐廷的部落一起反叛，唐廷自然不能坐视不管，四月的时候唐廷派遣朔方大总管王晙和陇右节度使郭知运共同平叛。七月的时候，王晙生擒康待宾，并斩杀1.5万人。此次虽然取得胜利，但这次叛乱使唐廷受到很大冲击，唐玄宗觉得之前将突厥降部安置在朔方，但并未加强军力的做法稍显不妥，毕竟突厥此时仍盘踞北疆，而朔方又紧邻长安。所以当康待宾叛乱时，唐廷立刻调集了几路大军同时镇压，生怕叛乱的胡人与北部突厥联合。在整个平叛过程中，唐廷也意识到加强朔方军的实力用来保卫关内道十分紧急且必要，于是从制度上将朔方军正规化，并将六胡州（至少有鲁州、丽州和契州）直接纳入其管辖，以便有效控制它们。第二年，康待宾的余党又在康愿子的率领下反叛，但很快就被朔方节度使张说平定，张说在此基础上将六胡州的 5 万余胡人南迁到许州、汝州、唐州和邓州。这种放弃以往羁縻管理形式选取南迁侨治方式的原因在于唐廷认识到了羁縻管理无法彻底消除蕃部叛乱的野心，唯有采取物理隔绝的方式，将六胡州的潜在叛乱力量分散在不同地方，才能确保这些蕃部无法再次形成强大的势力。

在这种由羁縻到侨治的管理模式变化过程中，部分蕃部将领也入职朔方军担任官员，这大大增强了军队的实力。陈寅恪先生将冷兵器时代的骑兵视为现代战争中的飞机和坦克，谁拥有的骑兵实力强，谁就可以掌握战争的主动权，尤其是在平原地区，这种优势将更为明显。唐朝北方是一望无际的大漠和草原，在这里生活的基本上为游牧民族，因此主要作战力量为骑兵。而唐王室出自陇西，依靠军功起家，自然十分重视马政与骑兵。朔方军由于职责以及驻扎地的因素，与蕃人和骑兵有着天然联系，加之朔方军直接管理蕃部，蕃部中的优秀人才加入朔方军也就不会显得与众不同了。

根据学者的粗略统计，到唐德宗时的浑瑊为止，大概有 28

人 32 任朔方道行军大总管和朔方节度使，其中蕃人将领有 6 人 7 任，但这几人中，除了沙吒忠义在中宗时期任朔方地区首领外，其余几人均于玄宗天宝之后任朔方地区首领。

我们的主人公郭子仪在朔方军时，正好经历了这种用人方式的革新。之前讲到张齐丘接任王忠嗣担任朔方节度使，张齐丘依靠恩荫入仕，从卫官做起。天宝八载（749）三月，张齐丘在中受降城西北 500 里外的木剌山设置横塞军，并将安北都护府治所迁至此处。郭子仪在这种情况下，升任左武卫大将军兼安北副都护、横塞军使本军营田使，此时郭子仪已由之前的从三品武官升为正三品武官，进入唐廷的高级武官序列。将中受降城治所变化与郭子仪的职务安排相结合，可以看到，横塞军的设置是为了让中受降城的防线提到整个北疆的最前线，此时北疆的局势较为稳定，此地官员的主要工作便是维持同回纥和平交往，郭子仪因与蕃部有着多年交往，因此在这里工作自然不会有什么问题，这也从侧面反映出郭子仪处理蕃汉问题的能力得到了朝廷的认可。

这种岁月静好的日子在边疆地区十分值得珍惜，美好的日子在边防前线实在不多。在外部没有了威胁之后，朔方军内部却开始出现了动荡。首先是天宝九载（750）八月，张齐丘分配粮草有失公允，导致将士大怒，殴打行军判官。郭子仪此时也在军中，他挺身保护张齐丘，张齐丘才得以幸免。不久，张齐丘被贬为济阴郡守。新任的朔方节度使为李林甫，但李林甫并未驻扎前线，而采用遥领的方式接管西部边防。

天宝十一载（752）三月，范阳节度使安禄山调集20万大军准备进攻契丹，本来东北地区的战争交由东北地区的节度使负责没有任何问题，但偏偏安禄山要叫上朔方节度副使阿布思一同出征。阿布思是突厥降将，随哥舒翰西征吐蕃获得战功，官至朔方节度副使，由于阿布思也有着一定的才能，因而不愿奉承同为蕃将的安禄山，两人之间也出现了些矛盾。此时安禄山要求阿布思大老远地同他远征东北，阿布思自然会担心可能被陷害，所以阿布思让节度留后张晅上奏朝廷，不让自己前往东征，但被张晅拒绝。此时阿布思去的话担心被害，不去的话又没有什么借口，所以进退维谷，处境十分尴尬。在这种情况下，阿布思率领部队发动叛乱，大肆掠夺后逃往漠北。九月，阿布思率众南下进攻中受降城西边，被守将张元轨击退。

曾经的部下出现叛逃的情况，自然使得遥领朔方的李林甫十分窘迫，所以李林甫主动辞职，并推荐蕃将河西节度使安思顺担任朔方节度使、安北副都护。这也是郭子仪于朔方工作后接触的第一位蕃将。安思顺是玄宗朝著名的蕃将之一，从军戍边40余年，他的父亲与安禄山的继父为亲兄弟，所以两人还有些亲戚。这也为其日后被陷害埋下了伏笔，但安思顺却是一位不折不扣的忠臣。

安思顺也是一位极具战略眼光的将领，他一上任，便对防线以及人事安排做了一系列调整。天宝十一载（752）四月，安思顺上奏要求调契丹族将领河西节度副使李光弼任单于都护府副大都护。天宝十二载（753）冬天，安思顺上奏请求裁撤横塞军，在大同川西边的永清栅设置军队。玄宗认为建议可行，不久郭子仪被任命为安北副都护兼任天德军使，等到天德军城建好后，将之前的横塞军移到此处成为天德军。

为什么要废横塞军设置天德军呢？一方面与之前横塞军的驻扎地耕地被破坏，无法有效屯田以供给军队有关。另一方面则与阿布思叛乱后显露的西北地区防线缺陷有关。阿布思叛乱后南下进攻的地点便是中受降城西的永清栅，经此一役，也暴露出此地防御的问题。所以安思顺希望以中受降城和东受降城再连上振武军为朔方军的左翼防线，以西受降城和丰州连上定远城为右翼防线。这条防线是唐廷北疆的第一层防线，朔方军三分之二的军力驻扎于此。此条防线向南可以控制当时的党项部落，向北可以防御回纥进攻。根据考古发掘，天德军的治所位于今天内蒙古额尔登布拉格苏木陈二壕村东北，从史书记载看此地处于整条防线的中心地带。

整个天德军城周长总共12里，城墙高4丈，宽1丈7尺，是一座十分牢固的城池。在天德军任职仅仅一年后，郭子仪又兼任丰州都督、西受降城使和朔方军右厢兵马使。结合安思顺的战略部署，郭子仪这次很明显是负责整个右翼防线，成为整条防线的实际指挥者。此时左翼防线则由李光弼负责，两位日后平定安史之乱的亲密战友此时在朔方军前线相会。此时郭子仪已经58岁，为唐廷工作已近40年，戍守北疆也将近30年，谙熟边防事务与蕃汉关系。因此同整个边防团队的蕃将保持着良好的战友情，同时也深得领导和同僚的认可。可见，如果以天德军为核心的整个北方驻防体系构建完毕的话，在唐廷最出色将领的加持下，应该会收到很好的效果。但很可惜，随着安史之乱的爆发，这套防御体系夭折了。

在安史之乱爆发前，郭子仪刚负责西线防御，他的母亲向氏去世了。郭子仪只得遵从丧制，回家守孝。但只守孝一年多，安史之乱爆发，郭子仪被夺情再战沙场。此时他成为朔方节度使，率军东讨叛逆，而这次出征也成为郭子仪军旅生涯的重大转折点。

第三章

渔阳鼙鼓

天宝十四载（755）十一月，那是一个深冬时节，长安城的达官显贵们正在享受着财富带来的美好生活。唐玄宗也沉浸在整个国家处于盛世的景象中，对他来说，国家的治理已经达到了让自己十分满意的程度，宰相们代替他行使权力的能力让他十分安心，人世间不应该再存有任何矛盾。所以唐玄宗对于地方的事情了解甚少，对于朝中出现的矛盾也无暇关心。但"人无远虑，必有近忧"，他此时尚未意识到即将到来的灾难——远在京师东北方向2520里的幽州正在酝酿着一场大动乱。这场叛乱也让唐王朝遭遇到了前所未有的灾难，而主导这场叛乱的是战功赫赫，被唐明皇委以重任的范阳、平卢、河东三镇节度使安禄山。

当远在长安的唐玄宗刚听说安禄山发动叛乱时，以为是个谣言，没想到却是事实，这着实打了玄宗一个措手不及，只得仓促应战。皇帝都是这样，地方守将表现得更为糟糕，这也使得早期的叛军势如破竹，迅速席卷整个黄河流域。

一、粟特杂胡

当"渔阳鼙鼓动地来"之时，郭子仪已经意识到居家守丧的日子很快就要结束了。此时郭子仪可能正在反思，为何曾经忠于唐廷的将领此时却走向了叛乱的道路？在叛军的攻势下，花费多年时间精心部署的防御体系为何如此不堪一击呢？

发动叛乱的安禄山，从任职经历看，与郭子仪应当没有太多交集。他小郭子仪6岁，出生于长安三年（703），也算是当时的高级将领。只不过安禄山早年的经历并没有郭子仪那般顺利。

安禄山原姓康，是营州柳城的杂胡，根据学者研究他应当为粟特胡人。其母为突厥女巫阿史德氏，在史料记载中，阿史德氏在向轧荦山神祈祷后怀孕，生下一个男童。如同其他圣贤出生具有神话色彩一样，男童在白天出生后，当夜就出现了异象，红色的光闪耀在四周，各种野兽嚎叫，并且还有人看到妖星发着光芒落在了毡帐处。阿史德氏认为这是神的授命，便给男童起名"轧荦山"，粟特语意为光明、明亮。轧荦山出生后，便随着母亲回到了漠北，从小过着游牧民族逐水草而居的生活，居无定所。后来阿史德氏改嫁给突厥将军安延偃，便进入漠北突厥汗国中独立的"胡部"。

当安禄山发达后，很有可能对自己过往经历中并不光彩的家世予以美化，一些学者结合人类学和考古学的研究，认为阿史德氏很有可能是一个舞女，因粟特人受到突厥影响之后出现了非婚生子的习俗，所以安禄山从小并不知道生父为谁，所以其生父姓康的说法是没有任何根据的。在某一个祭祀场合，突厥将领安延偃发现了阿史德氏，并心生好感，所以对其有一个儿子并不介意。这次婚姻根本上改变了安禄山母子的生活状况，并提升了他们的社会地位。

好景不长，边疆时刻处于战争的危险边缘，年幼的轧荦山也想到外面的世界看看，因此便跟着安道买的儿子逃出突厥，这次的逃跑让安家很着急。他们很快便被安道买的二儿子，担任岚州别驾的安贞节送了回来。之后他与安延偃的侄子安思顺一同返唐。此后轧荦山开始使用安姓，加上禄山音同荦山，且汉语意思更文雅，符合汉文名字的习惯，所以改名为安禄山。游荡的生活让安禄山养成了残忍嗜杀、奸诈狡猾、富有心计，并且十分善于察言观色的处事方式和性格特点。这也成为安禄山日后崛起以及发动叛乱的个人原因。

此外，安禄山作为粟特人，长期居住在商贸往来的中心地带，因此具备卓越的语言能力，据说他会 6 种语言，也正是靠着这项技能，安禄山成为当地的互市牙郎——也就是商贸往来时的翻译兼中介。

当安禄山而立之年时，遇到了张守珪，这是一个改变他一生命运轨迹的人。开元二十一年（733），张守珪担任幽州长史，此时安禄山继续着之前的生活，可能是商业不太景气，安禄山干起了偷鸡摸狗的事情。一天，正在偷羊的安禄山被抓，张守珪十分看不惯这种事情，下令将这个粟特人乱棍打死。安禄山在即将遭遇刑罚时大声呼道："您难道不想灭掉奚和契丹吗？为何要打死我！"为何安禄山要如此呼喊呢？这主要是唐廷在面对奚和契丹两个部族时，战绩总是比较差，甚至幽州道副总管郭英杰还战死沙场。此时张守珪刚刚由西北转到东北担任幽州节度使。张守珪之前战绩辉煌，屡建奇功。唐廷希望他能够将在西北的战斗力运用到东北边防上，因此对他有很高的期望，以图扭转唐廷在东北疆场上的颓势。

张守珪果然不负众望，刚刚上任便斩了契丹王屈烈和可突干。此时张守珪希望尽快完成东北边防军的建设，因此正是急需用人之时。所以当张守珪见到犯了错误的安禄山长得白白胖胖、又高又壮且豪言壮语，与其他遇到灾祸就委曲求全的人有很大不同，不仅放了他，还给了他一份捉生将的差事，同时一并解决了他的好友史思明的工作。史思明年长安禄山一岁，两人既是老乡又是密友，所以在执行任务时二人相互配合总是收获颇丰。比如有一次，安禄山只带了几名骑兵便俘虏了数十名契丹人，这都与他长期生活在当地，熟悉山川地形，了解蕃部内部情况有关。正是由于这样的经历，再加上他确实胆识过人，有一定战斗力，所以安禄山很受张守珪赏识，被提拔为偏将，并被其收为义子。不到三年，安禄山就升为平卢讨击使、左骁卫将军，为从三品武官。

　　相较于郭子仪的平稳晋升以及扎实历练，安禄山的发展之路就显得与众不同。半路出家的安禄山靠着胆识和机遇一路晋升。但很快，安禄山就为自己的莽撞付出了代价。开元二十四年（736），安禄山率军进攻奚和契丹的叛乱部落，屡战屡胜的他有些贸然轻敌，遭遇大败。四月的时候，张守珪知道这个消息后，想要严惩、斩杀安禄山，安禄山在受刑前，再次大呼："您不是要消灭奚和契丹吗？为何要杀了我？"张守珪看到安禄山再次表达了这样的想法，不忍心将他处死，于是将他送到京师由中央裁定。张九龄了解此事后回复道："春秋时期，司马穰苴统率三军，杀了娇贵的庄贾；孙武操练吴国军队，下令杀了不守军令的吴王宠妃。张守珪如果按照已经颁布的军令，安禄山不能免除死刑。"但唐玄宗看到安禄山之后，觉得他身材魁梧，军事才能颇高，所以希望免除其官职让其继续带兵。但张九龄认为不能这样，反驳道："安禄山违反军令，导致兵败，按照唐律必须处以死刑。并且我看他长着一副反相，此时不除掉日后必为后患。"玄宗听了之后有些不太高兴，回复道："你不要像晋朝王夷甫对待石勒那样对待忠良之臣。"最终还是免除了安禄山的死刑，但罢免了他所有官职，让他以"白衣"身份领军，希望他能够立功赎罪。

很快安禄山晋升的机遇便出现了。开元二十七年（739）张守珪部将赵堪、白真陁罗假借张守珪的名义，命令平卢军进攻奚部落结果遭到惨败，因担心朝廷惩罚，所以张守珪谎报获胜，之后又贿赂朝廷派来核查情况的宦官。但"要想人不知，除非己莫为"。最后，事情败露，张守珪被贬为括州刺史，到任后很快便因病去世。张守珪的离开使得唐廷的东北地区缺少一个可堪大用的帅才，所以安禄山于开元二十八年（740）被再度起用，担任平卢镇兵马使。他也在任上充分发挥了自己滑头、善于察言观色的长处，深受周围人的欢迎。在这种基础上，安禄山变本加厉贿赂中央前往视察的官员，尤其是御史中丞张利贞到河北视察时，安禄山极尽谄媚、处处巴结张利贞身边的随从。张利贞回京后，盛赞安禄山的能力，这也让安禄山在朝中的声望越来越高，唐玄宗也觉得此人十分可靠，更为宠信他，很快他就被提拔为营州都督、平卢军使、顺化州刺史。

到了天宝元年（742），唐玄宗任命安禄山为代理御史中丞和首任平卢节度使，安禄山由此开始入朝奏事，一来二去，更受玄宗宠信。天宝二年（743）正月，安禄山入朝面圣，玄宗待他礼遇甚高，并且特许他随时可以谒见。安禄山一如既往地对玄宗阿谀奉承，讲道："去年营州出现了蝗灾，我祈祷老天爷：'如果我心术不正，对皇帝不忠，就希望蝗虫把我的心吃了；如果我没有这些事情，那就希望蝗虫快快散去。'祈祷完之后，立马就有一群鸟飞来，把虫子吃完了。我请求让史官把这件事记录下来。"玄宗听完之后很高兴，立马答应了，并且还晋升安禄山为骠骑大将军，成为从一品武散官。第二年，安禄山取代裴宽为范阳节度使，裴宽则回京担任户部尚书，礼部尚书席建侯为河北黜陟使。河北黜陟使是一个代表中央巡察地方情况的职务，安禄山与席建侯交往颇深，所以席建侯回京后盛赞安禄山公正无私，而且李林甫和裴宽这两位深受玄宗信任的官员同样极力赞美安禄山，所以安禄山担任范阳节度使的同时还担任河北采访使、平卢节度使。从开元二十一年（733）一个因偷羊差点被杀的犯人，到天宝三载（744）成为东北边防的最高领导者，短短10年间，安禄山便达到了其他人一辈子都无法企及的高度。

通过取悦皇帝和贿赂高官的方式，让自己的职位飞速晋升、地位日益稳固后，安禄山觉得这并非长久之计。作为武将如果想要在朝中真正站稳脚跟，必须要有拿得出手的战绩和军功，但边境久无战事，很难树立军功。怎么办呢？此时安禄山充分暴露出自己为达目的不择手段的特点。他多次出兵侵扰已经归降的同罗、奚、契丹部族，肆意杀虐，以激起这些部族的叛乱，从而给安禄山出兵平叛提供借口。通过这种卑鄙的做法，安禄山取得了丰厚的战功。

十月，安禄山回京报功时上奏称："我讨伐契丹到北平郡后，梦到李靖和李勣向我讨要食物，我心想这两人可是唐初的战神啊！所以迅速盖了庙来祭拜两位战神，并且在祭奠当天，庙的横梁上长出了灵芝。"这种鬼话听得玄宗满心欢喜，认为安禄山一定是上天派下来稳定大唐的重臣。

安禄山巧舌如簧，还故作愚笨换取玄宗的信任。安禄山面圣时对玄宗说："我生在蕃部，深受您的恩宠，相较于其他人的成就，我也没啥特殊才能，只希望为您奉献终身。"玄宗看他很诚恳，便有些怜悯。之后让安禄山拜见太子，安禄山不拜，照理说这是大不敬的行为，而安禄山却说："我不太了解朝中的礼仪，皇太子是什么官啊？"玄宗说："我死之后要由太子继承皇位。"安禄山赶紧道歉："我太愚笨了，只知道有皇帝，不知道有太子，罪该万死啊！"于是就赶紧拜见太子。当时杨贵妃深受玄宗宠爱，安禄山就请杨贵妃收自己为干儿子，要知道杨贵妃可比安禄山年轻16岁，但玄宗还是答应了这种请求。之后每次到后宫，安禄山都是先拜杨贵妃，再拜玄宗。玄宗很不解，问他为何要这样，安禄山回答道："我们蕃人都是先拜母亲再拜父亲的。"玄宗听了之后十分高兴，便让安禄山与杨贵妃的家人们约为兄弟姐妹。不得不说，安禄山拍马屁的水平在当时要是排第二绝对没有人敢称第一，关于他这种能力的例子还有很多，限于篇幅就不一一赘述了，正是靠着这种高超的奉承能力，安禄山成了宫廷内外第一红人。

如果我们觉得安禄山只是想要让自己成为皇帝身边的红人，那就太小看他了。安禄山日后能够兴风作浪，搅得大唐不得安宁还与他的心机与野心密切相关。因为从河北到长安的路程还是比较远的，所以安禄山也没办法经常来回跑，获得京城中的最新消息，所以他就让自己的部下刘骆谷常驻京城，帮助他打探朝廷的事情。同时安禄山在取得高位之后，便开始积极地为叛乱储备物资，比如他让部下到各地搜罗布匹，用来制造绯紫袍、金银鱼袋和腰带（这些东西并非简单的战略物资，而是叛乱后用来奖赏、晋升官员的东西）；让幕僚张通儒和副都使在天宝十三载（754）

叛乱前夕清点唐廷马匹，真可谓"司马昭之心，路人皆知"。

纵使玄宗身边的很多人都已经发现安禄山的异常，并提醒他要多多注意，但玄宗深深地沉浸在自己构建的盛世图景中难以自拔。

此时郭子仪在北部边疆戍卫着家园，从现有的史料中很难看到郭子仪与安禄山两人在叛乱前有过何种交往，但在晋升途径方面郭子仪出身优良，仕途平稳；安禄山早年间漂泊无定，入仕后晋升飞快。在个人品行方面，郭子仪待人宽厚，勤勤恳恳，忠字当头；安禄山心狠手辣，不择手段，善于经营。这也很有可能导致两人没有任何交往，因为从郭子仪的交友情况看，他还是很看重个人品行的，安禄山之流自然入不了他的法眼，甚至他对安禄山可能还心存鄙视。当郭子仪被夺情起复投入战场，迎接他的究竟是何种局面呢？

二、临危受命

如果唐玄宗真的营造的是一个盛世的话，为何还会出现安史之乱这样大的动乱呢？毕竟一场动乱的爆发总是矛盾不可调和的产物，那当时存在着哪些"危"会让郭子仪"临危受命"呢？

一是当时任命的官员出现了很大问题。唐玄宗朝出现开元盛世很重要的原因便在于皇帝任命的官员值得信赖，而且品行正直。玄宗朝开元年间，先后选用张说、姚崇和宋璟等人，这几人不要说在唐玄宗朝，甚至在整个中国古代历史上都是有名的贤相和能相，玄宗对他们的建议从善如流。依靠着这些能人，中央决策自然更为合理，国家稳定发展，社会和谐安定，缔造了开元盛世。到了天宝年间，玄宗依然与自己选用的近臣保持着十分亲密的关系，可能是因为开元年间发展过于顺利，玄宗对纳谏的态度有了明显变化，张九龄就曾经说"朝廷的大臣，为求自保，都不再向皇帝建言献策了"。而张九龄也因此罢相。如果选任的官员没有问题也就罢了，但问题恰恰就出在此时选任的官员要么品行一般，能力较低；要么能力不错，品行较差，与开元年间的宰相群体相差甚远。总之在这些官员的影响下，朝中的政治生态环境变得很差，所以当有人提醒玄宗安禄山要叛变时，玄宗竟然把提醒的人绑了送给安禄山。

二是此时随着安禄山实力的强大，朝中各势力间的矛盾在逐步激化。朝中权相李林甫在世时对朝中诸方势力起着一种制衡作用，任何一方不敢也不能过于嚣张。但当李林甫去世后，这种格局发生了巨变。朝中的宰相成了杨国忠，杨国忠是一个既没能力又没人品的官员，靠着杨贵妃的关系成了玄宗的亲信。而安禄山也由于受到玄宗宠信成为朝中红人。为了争夺权力，这二人互相瞧不上，关系自然不会融洽。当矛盾发展到一定阶段后，自然会呈现质的变化。杨国忠向玄宗警告安禄山叛变，玄宗虽然没有听信，但这严重影响了安禄山的安全，安禄山紧急跑回范阳将叛乱事宜提上了日程。照理说杨国忠作为宰相在安禄山回到河北后应该积极筹划平叛事宜，毕竟他是如此坚定认为安禄山会叛乱，但杨国忠显然什么也没做，他在朝中继续发挥着扰乱朝政的作用，所以当叛乱发生时，朝中政局混乱不堪。而此时丁忧在家的郭子仪并未参与到这些纷争中，过着一种单纯、简单的生活。

天宝十三载（754）三月，安禄山回到范阳后，每当有中央使者来视察，他总是抱病不去接待。一直到天宝十四载（755）六月时，裴士淹奉命视察河北，此时安禄山一改往日抱病不去接待，而是让使者等了 20 多天，才让武士引其见面。见面时，安禄山并未向代表朝廷的裴士淹行礼，在这种情况下，裴士淹感到十分恐惧，意识到安禄山即将作乱，所以在完成任务后立即告辞。

半年之后的十一月六日，安禄山大摆酒宴，犒劳诸军将士，并给手下各位将领看一路向西打入东都洛阳的地形图。一天之后，安禄山伪造圣旨，告知各位将领："皇帝有命令，让我带兵勤王，讨伐奸臣杨国忠，各位也要随我一同前往。"由于事发紧急，诸将领都还没回过神儿，也就没人提出异议。当天夜里，安禄山便派遣先头部队以每天 60 里的速度南下。安禄山的正规军则在十一月九日召开誓师大会，宣布发动进攻。此时安禄山已经部署得较为完备。范阳节度副使贾循和平卢节度副使吕知诲为留守；部将高守岩于大同驻扎，防御太原和朔方军。并且安禄山在月初的时候就派遣部将何千年、高邈率领奚族骑兵 20 人以贡献射生手为名占领了太原。而此时唐廷军队尚未意识到大敌已经来临。所以河北诸路守军纷纷投降，其中还包括常山太守颜杲卿。

颜杲卿的投降只是缓兵之计，面对来势汹汹的叛军，颜杲卿如果正面硬抗很有可能因寡不敌众"出师未捷身先死"，倒不如先投降再做计划。此时颜杲卿的堂弟颜真卿担任平原郡太守，因为早已预知安禄山会发动叛乱，所以他很早便暗中训练敢死队。他积极联络各地的豪强，共商抵御叛军的计划。当得知颜杲卿投降后，颜真卿第一时间派出使者联系颜杲卿，寻求与颜杲卿协同作战，分兵牵制叛军，减缓叛军西进的速度。

叛军西进速度很快，公开叛乱一个月后便已攻下了东都洛阳。这一个月中，京师长安正在做什么呢？在十一月十日北京副留守、太原尹杨光翙被抓的第二天，安禄山叛乱的消息便已送达玄宗，但玄宗认为这是安禄山的政敌捏造的谣言，所以不予采纳。直到十一月十五日，河北发来奏报才真正让唐玄宗意识到自己的国家已经风雨飘摇，曾经信赖的重臣已经叛变，之后玄宗迅速召集宰相们商议对策。但内地长期武备不修已经导致无兵可用，所以他立刻派毕思琛和程千里赶赴洛阳、河东招募军队做好防御。当进京奏事的西北将领封常清自荐前往洛阳抵抗叛军时，玄宗难掩激动心情，任命他为范阳节度使兼平卢军使，将安禄山之前的职务转给封常清。任命完毕后，封常清立刻赶往洛阳备战。

玄宗回到长安后，积极展开部署，将安禄山的堂兄朔方节度使安思顺调回京城担任户部尚书，此前安思顺也曾上奏玄宗提醒安禄山可能要叛乱，所以玄宗只是解除了他的军权，并未对他有其他惩罚。处死了安禄山的儿子安庆宗，足见玄宗的愤怒。朔方节度使被调回京城，军队事务自然落到了郭子仪的身上，所以经营朔方军数年后，郭子仪终于成为这支军队的一把手。此时他的职务为卫尉卿兼单于、安北副大都护、灵州刺史、摄御史中丞权充朔方节度、关内支度、营田、盐池、押诸蕃部落副大使、知节度事、六城水运等使。这一长串的职务充分显示了什么叫能力越大，责任越大，此时郭子仪将整个朔方军扛在了肩上，也承担起了荡平叛乱，恢复大唐的重任。同时王承业被任命为太原尹，统筹负责河东地区的防御工作；张介然为河南节度使，驻守陈留，防止叛军南下江淮；程千里为潞州长史，防守太行山南部地带；

其他郡也都开始设置防御使，以备叛军来袭。第二天朝廷任命荣王李琬为兵马元帅，高仙芝为副元帅，统帅安排好了，接下来就要进入到真正的战争中了。不得不说，唐廷的整个安排略显仓促，安禄山反叛时唐玄宗还在华清宫度假，过了12天才返回长安正式部署防御措施，而这10多天里，安禄山北路叛军已经进入河东，占领太原，南路叛军已经到达常山，攻下东都只是时间问题了。

三、保卫常山

郭子仪上任的第一仗便是同进攻振武军的高秀岩展开的。十二月，北方天寒地冻，郭子仪火速上任后，立刻将军队操练完毕，整装待发。在东进抗敌前夕，身为安禄山叛军大同军使的高秀岩率兵进攻振武军。振武军主管中受降城和东受降城的防御工作，对于京城北边的防御有重要意义。郭子仪显露出其军事才能，很快便出兵打退了叛军进攻，并乘胜追击收复了静边军。北路的连战连胜狠狠地打击了敌军士气，但敌军依然死缠烂打。十二月十二日，叛军大同军兵马使薛忠义率军反扑，想要夺回静边军。郭子仪充分发挥了军事领导力，派左厢兵马使李光弼、右厢兵马使高浚、左武锋使仆固怀恩、右武锋使浑释之分路迎击，大败薛忠义，斩杀了叛军将领周万顷，并坑杀了敌军 7000 名骑兵。接着郭子仪率军包围云中，同时派出部将公孙琼率 2000 名骑兵进攻马邑，一路向南最终打通东陉关，从而与镇守太原的王承业取得联系，这一步棋至关重要。因为安禄山叛乱之后，河东镇驻军便严防北面句注山上的东、西陉关，以防止叛军通过这两处关隘进入河东，此时郭子仪向东进攻，不仅贯通了朔方军与河东军的联系，为之后东出陉关进入河北，直捣叛军老巢做好战略准备，同时也让叛军通过这条路线南下太原进攻蒲州，最后围攻长安的计划成为泡影。可见郭子仪北路平叛进展颇为顺利，按照此势头，攻入叛军大本营只是时间问题。但"不怕神一样的对手，就怕猪一样的队友"，唐廷的南路防线出现了很大的问题，而这条线路的掣肘也直接影响了郭子仪北路的进攻。

先前被派往河南的封常清到任后不到 10 日便募兵 6 万，并砍断河阳桥以免叛军迅速渡河。但此时已是十二月二日，叛军打到黄河边，与灵昌郡隔水相望，此时已是寒冬腊月，河水已上冻，所以砍断桥以阻挡叛军渡河的措施显然并不靠谱。而唐军此时也并未做好抵抗的准备，所以叛军迅速渡过黄河，占领灵昌郡，直逼陈留。张介然上任仅仅半月有余，在新岗位上屁股还没坐热，就要进行艰苦的陈留保卫战。仓促的部署显然难以抵挡叛军的猛攻，十二月六日，安禄山从城北攻入陈留，太守郭纳投降，但叛军兽性大发，将已经投降的近万唐军杀害，河南节度使张介然也在其中。占领陈留后，安禄山也积极巩固胜利成果，任命李庭望为河南节度使，张通晤为睢阳太守，与杨朝宗一同率军向东进发。

两日后，洛阳东面的荥阳遭到叛军进攻，荥阳太守崔无诐率军防御，但无奈双方战斗力悬殊，荥阳被叛军攻下。崔无诐被杀，安禄山命令武令珣守卫荥阳。接下来叛军将直接面对东都洛阳了。此时唐廷也在积极部署，玄宗甚至打算下诏御驾亲征，要求西北诸道节度使二十日到长安集合。当日叛军已抵达武牢关，守关将领正是之前请缨抗敌的封常清。封常清带领新招募的士兵于武牢关前列阵迎敌，但由于战斗力不高，所以很快便被叛军击垮，封常清只得带领散兵游勇退守洛阳城东的罂子谷，但又被击败，只得再退守洛阳上东门内。前两次的战败已让唐军将士失去了获胜的信心，东都洛阳在这样的士气状态下很难坚守。经过上东门的一番激战，唐军最终在十三日投降，安禄山率军进入洛阳城内烧杀抢掠，河南尹达奚珣投降，东京留守李憕、御史中丞卢奕惨遭杀害。安禄山任命张万顷为河南尹，崔乾祐驻扎陕州，以备将来向北发动进攻；张通晤任睢阳太守，以备向南的攻势。这是安禄山攻下东都后通过任命官员将一些重要地点纳入其管理以巩固战果的一种方式。

　　南路军持续后撤，之前镇守洛阳的封常清已经退至陕郡，在同副元帅高仙芝商讨后，决定继续后撤至潼关，这是唐廷的最后一道防线，一旦攻破潼关，便可以进入关中平原，唐廷利用自然关隘防守的优势便不复存在，所以这道防线至关重要。玄宗显然震惊于南路防线的一路溃势，所以开始为之后离开长安南撤做准备。十二月十五日，玄宗任命永王李璘、江陵长史源洧分别担任山南节度正、副使，颍王李璬、蜀郡长史崔圆分别任剑南节度正、副使，之前玄宗亲征的计划也因局势的变化而取消。同时，玄宗还认为南线的溃败与将领关系密切，所以将高仙芝与封常清处以极刑，以起到警示作用，之后任命哥舒翰为兵马副元帅，镇守潼关。

　　此时河北内部出现了新的变化，之前假意投降叛军的颜杲卿开始行动起来。安禄山在荡平河北后，派遣李钦凑率数千人守卫井陉口，以防止唐廷军队攻入河北。颜杲卿看到这种情况，便觉得可以做些什么，所以在同袁履谦返回常山途中，指着身上穿的叛军服装问袁履谦："为何我们要穿着这身服装？"袁履谦瞬间明白了颜杲卿的意思，便私下决意同颜杲卿起兵反抗安禄山。所以在二十一日，颜杲卿设计杀死了李钦凑，第二天又将驻守井陉口的李钦凑同党杀死，并遣散了井陉叛军，接着生擒了高邈和何千年，最后在常山起兵归唐。这有力地响应了北路唐军的进攻，也为郭子仪军队东出陉关创造了条件。颜杲卿的壮举也得到了河北诸郡的积极响应，截止到十二月下旬，河北十七郡又重新归唐，仅剩范阳等六郡跟随叛军。

后院起火自然引起了叛军的警觉，但安禄山显然是见过大世面的人，面对河北烽烟再起，并不慌张，他认识到整个河北的战乱是由颜杲卿常山起兵引起的，所以只要将颜杲卿的军事力量消灭，其他郡自然不会掀起太大的风浪。在这种思路指导下，安禄山并未急于剿灭唐军，反而先称帝，确定国号为燕，任命达奚珣为侍中，张通儒为中书令，高尚、严庄为中书侍郎，任命完燕国的重要官员后，安禄山派遣史思明、蔡希德包围常山郡。此时安禄山正准备进攻潼关，但这丝毫未影响河北地区的战事。在史思明、蔡希德完成包围后，开始对常山郡发动猛攻，此时颜杲卿起兵仅仅 8 天，尚未做好防卫准备，只好紧急派人前往太原求救，但太原尹王承业在此时竟然抱有私心，想要窃取颜杲卿擒获高邈、何千年的功劳，甚至希望叛军攻下常山郡，所以隔岸观火，放任叛军围攻。在这种局面下，颜杲卿带领着常山将士日夜苦战，顽强防御。天宝十五载（756）正月八日，常山城弹尽粮绝，最终被叛军攻占。史思明进城后为泄私愤开始屠城，致使常山军民数万人被杀，颜杲卿和袁履谦不幸被捕，被一路押送到洛阳，最终因怒斥安禄山惨遭杀害。常山陷落后，史思明又率军进攻河北其他地区，除了饶阳守军奋力抵抗外，河北郡县又重新陷入叛军之手。利用投降叛军旧将反水平叛的方式失败后，唐廷并未急着与叛军硬抗，反而将收复河北的计划搁置，以等待新的时机发兵进攻。

此时唐廷也意识到北路军的实力要强于南路，正月初命令郭子仪解除对云中的围攻，撤到朔方以做调整，准备增兵围攻洛阳。为了弥补郭子仪走后河东地区将领的空缺，将之前出东陉关进攻河北的战略延续下去，郭子仪将手下的数位将领反复比较，最后推荐李光弼接任自己的工作。随即李光弼被任命为云中太守、河东节度使，并接受了从朔方军中分出的 1 万名将士以补充河东地区的战斗力。

李光弼在河东地区延续了之前的节奏，一路过关斩将，随后被任命为魏郡太守、河北道采访使，这为之后其率军进入河北做好了准备。安禄山的叛军此时遇到了很大的阻碍，虽然已经抵达潼关，但哥舒翰的防守让叛军屡攻不下。此时叛军大本营也因为战事不顺出现了归顺唐朝的动向，天宝十五载（756）二月六日，因发现范阳节度留后贾循与右虞候程超谋划归顺唐朝，安禄山派韩朝阳火速返回幽州，将二人以谋反罪斩杀，之后任命向润客为范阳节度使，吕知诲为平卢节度使，负责叛军大本营的防御工作。

此时唐廷已经意识到叛军内部人心不齐的情况，打算再度进军河北，切断叛军后路。因而命令李光弼率领朔方军和河东军主力进入井陉关，抵达常山郡。二月十五日，常山内部发生兵乱，3000余名团练兵逮捕叛军守将安思义，之后开城迎接唐军。史思明见状紧急从饶阳回撤常山，率领2万名叛军直逼城下。李光弼坚守城池，打退了敌人的第一波进攻。中午时，有乡民报告说又有5000名叛军前来增援，此时正在常山东南方向的九门县休息，李光弼闻讯立马派出军队偷袭，大败叛军。李光弼一鼓作气，将常山郡9个县中的7个县收复，取得了常山保卫战的重大胜利。李光弼此时被任命为范阳长史、河北节度使，颜真卿也被任命为河北采访使。

史思明绝非等闲之辈，在屡战屡败后，派人将李光弼军队的补给切断。由于李光弼率军孤军深入河北，补给线路被切断，加之唐廷的援军未及时赶到，所以在同史思明相持数十天后，李光弼的军队粮草供应明显不足。此时李光弼紧急向郭子仪救援。此前被调往洛阳的郭子仪三月五日到达代州，接到李光弼的求援信息后，紧急由北向南穿越井陉关，四月九日到达常山同李光弼会师，此时常山守军共计10万余人，对叛军形成了压倒性的优势。接下来两位唐廷的重要将领将共同承担起守卫常山的责任，大战一触即发。

从颜杲卿到李光弼、郭子仪，常山成为唐廷与叛军反复争夺的地点，为何会这样呢？众所周知，河北和山西之间有太行山相隔，这一山脉在没有飞机大炮的冷兵器战争年代自然成为天然的军事屏障。若是跨越山脉发动进攻，翻山越岭明显耗时费力，通过山脉中间的关口显然是最为便利的。而跨越太行山脉最便捷的井陉关便位于常山，占领了常山便可以控制通向山西和河北的交通，所以才会出现唐军和叛军反复对此地进行争夺的情况。因此李光弼和郭子仪在此地胜利会师后，河北的局势便出现了巨大的变化。

四、嘉山捷报

天宝十五载（756）四月十一日郭子仪和李光弼率唐军与叛军在九门县城南列阵交战。刚一交锋，唐军中郎将浑瑊便射杀了叛军大将李立节，在士气上获得了压倒性优势，之后唐军气势如虹横扫叛军，取得了常山保卫战的大胜。史思明兵败经赵郡逃往博陵，蔡希德逃往钜鹿。河北地区的军民看到唐军常山保卫战取得如此大胜，感到十分振奋，纷纷积极响应，反抗叛军。郭子仪、李光弼显然也不想轻易放过叛军，一路追着叛军跑。四月十七日，唐军抵达赵郡后，同叛军激战一天，获得重大胜利。入城后唐军开始抢掠百姓财物，这引起李光弼的愤慨，于是下令将抢夺的财物全部上缴，归还百姓。郭子仪下令处死伪赵郡太守郭献璆，投降的叛军士兵则全部遣散，这也充分体现了郭子仪的仁爱之心。

攻下赵郡后，李光弼率军继续追击叛军，四月十九日李光弼率军对博陵展开围攻，史思明固守 10 余日后，李光弼见硬攻难以获胜，因此退守恒阳补充物资。史思明见状迅速向外求援，很快叛军从洛阳、幽州赶来支援，会同史思明再度形成强大的军事力量。此时河北内部又在为下一次大战做着准备。

此时河南境内同样进行着惨烈的战斗，只不过与河北境内唐军势如破竹取得了诸多胜利不同，河南境内的唐军则始终无法摆脱屡战屡败的颓势，持续回撤。虽然战斗力不行，但精神可嘉，其中也有值得铭记的壮举。

天宝十五载（756）五月四日，南阳太守鲁炅与叛军将领武令珣战于滍水南岸，但无奈战斗力较弱，唐军再一次兵败，鲁炅退守南阳。很快唐廷对于整个河南的军事部署再次进行调整，任命虢王李巨为陈留谯郡太守、河南节度使，兼任岭南、黔中、南阳节度使，从而将整个南方的守卫工作由一人统筹负责。虢王李巨也不负众望，率兵进逼南阳。此时叛军也认识到唐廷对于南阳的重视，放弃了围攻，鸣金收兵。鲁炅也凭借一己之力阻止了叛军南下，避免整个南方深陷战火之中，这种壮举也振奋了河北境内的唐军。

就在南阳保卫战获得胜利的同时，郭子仪与李光弼也开始运用出色的战略战术痛击敌军。五月十五日，郭子仪和李光弼率兵撤回常山。唐军刚刚取得常山保卫战的胜利，此时却要放弃之前的战果，这令叛军很是兴奋，所以史思明便带领数万士兵跟随而来。郭子仪率领的朔方军常年于大漠征战，很擅长高速奔袭战，所以为了充分利用这一特点，郭子仪挑选了500多名战力精良的骑兵轮番骚扰引诱叛军出击，但并不正面与叛军对抗。唐军也并不向前进攻，而是持续后撤，这也让叛军持续前行。直到三天后，唐军退至行唐，叛军则继续追击。叛军被这种疲敌战术折腾得够呛，三番五次被引诱出动，但每次都没有获得实质性的胜利，这直接导致叛军内部军心与战斗力严重受挫。郭子仪看时机已到，便乘势率军反击，在沙河大败叛军，取得了又一场大胜。

安禄山看到河北境内的防御出现了如此大的问题，担心老巢被唐军一锅端，故而调拨给蔡希德2万名士兵增援史思明，同时下令要求牛廷玠调集范阳等地1万多名士兵南下。此时叛军的实力再次得到增强，誓将河北再次夺回。但郭子仪和李光弼显然已经有了计划，他们在沙河大胜敌军后又返回恒阳。史思明不知深浅，又率领刚刚强化过战斗力的军队紧随而至。郭子仪为了避免与敌人正面接触，采取坚守阵地、以逸待劳的方式与叛军周旋。叛军进攻，唐军便在城内坚守不出；叛军撤退，唐军便打开城门穷追猛打。唐军白天时在城内养精蓄锐，极尽挑衅之能事；夜晚便摸黑偷袭叛军营地，搅扰得叛军无法好好休息，不得安宁。连续骚扰了叛军数天之后，郭子仪同李光弼一致认为时机已到，可以正面同敌军展开决战了。

五月二十九日，郭子仪、李光弼率仆固怀恩、浑释之、陈回光等在嘉山列阵迎敌。叛军将领史思明、蔡希德和尹子奇等也摆开阵势准备开战。前面提到郭子仪所率部队主要是由朔方军组成，而朔方军常年征战在外，战斗力非凡。同时郭子仪和李光弼对于军队教导有方，指挥才能卓越，所以双方的战斗很快结束，唐军再一次大胜敌军，斩首叛军4万余人，生擒叛军5000人，并且还获得了叛军5000匹战马。史思明着急逃跑，披头散发、鞋子都没顾得上穿，一路逃到博陵。另一叛军大将蔡希德中枪后逃走，叛军的押衙刘旻被生擒。史思明显然并不想就此罢休，因此10多天后再次发动了嘉山之战，但无奈战斗力太差，又一次输给了唐军。此时安禄山坐不住了，严厉训斥了高尚、严庄，直接导致两位德高望重的老臣长时间不敢面见安禄山。叛军内部的氛围此时坏到了极点，田乾真发觉异样后，便积极调解此事，安禄山也意识到再这样下去更加不利于战事，因此设宴与高尚、严庄和好。

就在郭子仪和李光弼于常山会合的同时，颜真卿在河北道东南部同样对叛军展开攻势。颜真卿命令录事参军李择交和平原令范冬馥统率部队会同清河兵4000人及博平兵1000人驻扎在堂邑西南。袁知泰派遣部将白嗣恭率兵2万余人前去迎战，3个郡的兵力激战一整天，大败叛军，斩首万余级，俘虏了千余人，得马千匹，缴获的军用物资不计其数。当时北海太守贺兰进明也已起兵，颜真卿给他写书信积极邀请他共同抗敌。贺兰进明接到书信后，立即率领5000名士兵渡河，颜真卿带兵前去迎接，两位老友相见后十分感伤。双方合兵后，颜真卿每次行动都要同贺兰进明沟通，双方互相谦让，军队将领友好和谐相处的局面使整个军队的战斗力有了很大的提升。之后二人成功攻下信都郡，配合郭子仪和李光弼在河北北部的战事，形成了河北内部南北呼应的局面。

在这种局势下，河北10余郡的将士再次响应，纷纷将叛军守将杀掉以迎接唐军的到来。郭子仪此时想要趁着叛军军心不稳一鼓作气直接打到范阳，端了叛军老巢，这种想法也得到将士们的一致赞同。安禄山此时有些坐不住了，想要从洛阳返回河北整顿局势，但就在他犹豫之时，唐廷后方出现了问题，潼关被攻破，唐廷大本营岌岌可危，郭子仪被紧急调回，河北的大好局面只得遗憾地放弃了。

第四章

改弦更张

安禄山起兵半年多，秋风扫落叶般一路南下，攻陷洛阳，而唐廷的回应与部署显得格外仓促。但毕竟瘦死的骆驼比马大，当唐军准备好后，立刻恢复了战斗力。拥有郭子仪和李光弼这样出色的将领，对于战场的局势也起到了至关重要的作用。当朔方军开始平叛后，之前唐军的颓势立即得到扭转，当唐军进入河北后，虽然战况较为胶着，但唐军的优势仍然较大，并且正逐步压缩叛军在河北境内的领地，此时叛军在南方的战事进展得也不顺利，加之哥舒翰固守潼关，这让安禄山十分恼火。安禄山严厉训斥高尚和严庄："你们教唆我谋反，觉得这是万全的行为。如今面对潼关的防御，数月间没有任何进展，我们的北路军已经被唐军打败，截至目前，我所有的领地只有汴州和郑州等地，哪里还称得上是万全呢？"这种局势延续下去的话，唐军胜利平叛只是时间问题了。

正当局势朝着有利于唐廷的方向发展的时候，潼关防线却出了大问题，这不仅给了安禄山喘息的机会，同时也直接导致了唐廷政局的重大变动——玄宗出逃和肃宗灵武登基。而导致这次问题的原因则十分荒唐，充分暴露了唐廷内部存在的重大弊端。

一、憾失潼关

潼关位于关中平原东部，地处秦、晋、豫三省交界地带，距离长安仅有300余里。除了地理位置关键外，此地的地形也注定了它会成为军事要塞。潼关地形非常险要，南面紧邻秦岭，东南方向有禁谷，北面有渭水和洛水，两条河会同黄河抱关而下，西侧临近华山。潼关周围层峦叠嶂，谷深崖绝，山高路狭，中间有一条狭窄的小道，宽度仅能通过一辆马车。所以这里成为继函谷关之后关中的东大门，成为历朝历代兵家必争之地，此处发生的大小战役有数十次之多。

唐廷自然也知道此处的重要性，所以当高仙芝与封常清屡战屡败，最后商议退守此处时，玄宗固不想让防线离京城太近，给自己过强的危机感，遂将两位重要将领处死。新上任的潼关守将哥舒翰是唐朝中前期一位著名的突厥将领，以骁勇著称于世。少年哥舒翰过着一种无忧无虑的生活，因为民族与其父为官的缘故，哥舒翰兼具草原民族的豪爽、仗义和汉族传统文化中深明大义、重义轻利的性格，是文化融合的典范人物。青年时代的哥舒翰在西北边疆征伐立功，并一路晋升。取得辉煌成绩后，哥舒翰沉迷声色犬马，不久便染病告假，回到京城休养。哥舒翰因性格原因与安思顺、安禄山不和，被杨国忠利用，卷入了政治斗争中，这也预示着他接下来的悲惨命运。回到京城休息的哥舒翰并未享受到半点安宁的日子，安禄山叛乱后，因驻守潼关的高仙芝等人被杀，哥舒翰被火速征调，负责潼关的防务。驻守期间，哥舒翰充分利用潼关的地形特点，坚守不出，数次打退了叛军的进攻。郭子仪和李光弼在嘉山大捷后，联名上奏朝廷也建议潼关守军应坚守阵地，不要轻易主动进攻。如果长期坚持这一政策，叛军迟早会因为补给和军心问题崩溃。

但此时朝中暗流涌动，虽然此前杨国忠联合哥舒翰共同对抗安禄山，但安史之乱爆发后，先是哥舒翰铲除了安思顺，让杨国忠对哥舒翰心生畏惧，随后哥舒翰的部队中又有清除杨国忠的言论，虽然此事被哥舒翰否决，但杨国忠更加担心哥舒翰迟早有一天会将自己杀掉。恰好此时唐廷流传着一种说法："崔乾祐在陕西的部队不到 4000 人，都是老弱病残，装备不足。"之后，杨国忠向玄宗建议让哥舒翰主动出兵进攻陕州和洛阳。哥舒翰听到这样的建议后，自然反对，认为这是叛军的计谋，想要主动引诱自己出兵，如果主动出击，便正中敌人下怀。然而此时的政治环境哪还容许哥舒翰提出这种正确建议，玄宗在听了杨国忠的建议后，认为哥舒翰坚守不出是贻误战机，所以连下数道命令，逼迫哥舒翰主动出击。虽然明知道出击后会导致什么结果，但君命难违，哥舒翰顿感悲伤，捶胸顿足，带兵出关。

六月四日，哥舒翰驻扎在灵宝县的西原，八日开始同叛军交战。唐军驻扎地点南边紧临峭壁悬崖，北边是黄河。叛军崔乾祐率领数千人已经提前占据了险要位置。哥舒翰和田良丘等人乘船在河中观察敌我双方的军情。一番考察后，认为崔乾祐的部队人员较少，由此产生了轻敌的想法，下令要求军队将士前进。一番交战后，由于地形较窄、作战人员较多，所以发生了拥挤踩踏，之前排好的阵列自然也就无法保持。过了中午，突然刮起东风，崔乾祐趁机命令士兵点燃数十辆草车，刹那间烟气漫天，导致唐军将士纷纷遮挡面部，无法睁眼。叛军趁机发动进攻，唐军毫无招架之力，加上道路狭窄，很多士兵纷纷掉进河中。后面的将士看到前面的队伍出现了骚乱，便不知所措，自顾逃命，这导致更多的士兵落入河中，死亡数万人。此时的战场俨然人间地狱，无助的号叫声震天动地，唐军丢盔弃甲、落荒而逃。唐军将领哥舒翰与数百名骑兵快速西逃，从首阳山渡过黄河，进入潼关。先前，潼关外挖了3条沟堑。这3条沟堑宽2丈，深1丈，人马通过此处皆坠入其中，不一会儿沟堑就被填满。其余人都踏着沟中尸体通过，进入潼关的最终只剩下了8000多人。第二天崔乾祐便攻入潼关。

　　哥舒翰失守后逃到了关西驿，本打算张贴告示招收溃兵以重振旗鼓，重新收复潼关，但部将火拔归仁率领数百骑兵将他包围。火拔归仁对哥舒翰说："叛军马上就要到了，请您上马。"哥舒翰上马出驿后，火拔归仁率众向哥舒翰叩头说："您一战失去了20万的守军，还有何面目见皇帝呢？您没有看到高仙芝、封常清的下场吗？投降吧！"哥舒翰并不想投降，打算下马，但火拔归仁将马控制住，其他不打算屈服的将士也都被控制。等到叛军将领田乾真到了后，便都投降了。之后这些投降的将领被带到安禄山面前，此时哥舒翰全无斗志，彻底屈服于自己曾经的敌人。哥舒翰投降后想要利用自己的影响力主动招降李光弼、李祗和鲁炅，安禄山知道后很是高兴，任命哥舒翰为司空、同平章事。但结果可想而知，被招降的将领非但没有同意，反而写信斥责哥舒翰的投降行为。这次招降失败也让哥舒翰失去了利用价值，最终死在叛军阵中。

潼关的失守让唐廷大惊，没有了天险的保卫，长安周边阵地的守将自然出现了骚动。河东、华阴、冯翊、上洛的防御使均弃城逃跑，城内的守军也四散离去，这对唐廷的打击十分大。当天哥舒翰的部下回京城告急，玄宗并不以为意，只是派了李福德带领监牧兵赶赴潼关查看情况。等到了晚上，潼关的平安火不到，玄宗这时才感到担心。玄宗对局势的迟钝充分暴露出唐廷内部出现的重大问题，政令上传下达已不如之前有效。玄宗对于政务的处理已尽显疲态，他不听从正确的建议，反而听信谗言，直接导致唐廷在大好局势下被叛军反杀，丢了大本营，致使未来政局出现巨大震荡。唐玄宗在潼关失守后选择出逃，也反映出他在危机面前，丧失了曾经的能力与担当。"人无远虑，必有近忧"的古语正是玄宗遭遇的直接写照，未来他也将因自己的一系列失误而被逼退位。

二、拥立灵武

天宝十五载（756）六月十日，距离玄宗要求哥舒翰出潼关迎战仅仅过了6天的时间，最重要的关口便彻底丧失。这种突如其来的变故让玄宗紧急召集宰相商议未来该怎么办。杨国忠这时打起了自己的小算盘，他因为之前任职剑南道，所以一听说安禄山造反便令副使崔圆在剑南道做接驾准备。此时正好可以将这个计划告知玄宗，玄宗也认为他说得很有道理，但并未作最后决定。第二天，杨国忠又召集百官于朝堂，故作惶恐的模样，然后问百官对策，官员们都唯唯诺诺不作回应。杨国忠讲道："人们向皇帝告发安禄山有谋反的迹象已经10年，但皇帝并不相信。今天的事情，并非宰相的过错。"罢朝之后，京城的官员百姓都惊恐奔走，不知该往哪里去，东、西市也一片萧条。杨国忠接着找到韩国夫人和虢国夫人，让她们进宫继续劝玄宗逃往蜀地。

十二日，玄宗在勤政楼宣布亲征，但听到这个消息的人基本都不相信。此时留在朝中的官员寥寥，大部分人都夺路而逃。玄宗命京兆尹魏方进为御史大夫兼置顿使，负责整个出逃计划；京兆少尹崔光远为京兆尹，担任西京留守，负责断后工作；将军边令诚掌管宫中钥匙。草草做了安排之后，玄宗便于当晚命令龙武大将军陈玄礼整顿禁军，并下发了优厚的赏赐，从宫中挑选了900余匹良马，并对宫外封锁消息，以免引起动荡。第二天黎明，玄宗和杨贵妃姐妹，诸位皇子、后妃、公主、皇孙等家眷以及杨国忠、韦见素、魏方进、陈玄礼及亲近宦官、宫人偷偷从延秋门出京。天亮后，百官中还有来上朝的，到了宫门后，侍卫依然像平时一样坚守岗位。但开了宫门后，发现宫内已经乱作一团，宫女们纷乱逃跑，此时才发现皇帝不知道跑到哪里去了。于是王公、官员和百姓四处逃窜，山中的盗贼争相进入宫中和王公府邸盗取金银财宝，甚至有的人还骑驴进入宫殿，左藏大盈库也被人一把火焚毁。崔光远、边令诚带人前来救火，又招募人员临时担任府、县官员守卫，杀了10多个人之后才把混乱的局面稍微稳定下来。崔光远派自己的儿子向叛军投降，边令诚则将皇宫各门的钥匙献给安禄山以表诚意。

此时郭子仪远在河北，应该尚不知道京城发生了如此大的变故。玄宗逃出长安后让宦官王洛卿提前出发，告诉沿路各县准备好接驾。可当到了吃饭的时间，逃亡大部队到了咸阳东边的望贤宫，却发现王洛卿和县令全逃跑了。玄宗又派宦官去征召官员和百姓，却没有一个人回应。到了中午，玄宗还没有吃饭，杨国忠只得亲自去买一些胡饼给玄宗。这时才有一些百姓前来送夹杂着麦豆的粗饭，皇子皇孙们此时已顾不得礼仪，直接用手往嘴里塞，很快就将这些饭吃完，就这样还没有吃饱。玄宗下令付给百姓饭钱，这种局面令百姓们感伤，玄宗见状也掩面而泣。这时有个叫郭从谨的老人前来向玄宗进言："安禄山造反的心早就有了，也有人告发他，陛下非但不听，反而惩罚告发的这些人，这才导致安禄山越发猖狂，最后出现了这种局面。为什么会出现这种情况呢？这与您久居深宫，自以为了解天下大事有关。"玄宗听后感叹道："这是我昏聩不明啊，很后悔如此。"不久尚食带着御膳到达，玄宗先把这些饭赐给了随从官员，然后自己才吃。吃过饭后又命令军士到村落中去找吃的，约定到未时回来集合。半夜时候大队人马到了金城县，此时金城县的县令和百姓都跑掉了，但饮食的器具还在，士兵们靠着这些东西得以自给自足。当时不仅所到之处的官员百姓都跑了，甚至连皇帝身边的随从也都溜走了，内侍监袁思艺就是其中的代表。逃亡的队伍过得很凄惨，夜晚没有灯，每个人相互枕着睡觉，也不管什么地位高低了。这天晚上，王思礼从潼关赶到，玄宗才知道哥舒翰被俘虏，便命令王思礼为河西、陇右节度使，整顿队伍，准备东讨。

六月十四日，玄宗一行人到了马嵬驿，将士们此时因为长途跋涉，补给严重不足，所以都有些愤怒。陈玄礼此时将矛头对准杨国忠，认为这一切都是杨国忠导致的，要将他杀掉。东宫的宦官李辅国将此事告知太子，但太子并未作出决断。恰好此时吐蕃20多个使者拦住了杨国忠的马，想找他要食物。杨国忠还没有来得及回应，军士们就高呼："杨国忠与胡人联合谋反！"有的士兵趁机向杨国忠射箭，但没有射中。杨国忠跑到西门里面，军士们一拥而上将他杀掉，同时还将他的儿子户部侍郎杨暄和韩国夫人、秦国夫人一起杀了。御史大夫魏方进赶来想要救人，但众人又把他杀了。韦见素听到外面一阵骚乱，跑到外面看热闹，同样被疯狂的士兵暴揍一顿。此时有人发现打错了人，便大呼："不要伤害韦相公。"军士们趁乱将马嵬驿包围起来，玄宗听到外面有哗变的声音，周围的人都说将士们在平定杨国忠谋反。玄宗凭借自己对杨国忠的了解，觉得他怎么也不会做谋反的事情，但事已至此，唯有出去慰问将士们才能平息众怒。所以玄宗到了外面同将士们相见，想要让他们回到军营，但将士们不答应。玄宗让高力士问将士们不回去的原因，陈玄礼回应道："杨国忠谋反，杨贵妃不应该再在皇帝身边，也当一同正法。"玄宗自然不会同意，所以说完"我自己来处理"后便进了门。此时玄宗的大脑应当在飞速思考如何在不杀掉杨贵妃的情况下化解此事。但这一思考，时间就过了很久，京兆尹韦谔对玄宗说："如今众怒难息，生死存亡就在此时了，希望您速速决断！"玄宗回应说："贵妃久居深宫，怎么会知道杨国忠谋反呢？"高力士说："贵妃确实没有什么过错，但将士们已经杀了杨国忠，而贵妃又在您身边，怎么可以自保呢？希望您仔细思考，将士们平安了，您才可以平安。"在这种局面下，玄宗自然无法再多说什么，便命高力士负责处死杨贵妃。杨贵妃被杀后，陈玄礼等将士便叩头请罪，玄宗心中虽然充满仇恨，但此时也只得抚慰众人。

　　我们再回顾马嵬驿兵变时，关注的既有玄宗和杨贵妃凄美的爱情故事，又有不同政治力量的角逐。玄宗与杨贵妃的爱情故事

被很多人传颂，中唐著名诗人白居易在半个世纪后将此事写成了
《长恨歌》；不同政治力量的角逐也同样值得留意，因为它是未
来唐廷政局发展的节点，玄宗和太子就是在马嵬兵变后分道扬镳
的。有学者在研究这段历史时，对史书中的观点提出质疑，认为
陈玄礼并未参与兵变。之所以史书将陈玄礼描述成兵变的主谋，
实际上是为了掩盖太子发动兵变这种不忠不孝的行为。这种观点
只是逻辑推断，没有太多史料支撑，聊备一说罢了。虽然笔者对
这种观点并不认可，但其中提到太子在这场政变中的角色值得关
注。

　　此时的太子是李亨，他同杨国忠有很深的矛盾，毕竟在当时
选立太子时，杨国忠不遗余力地帮助李林甫攻击李亨。杨国忠成
为宰相后，因为担心李亨英明神武，所以二人之间常常发生冲
突，矛盾自然越来越深。所以当玄宗计划亲征，让太子监国时，
杨国忠拼命反对。当杨国忠成功说服玄宗逃往蜀地后，李亨应当
十分害怕，毕竟杨国忠从蜀地起家并在此发展壮大，自己一旦进
入蜀地，必然会陷入危险境地，不仅可能失去太子宝座，甚至连
小命都可能搭进去。所以从这个角度思考，唯有将杨国忠铲除才
有可能获得转机。所以在这种动机的驱使下，李亨有较大的可能
性主导这样一场兵变。但由于唐玄宗长期压制太子的势力，导致
李亨不能很快通过兵变获得最高权力，唐玄宗也因此能够保证自

身平安入蜀。甚至在李亨到灵武即位后，玄宗还能够在法律形式上维持自身的最高政治权力。所以可以认为，太子李亨是这场兵变的幕后策划者，李辅国等人参与其中，并作为联络员具体负责兵变事宜，龙武大将军陈玄礼虽然不是主谋，但他率领禁军处死杨国忠以及逼迫玄宗处置了杨贵妃，无疑是直接参与者。

兵变结束后，玄宗父子开始分道扬镳，只是这两位大唐最高权力者，对于前途充满了迷惘。最后玄宗直接进入蜀地，但太子李亨有些曲折，毕竟他不可能跟随玄宗进入蜀地。太子最初并未明确前进方向，后来朔方军明确表达了欢迎他前往灵武的意向，并且河西行军司马裴冕也好言相劝，太子这才最终决定前往灵武。但之前玄宗出逃时，杨国忠已将渡过渭水的便桥烧毁，所以进入西北的河陇地区和进入北方的灵武便成为太子李亨仅可选择的道路。

天宝十五载（756）七月九日，太子在杜鸿渐等朔方将领的陪同下到达灵武。三天后，七月十二日，太子李亨在灵武登基，史称肃宗，宣布尊称玄宗为太上皇。这是在整个国家极度动荡时期发生的一次最高权力的更迭。在当时的情况下，太子无法在京城即位，同时玄宗仍在逃亡中，自然无法按照以往正常的即位仪式进行。所以可以说太子在灵武即位是没有得到玄宗授意的另立行为。接着肃宗任命杜鸿渐、崔漪为中书舍人；裴冕为中书侍郎、同平章事；改关内采访使为节度使，治所迁至安化郡，任命吕崇贲为节度使；任命薛景仙为扶风郡太守兼防御使；任命陇右节度使郭英义为天水郡太守兼防御使。并于当日派使者前往蜀地向玄宗奏报。

唐玄宗此时并不知道肃宗登基的消息，所以在入蜀途中接连任命崔圆、房琯、崔涣等人为宰相，并部署平叛事宜。最迷惑的是，玄宗在肃宗即位三天后，发布了一道《命三王制》，这份制文任命"忠肃恭懿""好勇多谋"的太子李亨为天下兵马大元帅，统率朔方、河东、河北、平卢诸道收复两京，永王李璘担任山南东道、岭南、黔中、江南西道节度都使，并且依然担任江陵郡大都督；盛王李琦担任广陵郡大都督，兼任江南东路及淮南、河南等路节度都使；丰王李珙担任武威郡都督，并兼任河西、陇右、安西、北庭等路节度都使。这份制书虽然颁布，但其中盛王、丰王都并未出任，所以这是一道形式大于内容的制书，目的在于昭示自身的权力，并且从中可以看出玄宗没有传位的打算。直到至德元载（756）八月十二日，玄宗才知道肃宗于灵武即位，于十六日颁布了《令肃宗即位诏》，十八日又颁布《肃宗即位册文》，命宰相韦见素、房琯、崔涣带着传国宝玺赶到灵武补办传位册命仪式。但七月肃宗登基后，第一时间就派人前往蜀地奏报，所以过了一个月的时间玄宗才知道肃宗即位的消息显然并非实情。

肃宗新政权建立后，文武大臣不到 30 人，并且朔方军的主力已经东进平叛，所以留在原地的军队只剩下老弱病残，这样一个草台班子自然不会引起玄宗的重视。但肃宗登基的消息传播得很快，可能是大家对玄宗已经不抱任何希望的缘故，地方官员听到消息后，纷纷从四面八方赶来投奔。曾经投降叛军的京兆尹崔光远、长安县令苏震也带着数十名县官和小吏逃出长安，于七月二十七日到达灵武。侍御史吕𬤇、右拾遗杨绾、奉天令崔器等人也都赶来拥立新帝。有了这么多文官的支持固然可喜，但对于肃宗来说强化自身军事实力更为重要。一方面可以主持平叛事宜，从而获得更多功绩，以便从能力层面获得统治的合理性；另一方面也可以达到震慑玄宗的目的，从而让玄宗主动交出皇位，获得统治的合法性。所以在即位之初，肃宗便立马派出使者告知尚在前线作战的朔方军将领郭子仪和李光弼返回灵武。因为郭、李二人此时已经肩负起大唐平叛的希望，并且他们还是朔方军的实际领袖，得到他们的支持，自然可以获得军队的拥护。

此时郭子仪正因为潼关失守而回撤河东，放弃了之前连战连捷的河北阵地。在接到肃宗将要即位的消息后，郭子仪立刻率领 5 万大军前往灵武拥立新帝登基，并于七月底到达，一下子就给战力欠缺的灵武新政权注入了生气，让新政权摆脱了之前疲软的状态，显示出强大气势。郭子仪到达灵武后，立刻被任命为兵部尚书、同中书门下平章事，兼任灵武长史、朔方节度使；李光弼被任命为户部尚书、同中书门下平章事，并兼任北都留守，率领五千军队抵达太原，防御河北叛军入侵河东。这些安排一方面给了肃宗十足的底气称帝，另一方面也让玄宗认识到自己再这么硬撑下去便是不识时务了，所以八月玄宗安排使者帮助肃宗举行登基仪式。成为新帝的肃宗春风得意，力图以最快的速度重振朝廷，收复两京，平定叛乱。

三、收复河东

此时的河北，叛军正趁着郭子仪撤退的间隙积极掠夺之前被唐廷收复的领土。就在郭子仪和李光弼抵达灵武不久，至德元载（756）八月十日史思明就攻克了九门，杀害数千人，带领军队围攻藁城，10天后占领了藁城。叛军接着马不停蹄地围攻赵郡，九月五日攻陷赵郡。此时唐廷正在为肃宗的登基大典做准备，自然无法顾及河北的军情。就在赵郡被攻下的12天后，肃宗在检阅完6万平叛大军后向南到达彭原郡。由于之前平叛时军力和财力消耗殆尽，肃宗到达彭原之后，为了完成平叛大业不得不想办法筹措军费。但此时按部就班地征税显然不是一个好办法，毕竟远水解不了近渴。所以只得通过卖官鬻爵的方式在短时间内积累大量的经费，毕竟此时国家尚未稳定，新帝登基也急需大量可以使用的官员，通过这种办法既挣了大笔钱财，又补充了之前损失逃跑的官员队伍，可谓一举两得。虽然这种做法也会对官场的秩序和官员质量造成较大的破坏，但此时已没法考虑那么多，解决眼下的困难才是最主要的。

有了军费自然要开始在军事上有所行动。此时宰相房琯可能想趁着这波军事行动来为日后加官晋爵赚取些资历，所以自告奋勇请求率军收复长安。肃宗自然十分欣喜，所以立即任命房琯为持节，招讨西京兼防御蒲、潼两关兵马节度使，王思礼担任他的副手。同时还允许房琯自行选任参佐僚属，这给了他极大的自主权，也充分反映出肃宗对他的信任。房琯随即选择御史中丞邓景山为招讨副使，户部侍郎李揖为行军司马，给事中刘秩为参谋。从职务看，这几个人中没有一个有过军旅生涯，全为文职官员，这样的团队怎么面对接下来的平叛大业呢？

房琯将平叛大军分为三部分：让部将杨希文率领南军，从宜寿向长安进攻；刘贵哲率领中军，从武功进军长安；李光进率领北军，从奉天进攻。二十一日唐军前锋中军和北军与叛军在咸阳陈涛斜相遇，房琯想利用这样的遭遇战打出名声，提振士气，充分发挥自己博学多才的能力，所以采用了古代的车战法，用 2000

辆牛车为主力，以马军和步军夹杂其中。但叛军利用天气优势，顺着风势大声鼓噪，利用声音让唐军的牛、马受惊，趁着混乱的时候采取火攻，唐军人畜大乱，死伤者达4万多人，只有数千人生还。遭遇这样一场大败，房琯仍不死心，时隔一天，十月二十三日，房琯亲自率领南路军迎敌，又一次遭遇败仗，唐军阵中的杨希文、刘贵哲均投降叛军。肃宗听到房琯战败的消息，十分愤怒，想要以军法处置房琯，毕竟这数万大军是肃宗辛辛苦苦招募而来，没想到房琯一战全军覆没，幸亏李泌说情才让肃宗原谅了房琯的过错。

房琯的大败自然让唐廷士气低落，之前在河北鏖战的颜真卿也放弃守卫平原郡，选择向南撤退。此时唐廷必须要取得一场大胜才能够重振雄风。郭子仪又一次扮演了救世主的角色，此时他并未被调回河北作战，而是被派往天德军平定阿史那从礼的叛乱。阿史那从礼为突厥同罗部的蕃将，安史之乱爆发后成为叛军的伪官。其在至德元载（756）时，得到肃宗即位的消息后，立刻率领大军前往朔方归降肃宗。但好景不长，阿史那从礼在唐廷并未帮助唐廷平定叛乱，反而同叛军里应外合，煽动铁勒、六胡州等地的部落叛乱。这给肃宗新生政权带来了不小的麻烦，所以肃宗赶紧派遣郭子仪前去平叛。郭子仪此时也面临着军队数量不足的问题，但临时招募的士兵战斗力欠缺，所以他充分发挥自己之前同蕃部打交道的能力向回纥借兵。十一月上旬，回纥葛勒可汗磨延啜派遣葛逻支带领 2000 名精锐骑兵同郭子仪在呼延谷会师，郭子仪在会师之后并未因自己是唐廷将领而趾高气扬，反而主动在回纥军队的引导下拜了狼纛，此处的"狼纛"显然不是一般意义上的军旗，而是回纥部族的象征，是可汗王权的象征。通过这种自降身份的行为来表明合作的诚意，最终成功见到回纥可汗，实现了组成联军的目的。肃宗也派天德军将领仆固怀恩和他的长子仆固玢出兵配合。十一日，郭子仪率领联军在榆林黄河北岸夹击叛军，大获全胜，俘虏数万士兵，所获牛羊更是不计其数，从而让河曲地区重新回归安定。随后，郭子仪率领朔方军南下洛交郡，至于之后的行动路线此时尚未明晰。

十二月的时候，安禄山派阿史那承庆进攻颍川，经过十五天的昼夜激烈交战，太守薛愿与长史庞坚被俘送至洛阳，安禄山将两人捆绑在洛水的冰面上，将其冻死。如此残暴的手段势必引起唐廷的震恐，肃宗问李泌，如此强大残暴的敌人，我们何时可以将其平定？李泌分析道："叛军每攻陷一座城池，便将所获得的壮丁和妇女运送回范阳，这哪里有要统一全国的志向呢？如今叛军内部的将领大部分是蕃将，汉人将领只有高尚等几个人，其余都是被胁迫的。我预计不超过两年，叛军便可平定。"肃宗感到很疑惑，李泌接着说："叛军阵营中的猛将不过史思明、安守忠、田乾真、张忠志和阿史那承庆等数人而已。如果派李光弼从太原东出井陉，郭子仪从冯翊进入河东，那么史思明和张忠志即便受到威胁也不敢轻易离开范阳和常山，安守忠、田乾真不敢离开长安。这是利用两支军队拖住了叛军的四个将领，此时跟随在安禄山身边的只有阿史那承庆。这时不要让郭子仪进攻华阴，让两京之间的道路保持畅通，陛下在扶风驻军，与郭子仪、李光弼配合出击，叛军救援北面我们则攻击其南面，救援南面那我们就攻击北面，采用这种疲敌的计策让叛军疲于奔命，而我方则能够以逸待劳，叛军来了我们就避其锋芒，等其撤退后再去进攻其薄弱地带。我们也不要急于进攻城市，不切断道路。等到明年春天，任命建宁王李倓为范阳节度大使，率领军队从塞北发起进攻，与李光弼呈南北掎角之势攻占范阳。此时叛军肯定没有地方后撤，留下来也不会安宁。之后我们大军对其形成包围，肯定会彻底平叛。"肃宗听了之后很是高兴。

　　郭子仪也认识到河东的重要战略地位，河东地处西京和东都之间，从河东出兵攻取潼关，则两京中间的道路便会被切断，由此两京便可顺利攻下，所以攻下河东、两京指日可待。此时守卫河东的叛军将领是唐廷的老对手崔乾祐，此人经过之前潼关一战，名声大震，成为叛军内部重要将领，对唐廷来说也是一个十分难应付的对手。但这个人骄奢淫逸，纵容部下滥杀无辜，所以河东郡及周围的百姓十分痛恨叛军，日日期盼着王师早日前来解救他们。

至德二载（757）正月二十八日，郭子仪派郭俊、苟文俊潜入河东，与叛军中的唐廷陷贼官员永乐尉赵复、河东司户韩旻、司士徐炅、宗子李藏锋密谋，等唐军来了，作为内应，开门放唐军进城。

就在唐军与叛军相持不下，准备开始新的战略计划时，叛军内部爆发政变。为何在战事如此紧张之时叛军会出现内部问题呢？这就与叛军内部尤其是围绕在安禄山身边的诸多矛盾有关。安禄山之前患有眼疾，叛乱之后视力变得更差了，攻占洛阳后不久便几乎双目失明。再加上安禄山还患有疽病，性情变得十分暴戾，左右侍从服侍得稍微不满意，便大加责罚。安禄山平日里生活在深宫之中，与朝臣们几乎不见面，所以一切要事都要通过严庄转告。虽然严庄此时人前风光，但想必也少不了被安禄山打骂，所以严庄内心对安禄山充满了憎恨。另一个想要将安禄山置于死地的便是安禄山的长子安庆绪。照理说安禄山死后，安庆绪肯定会继承皇位。但此时安禄山宠妃的儿子安庆恩得到了安禄山的赏识，安庆绪第一继承人的地位出现了危机。这直接导致安禄山和安庆绪之间的矛盾激化。在这种情况下，严庄与安庆绪勾结在一起。有了权力核心人员的操持，弑杀安禄山只需要等到一个合适的时机。恰好安禄山身边的一个宦官契丹人李猪儿同样经常被安禄山打骂，所以政变有了一个很好的执行者。三个对安禄山怀有深深憎恨的人聚在了一起，严庄对安庆绪说："谋杀安禄山这件事机不可失，时不再来。"安庆绪回应道："你要做，我就跟随。"随后严庄对李猪儿讲道："被打的次数，整个宫内数你最多。如果不马上把安禄山干掉，你离死就不远了。"至德二载（757）正月五日夜里，安禄山正在酣睡中，严庄与安庆绪拿着兵器守在帐外，李猪儿拿刀进入帐中杀害安禄山。安禄山被疼醒后，想要拿起枕头边上的刀，但因为眼睛看不见没有拿到，他手摇着帐竿大声呼喊："一定是家贼害我啊！"但已无济于事，很快就因失血过多命丧黄泉了。安庆绪等人在床下挖了一个数尺深的坑，用毛毡裹着尸体埋入其中，并且严令宫中之人不能将此事泄露出去。

第二天严庄伪造诏书向外宣称安禄山病重，立晋王安庆绪为太子。几天之后太子安庆绪即位，尊安禄山为太上皇，并为安禄山发丧。安庆绪虽然成了叛军领袖，但这个人生性昏庸懦弱，说话也没什么逻辑，完全没有成为帝王的能力。严庄见状，担心安庆绪无法服众，便让他不要见人。安庆绪整天以饮酒为乐，过着荒诞不堪的日子，并且还将严庄视为自己的兄长，任命他为御史大夫、冯翊王，叛军的所有事务无论大小均由严庄裁定。严庄趁机厚赏叛军诸将以笼络人心。这种内乱必将使得叛军的战斗力受影响，此时已到了向叛军发动进攻的最好时机。这时肃宗也已经驻扎到了凤翔，并任命唐军前锋关内节度使王思礼驻扎于武功，兵马使郭英义驻扎于武功东原，另一位兵马使王难得驻扎于武功西原，形成拱卫凤翔的防线。

至德二载（757）二月上旬，郭子仪率军向河东进发，并在途中派了部分军队攻下冯翊。二月十一日夜晚，永乐尉赵复等人杀掉城墙守卫士兵，打开城门迎接唐军。经过一番激烈的战斗，唐军杀掉叛军近千人。叛将崔乾祐听到城内有动静，赶紧翻墙逃跑，调动城北的叛军反攻河东郡，但都被郭子仪击退。崔乾祐一路撤退，郭子仪紧追不舍，一路上斩杀叛军4000余人，俘虏叛军5000多人。崔乾祐逃到安邑后，城里的百姓假装投降，等到叛军进城将近一半的时候，突然将城门关闭，进入城里的叛军全军覆没，崔乾祐此时还没有入城，所以侥幸脱身，一路向东逃跑。经此一役，郭子仪顺利将河东郡收复。与此同时，长期围攻睢阳的叛军尹子奇也在唐军守将张巡、许远的顽强抵御下无奈退兵，唐军的战斗形势一片大好。

二月十九日，叛将安守忠出兵进攻武功，郭英义在同叛军交锋过程中，不幸负伤，败退而逃，王难得却见死不救，也跟着后撤。这直接导致王思礼放弃武功，退守扶风，此时叛军距离凤翔仅有 50 里，肃宗十分惊恐。恰好在此时郭子仪的战事取得了好的进展，成功地解救了即将被围困的肃宗。

二十二日，郭子仪派自己的儿子郭旰、得力干将仆固怀恩、兵马使李韶光和大将王祚带兵进攻潼关，吹响了收复长安的号角。由于之前崔乾祐已经被彻底击溃，经过一番战斗，唐军很快就将潼关收复，并斩首敌军 500 人。此时安庆绪赶紧派伪关西节度使安守忠前去救援，二十九日，郭子仪派仆固怀恩与王仲昇于永丰仓驻军。等到傍晚，经过激烈战斗，唐军大败，死伤士兵万余人，李韶光、王祚战死，仆固怀恩抱着马头漂浮着渡过渭水，退保河东。三月二十三日，叛将安守忠率军直奔河东，想要稳固关中的统治。这是一场不能输的战斗，郭子仪精心布置，亲自上阵率领朔方军击退叛军，斩杀叛军 8000 余人，俘虏叛军 5000 人，从而稳定了河东的局势，也保住了重新夺回潼关的希望。

四、兵败清渠

虽然夺回长安的战斗并不顺利，潼关再次陷于敌手，但肃宗此时对郭子仪和李光弼仍抱有十足的希望。为了可以最大程度激发两个人的动力，肃宗想尽一切办法为二人加官晋爵。但其中也出现了一些问题，肃宗考虑郭、李二人此时已经是宰相，位极人臣，那如果接下来二人成功收复两京，平定叛乱，如此大的功绩没有官职可以奖赏了该怎么办呢？肃宗将这个困惑告诉了李泌，李泌梳理了历史上如何封赏功臣，从最早的封爵位，到汉、魏、北周、隋时期分封土地爵位给功臣并可以传给子孙。到了唐朝初年，由于土地面积有限，所以采取食实封的方式，即以给功臣物资的方式代替实际的土地分封。贞观年间，太宗与大臣也就如何封赏功臣展开讨论，最后还是决定以授予官职的方式进行赏赐。但是以今天这种情况，等到天下平定后，不如采取分封土地给功臣的办法。所以当郭子仪成功地守住了河东后，肃宗任命郭子仪为司空兼天下兵马副元帅，李光弼为司徒。虽然司空和司徒并没有什么实际的职权，但从级别上已经是最高级了。之后，郭子仪便全力投入到收复长安的行动中。

至德二载（757）四月，当时的星象出现岁星（木星）、荧惑（火星）、太白（金星）和辰星（水星）相聚于鹑首。按照占星术解读，岁星、荧惑为阳，太白、辰星为阴，四星相聚，国家就会有兵乱。恰好与鹑首相配的二十八星宿为东井和舆鬼两星宿，对应的区域为秦地。换言之，此时秦地将要发生一场大的兵乱。今天看来占星的结果可能并无任何科学根据，但在1000多年前，天象与人事在这个不寻常的初夏罕见地高度契合了。

四月十三日，叛将李归仁率领5000名铁骑进攻三原北。郭子仪派部将仆固怀恩、王仲昇、浑释之、李若幽设兵埋伏于白渠留运桥。就在李归仁前来进攻时，伏兵果断出动，将叛军击败，李归仁跳河才得以脱身。此役后，郭子仪率领的朔方军从三原南下。另一路军由王思礼率领从武功出发，由兴平西南的龙光渡过渭河，东行，到达西渭桥渭河南岸一侧，与走北线大道经西渭桥过渭河的郭子仪部会师，驻扎于潏水西侧。此时叛军将领安守忠和李归仁也会师于长安西边的清渠北侧，总共 8 万士兵。清渠是隋唐时期漕渠京西段，地理位置十分关键。漕渠起自长安城西渭河上的兴城堰，兴城堰距长安县治延寿坊 40 余里，漕渠的首段在鄠县境，过沣水后入长安县界，再向东 18 里，恰好在汉长安城西南角合潏水入渭水。唐军与叛军隔潏水相对，叛军所在的清渠以北也就是长安城西北角，正好是禁苑与长安城相交地带的西侧。所以一旦这场战斗唐军获胜，收复长安城便只是时间问题了。

面对如此重要的战斗，双方都很谨慎，对峙 7 天均没有采取任何行动。五月六日，唐军发现河对岸的叛军成群结队拖着木排向河边集结，很快便划水过河。郭子仪随即派出精壮士兵在岸上等候。就在叛军刚刚过河，向岸上发起冲锋时，就迎上了唐军。两军混战，很快唐军便击退了叛军的进攻，取得了一场小胜。但没想到，这是安守忠的一个计谋。此时郭子仪可能低估了对方的实力，又或许是对峙 7 日有些倦怠，获得一场胜利后有些忘乎所以，率领军队步步紧追。当唐军渡过清渠追上叛军后，发现此时叛军以 9000 名骑兵摆起了长蛇阵。这种阵法的精妙之处在于当阵中一处受到攻击后，两侧的军队可以迅速将敌人包围。

唐军上岸发起进攻后，郭子仪集合军队主要力量进攻长蛇阵的中央部位，准备将这部分敌人消灭，从而打开豁口，将长蛇阵打断，使首尾无法呼应。但叛军显然是有备而来，他们的长蛇阵采用的是骑兵，行动速度很快。当发现唐军进攻后，安守忠指挥两翼叛军迅速变阵，趁着唐军与敌人厮杀的时候，从两侧包抄过来，将唐军包围。此时唐军在敌人的包围中叫天天不应，叫地地不灵，阵脚大乱，丢盔弃甲，四散奔逃。叛军则乘胜追击，唐军判官韩液、监军孙知古皆被叛军俘虏。郭子仪不得已，只得退守武功，肃宗所在的凤翔再次处于危机中。

战败后郭子仪自然十分沮丧，作为这场战斗的直接负责人，郭子仪亲自赶赴凤翔请求贬官。五月十七日，郭子仪被贬为左仆射，其他职务没有变化。可见这只是一个象征性的惩罚，肃宗对郭子仪在这场战斗中的失败并不在意。肃宗对于收复长安十分急切，如此大败，显然会令肃宗十分恼怒，但对郭子仪的惩罚对这一点则并未体现。为何会出现如此的反差呢？另外，郭子仪作为唐廷此时数一数二的名将，面对如此简单的圈套，却一头扎了进去，这与之前多次运筹帷幄、力挽狂澜，将屡次处于危机中的大唐重新带入正轨的形象极不相符。笔者以为这场战斗的失败可能另有隐情，并非郭子仪简单中了敌人的圈套这么简单。

此次失利一方面在于肃宗收复长安心切，一意孤行地更改了之前李泌谋划的先直捣叛军老巢，再返回收复两京的平定叛乱的计划。肃宗到凤翔驻扎 10 多天后，陇右、河西、安西、西域的军队全部集合完毕，江、淮的物资也已经运达。长安百姓得知肃宗已经到了凤翔，纷纷赶来，希望唐军早日攻下长安。面对天时、地利、人和，肃宗更加急迫地想要收复长安。这就与之前李泌所建议的直捣范阳，再收长安的策略产生矛盾。肃宗与李泌又进行了激烈的讨论，李泌从天气和士气的角度详细分析了此时先攻打长安固然可以获胜，但从长远来看会给叛军喘息的机会，未来势必会拖延平叛的时间。可是此时肃宗根本听不进去，一心只想尽快收复长安，以使自己有足够的声望，这样在面对玄宗时，自己也有足够的资本统治国家。所以肃宗决定不再按照之前的计划进行，而是先收复长安。这种变更之前计划的做法直接导致这场战争准备不足，参战的都是长途奔波，经历了数次战斗的士兵，军队战斗力和士气均有不足。所以肃宗在得知失败后，虽然心中很愤怒，但毕竟是自己临时更改计划，所以自然无法将失败的原因归于打仗的将领。当然，我们也都知道，大的战略计划的更改对于具体战斗的失败其实并不起到太主要的作用，毕竟临场发挥更为关键。

从上面介绍的战役过程可以看到，此次战败最重要的原因在于临场指挥失当。史书中记载郭子仪作为这场战役的指挥者，不应当轻易进入敌人的圈套。但从一些当时人的记述来看，这场战斗的指挥者可能另有其人。郭子仪指挥这场战役时的职务是天下兵马副元帅，此时兵马大元帅是肃宗的儿子广平王李俶，也就是后来的代宗。在颜真卿给其弟颜允臧写的神道碑中，明确说了广平王李俶也参与了这场战役，并且也落荒而逃。众所周知，当军队的正职参战的情况下，副职权力自然会受到极大的限制，所以这场战役中，要求军队紧追叛军的命令是否是郭子仪下的有待商榷。毕竟如果郭子仪真的指挥军队作战，他还会带头冲锋吗？而广平王李俶作为日后继承皇位的人，他在成为皇帝前那些不光彩的经历自然也都要加工处理，如果以上推测成立的话，很明显郭子仪成了这场战役失败的"背锅"者。

收复长安的第一波行动失败，导致之前为收复长安所做的物资准备化为泡影，财政再一次捉襟见肘。另外，唐廷利用授予官职的方式召集战败后四散逃跑的士兵，加上之前为了增加财政收入滥授官爵，导致整个国家官爵职位没有了任何价值，甚至出现了一切参军的士兵都可以穿金紫色衣服的情况。还有一些朝中干杂役的僮仆竟然也是大官，也穿着金紫色的衣服。这种局面让唐廷的政局出现了波动，当时宰相房琯在兵败后，也没有作太多反思，反而过上了闲云野鹤的逍遥日子，这与当时整个国家风雨飘摇的状态并不相符。所以在五月十日，房琯被罢免知政事，担任太子少师这样的闲散职务。肃宗任命谏议大夫张镐为中书侍郎、同平章事。肃宗在战败后也有些灰心，他没有卧薪尝胆想着如何重振雄风，反而经常让数百个僧人在宫内设置道场，早晚诵佛以图从佛典中寻求慰藉。这一举动被新任宰相张镐看到后，很是不满，他向肃宗谏言："君王应当修德以平定整个国家的混乱，还没有听说僧人可以让天下太平的事情。"肃宗听后也觉得很有道理，认为自己的做法确实欠妥。

　　清渠之败导致的更为严重的后果则是叛军的攻势愈加猛烈，一些之前被长期围困的城池再度遭到攻击。首先是山南东道节度使鲁炅守的南阳被叛将武令珣、田承嗣相继带兵进攻。此时南阳城因被围困日子过久，城中食物都已经消耗殆尽，一只老鼠甚至都价值数百钱，城内饿死的人更是不计其数。唐廷派宦官曹日昇前去慰问，但由于南阳城被围困得水泄不通，很难进城。曹日昇想要单骑入城，但被襄阳太守魏仲犀阻止。恰好此时颜真卿从河北到襄阳，看到曹日昇的壮举赞叹道："曹将军不顾生命安危要完成皇帝交代的事情，为何要阻止呢？假如使者没有到达，不过损失一个使者；若使者到达了，则这一整座城的军心和民心就更加坚固了。"曹日昇听完便同 10 来个骑兵一同出发，叛军见状也有些害怕，担心有诈，就没敢去追。城里的军民此时已经不抱什么希望了，但见到曹日昇前来，心中又重新燃起了希望。接着曹日昇又从襄阳运送粮食至南阳，叛军也没采取太多遏制措施。鲁炅在被围困的一整年里，没日没夜地苦战着，身心俱疲。在曹日昇慰问结束之后，鲁炅打开城门率领数千士兵突围奔赴襄阳。守卫一年多的南阳城被彻底攻陷，田承嗣想要继续追击，但打了两天之后，见没有太大优势便撤军了。鲁炅也成功地守住了襄阳这个重要的战略要地，扼杀了叛军南下江汉地区的企图。

河南道的另一个重要战场则是张巡坚守的睢阳。之前睢阳久攻不下，叛军已将战略重心转移，但此时唐军的士气普遍低迷，所以叛将尹子奇再一次率军围攻睢阳城。但张巡顶住了压力，采取疲敌战术，半夜在城上敲鼓，为了让敌军以为有军队来袭，所以敌军半夜一直在做着迎敌的准备。到了天亮后，唐军没了动静。但就在叛军以为白天唐军也要休息的时候，张巡、将军南霁云和郎将雷万春等 10 余位将领各率 50 名骑兵开门突出，在叛军大营中一顿猛烈攻击后，斩杀对方将领 50 余人，消灭士兵 5000余人。俗话说"擒贼先擒王"，在战斗过程中，张巡也想要射杀叛军大将尹子奇，然而他并不知道哪个是尹子奇，于是用锐利的青蒿射击，当被青蒿射中的那个人高兴地跑向尹子奇告知他唐军万矢已尽，只能用青蒿射击的时候，唐军便知道了目标方位，南霁云立马拉弓搭箭正中其左眼。在这种情况下，尹子奇只得仓皇收兵。

一个多月后，尹子奇伤势恢复得差不多了，再次征兵数万人进攻睢阳，张巡和许远坚守城池。此时睢阳城因为粮食分配不公的问题导致城内物资紧缺，将士每人一合米。由于粮食数量太少，所以又把茶纸、树皮掺和在一起。由于长期被围攻，睢阳城的守军数量也在急剧减少，唐军的救援也迟迟不到，最后城内只剩下 1600 名守军。张巡见状也没有抱怨，反而积极地加固城池，修缮防御的工具。他也认识到如果与敌人硬碰硬，唐军迟早会被消灭。敌军这次采用了多种攻城工具，都被张巡一一化解。张巡也主动出击，错开与敌人正面交锋的时间，利用半夜向敌人搭建的工事投放松明、干藁，10 多天后，在敌人进攻时利用顺风的优势放火焚烧，这场大火整整烧了 20 多天。这一仗将叛军彻底打服，叛军不再进攻。张巡也利用这样的机会，在城外建了三重壕沟，立木栅栏防御。

南阳失守很可惜，但鲁炅顶了一年多已经做到了最好的结果；张巡在睢阳依然坚挺地阻挡着叛军南下江淮，如果有生力量可以持续补充，那睢阳肯定可以继续坚守，但新的增援迟迟不来，甚至一些将领厚着脸皮去其他地区请求救援也屡屡吃到闭门羹，所以睢阳失守也只是时间问题了。河南道的这些重要地区再度陷入战斗状态，这主要是因为肃宗将重兵集结在关中后，导致其他地区的兵力不足，当叛军发现有机可乘时，立刻再度发兵进攻。此时关中的陕郡同样遭遇了围攻，之前投降唐军的杨务钦战死。唐军的士气也在这样一波又一波的进攻中被消耗殆尽，大唐的领土内部此时也出现了一些问题。

四川地区本是玄宗逃亡的地区，照理说应该是比较安全的，但唐廷久久未能平定叛乱，让一些地区内部生出祸端。南充土豪何滔作乱，在前线战事吃紧的时候，抓了防御使杨齐鲁，剑南节度使卢元裕率军很快将叛乱平定。七月二日，蜀郡士兵郭千仞等人发生哗变，但很快也被六军兵马使陈玄礼、剑南节度使李峘平定。虽然这两起叛乱的规模和影响都比较小，却实实在在反映了唐廷的统治区域内同样矛盾重重，如果战事再没有太多进展，可能会凸显出更多的矛盾。在这种局势下，新一轮收复两京的作战计划又重新被提上了日程。

第五章

克复二京

清渠战败后，唐军在各方战场进展屡遭挫折，之前收复长安的计划也就此耽搁。4个月之后，唐肃宗认为军队已经休整完毕，士气重振。此时唐军的平叛事业持续推进，至德二载（757）闰八月九日，安庆绪亲自率军进攻好畤，此处距离肃宗驻扎的凤翔不到200里，一旦叛军获胜，唐廷中央不得不再度面临撤离的风险。此时渭北节度使李光进率军迎击，成功击退了安庆绪，守护了唐廷中央。

至德二载（757）闰八月底，肃宗登上凤翔城楼，举行了盛大的阅兵仪式，诏令天下兵马大元帅广平王李俶和副元帅郭子仪开始做第二轮进攻长安的准备。闰八月二十三日，肃宗犒劳诸将时对郭子仪说道："平叛大业成功与否，在此一战了。"郭子仪回应道："如果无法获胜，我将以死相报。"可见这次出兵相较第一轮已有了更强的决心。但唐军在 4 个月内尚未恢复到最佳状态，所以发动大规模战争势必要尽快补充员额。之前借兵已经让唐军见识到了回纥军队的实力，所以这次为收复两京唐廷同样选择了向回纥借兵。

一、联兵回纥

回纥是在唐朝北部边疆与唐代交往密切的游牧民族，是铁勒诸部中的一支。早在贞观二十年（646），回纥势力有了显著增强，并且在唐军的帮扶下成功消灭薛延陀。之后其首领吐迷度自封可汗，并依附唐廷。天宝三载（744），回纥首领骨力裴罗自立为可汗，并建立漠北回纥汗国，王庭设在鄂尔浑河流域，势力扩张至天山地区和中亚，居民仍以游牧为主。东突厥汗国在西北的统治也被回纥取代。建国后的回纥不像其他游牧民族政权那样经常骚扰掠夺大唐，反而与大唐交好，并且派兵援助大唐平定叛乱。至德元载（756）九月，回纥第一次出兵帮助大唐合讨同罗诸部。回纥第二次出兵则是帮助大唐进行收复两京的一系列战争。在数次的战役中，回纥军队充分发挥了他们强大的战斗力。这里就有个疑问了，不可一世的大唐为何屡屡依靠回纥出兵助讨呢？安史之乱爆发后，吐蕃、回纥甚至一些其他西域蕃部也都纷纷表态愿意出兵，但为何只有回纥一枝独秀呢？

首先，唐廷借兵虽然是临阵缺兵的窘迫之举，但早有先例，即便是在唐前期国力强劲之时，也经常出现征调周边民族军队作战的情况。不过当时借兵是唐廷以强者的姿态，并没有什么代价。借兵这种行为在当时被广泛接受的重要原因在于唐廷皇帝视自己为"天可汗"，即自己对周边部族国家一视同仁，而非如之前朝代贵中华而轻视其他民族。到了肃宗朝，皇帝也将自己视为"天可汗"，借兵回纥是唐朝皇帝对回纥可汗的军事求助，目的在于同回纥保持友好关系。只不过此时期的借兵伴随着通商贸易等附加条件。在安史之乱前的数次借兵经历中，回纥军队的骁勇善战给唐廷留下了深刻印象，并且这期间回纥与唐廷关系很密切，因而成为唐廷的重点借兵对象。

其次，肃宗此时进退维谷。因为收复两京对于肃宗统治的合法性具有十分重要的意义，前文讲到肃宗在灵武登基的流程实际上并不合规，只不过玄宗的统治早已让众人失望，所以肃宗才有机会成为皇帝。但此时玄宗声望尚存，肃宗的几个兄弟被玄宗任命在外征讨，如果肃宗没有拿得出手的战绩将难以服众。最好的功绩便是将两京收复，所以他放弃了之前先收复河北的既定方针，转而收复两京，可惜因准备不足遭到失败。这让肃宗十分失望，但他并未改变计划，仍旧将收复两京作为首要目标。为了尽快实现这个目标，肃宗加快平叛的进程，想要因此立功树威，巩固皇位。此时借兵显然与唐廷强盛时期借兵不同了，回纥开始与唐廷讨价还价，寻求经济上的报酬，比如唐廷就与回纥商定，收复两京的时候，土地、人口归唐廷，金帛等物资归回纥。

最后，也是对唐廷很重要的一点便是向回纥借兵是用最小的代价换取与回纥和平共处的一种方式。回纥在与唐廷交往的数年间，见证了大唐王朝从兴盛走向衰败，随着安史之乱爆发后几次入唐作战，实际上回纥对唐廷的发展状况已有很深的了解。并且回纥所处的区域同唐、吐蕃和叛军均有接壤，可以说回纥的态度一定程度上影响了当时的局势。如果唐廷再按照以往对待回纥的方式，一旦回纥趁着内乱入侵唐廷或者帮助另外两股势力，将对唐廷是致命一击。所以唐廷采取了给回纥经济利益的方式换取合作，化敌为友，保证在平叛过程中边境地区不会出现大的问题。

面对唐廷的屡次借兵，回纥也表现得格外积极，不仅多次出兵，还起到了十分关键的作用，给足了唐廷面子。比如永徽二年（651），梁建方、契苾何力与回纥联兵击败贺鲁收复北庭时，回纥派出 5 万骑兵，而唐军只有 2 万，显然这次主要依靠的是回纥兵。在安史之乱爆发后，回纥不仅出兵多，而且带兵者的地位较高，有叶护太子、将军帝德还有登里可汗。这都充分反映了回纥高度重视出兵助唐的任务。

有了这种合作基础，郭子仪再次发挥他长期驻守北疆，与回纥将领相熟知的优势，上奏肃宗再次征调回纥兵前来助阵平叛。郭子仪在完成使命后，先行来到了扶风驻扎。有了郭子仪的牵线搭桥，敦煌王李承寀出使回纥借兵，并纳回纥公主为妃，如此一来双方便有了姻亲关系，联系更为紧密。经过一番商议，回纥再次决定派兵支援唐军平叛，并且十分重视唐廷的请求。至德二载（757）九月二日，怀仁可汗派遣自己的儿子叶护和将军帝德率领4000名精兵来到凤翔。肃宗得知回纥使团来访后，立刻召他们入宫，为他们举办了盛大的宴会，并且按照他们的喜好，尽可能多地赏赐物品。

九月十二日，兵马大元帅广平王李俶带领朔方军以及回纥、西域其他民族的军队共计15万，从凤翔出发。古人打仗为了虚张声势，便将人数往多了说，所以15万的军队被夸张到了20万。在李俶与叶护见完面后，李俶为了进一步与回纥拉近距离，便打算同叶护结拜为兄弟。叶护得知后，很是激动，毕竟常年处于从属地位的蕃部，能够受到中原王朝如此重视，自然觉得十分光彩有面子，叶护便称呼李俶为兄长。结拜后，回纥兵也到了扶风。

　　此时为了筹备进攻长安的事宜，郭子仪先行率军驻扎扶风。郭子仪见到回纥兵来到扶风，想要留宴三日，为回纥将士壮行。叶护却拒绝了，说道："国家此时有难，我们远道而来平叛，还没有开始作战怎么能够大吃大喝呢？"所以在宴会结束后，回纥军队立马动身投入战斗。郭子仪也补助了回纥军队，准备了200只羊、20头牛和40斛米。

　　叛军也并未闲着，而是找到机会就攻击唐军。至德二载（757）闰八月九日，安庆绪发兵进攻好畤，力图夺回长安西北的防御权，渭北节度使李光进率军迎击，大败敌军，守住了唐军从西北方向进攻的可能性。二十六日，叛军从渭水南岸发兵进攻凤翔，直攻唐军大本营，肃宗冷静应战，派御史大夫崔光远率军于骆谷与叛军交锋，并且大获全胜。获得了如此战绩，唐军内部便想要继续扩大战果，行军司马王伯伦、判官李椿率领2000名士兵进攻中渭桥，斩杀守桥叛军1000余人，乘胜一直进攻到长安禁苑北门。之前驻扎于武功县的叛军听说骆谷之败后，慌忙逃回长安，恰好在禁苑北面与唐军相遇，双方爆发了一场遭遇战，唐军因人数较少被击败，王伯伦不幸战死，李椿被俘。虽然没有取得完美的结局，但这场战斗让叛军放弃了武功，唐军逐渐取得了长安西北地区的控制权，这为收复长安的战斗奠定了基础。

　　有了这一系列的准备，唐军正式开始向长安集结。此时郭子仪早已整装待发，接下来唐军面对的将是整个平叛过程中最为惨烈的一场战斗。

二、血战京西

由于第一轮收复长安的战斗中，郭子仪在清渠遭到惨败，所以此轮进攻长安，郭子仪充分研究了清渠之败。上一章中也分析了清渠之败的原因，其中还有一个重要的问题在于清渠的地理位置并不优越。史念海先生曾说道："清渠之战，郭子仪是由西渭桥进军，屯于漓水西，安禄山方面则据守于清渠。这一带一片平原，郭子仪在这里并没有取得地形上的有利条件。"清渠河道密布，所以不适宜开展大规模的作战。所以在这轮战斗中，如何选择一个有利于作战的位置，避免一上来就直接与叛军的强大骑兵正面交锋便显得至关重要。

考虑到长安的地势为东南高，西北低，所以郭子仪决定从武功县向东进发，最终选择在长安西南沣水东岸的香积寺北侧驻扎。这一变化对之后的战局发展起到了至关重要的作用。此时安守忠、李归仁和张通儒率领10万叛军前来应战，而回纥以及西域其他蕃部的支援，彻底改变了唐廷与叛军的军事实力对比。唐军是主动攻击，所以率先到达阵地，15万人的军队摆成长阵达

30里。今天西安市长安区有一个何家营村，便是郭子仪部将何昌期屯兵的地点，这里的鼓乐至今仍然十分出名，应与当年庞大的唐军营地有密切关系。叛军从长安城南侧出发迎战，驻扎在唐军北面，也就是香积寺地区较为低洼的地方，如此一来，唐军在人数与地形方面均占据了明显优势，一场关乎唐廷前途命运的决战一触即发。即便是占据了地利与人和，唐军此次作战仍旧不能掉以轻心。

战事之初，叛军一改清渠之战时坚守阵地7天的做法，在安守忠和李归仁的指挥下主动出击。这也是叛军基于双方地形优劣情况采取的应对措施，因为一旦陷入长时间的相持，唐军占据有利地形显然对后期战斗更有优势。在叛军进攻后，唐军则离开阵地主动迎击。这一举动颇有些像二月清渠之战的情形，但此时叛军并未选择"伪退"，而是主动攻击，这一下子打乱了唐军的部署，导致唐军内部出现一片混乱。凭着唐军的强力回击，才勉强让敌军撤退。唐将李嗣业分析了这场战斗的情况："今天的战斗，如果不与敌人硬抗，那么我军将全军覆没。"可见在战事之初，叛军想要以速攻猛攻的方式击退唐军，而唐军实际上处于被动挨打的境地，甚至出现了可能全军覆没的情况。在抵挡住敌人的"三板斧"之后，唐军才逐渐有了翻身的机会。

此次担任唐军前锋的是名将李嗣业。李嗣业常年驻扎在西域，在边疆树立了诸多战功，沿途百姓都对他十分崇敬。杜甫评价道："四镇富精锐，摧锋皆绝伦。"有着这种卓越的战绩和声望，在收复两京的作战中，唐廷自然会对其格外重视，所以在香积寺决战前，肃宗对李嗣业说："今天有了你，要胜过得到数万士兵。战事能否胜利，最终取决于你呀！"李嗣业也并未辜负皇帝的期望。面临瞬息万变的战场形势，唐军取胜的第一要点便在于抵挡住叛军的骑兵冲击。在冷兵器战争年代，骑兵的威胁主要在于机动性和冲击性，因为一旦涉及长距离的军事行动，骑兵会大大缩短行军时间，往往给敌军以措手不及的打击；而当在阵地战中，骑兵又凭借着战马奔袭时的强大势能，给对手造成致命的冲击，严重破坏对手阵形。唐军为了扭转被敌军冲击的不利局面，选择主动向对方发动进攻，让自己的地形优势发挥作用。李嗣业作为前锋主帅，身先士卒，奋勇杀敌，当时对他在战场上的表现有这样的描述：李嗣业将上衣脱下，光着膀子，提着长刀，在叛军阵前大呼"胆敢抵挡我的大刀的，人马俱碎！"并斩杀敌军数十人。前锋主帅如此气势，也让唐军士气大振，李嗣业抓住战机率领前军带着长刀冲入敌军，此战将之前唐军的不利局面彻底扭转，双方开始处于相持阶段。

叛军将领显然也不是吃素的，他们也发现了战场上出现的局势变化。但叛军将领并未慌张，因为李归仁的进攻只是他们战略方案中的一部分，他们的最终计划是利用香积寺地区可以隐藏部队的有利环境，以实现对唐军合围夹击的目的。这是一个很精妙的方案，如果最终能够顺利实施，将会对唐军产生致命打击。那唐代的香积寺处于什么样的地理环境呢？有学者分析：香积寺距离长安城中心 10 余千米，进可快速占领长安，退可从子午谷进入终南山，算得上是攻守兼备。并且香积寺处于毕原东、神禾原西端，地势广而高，相较于叛军所在的长安正成居高临下的形势，因此占据此地在军事行动中很占优势；此外唐代香积寺周边植被极为茂盛，很适合隐藏军队，但不利于骑兵开展行动；同时香积寺附近还有大量水源，满足了军队用水需要。可见此处是唐军与叛军都认为可行的决战之地，对叛军而言此处有助于实施他们的隐藏包围战术，但这种方案在战争初期便被唐军谍报人员知晓，使得叛军的行动完全大白于唐军。

在李嗣业奋勇杀敌结束战斗后，叛军与唐军进入了相持阶段，双方都不敢轻易出击，真正打破这种微妙局势的是回纥军队的加入。前文所讲，回纥的骑兵是其王牌，所以与以步兵为主的唐军相比，在对抗叛军时更有优势。回纥军队也出色地运用了骑兵的机动性，绕过叛军前锋，直击其背部，使得叛军的袭击方案完全失败，叛军的主力部队完全陷入唐军的包围中。在这场包围战中，回纥军队凭借着地形优势居高临下，就在李嗣业率领的唐军与叛军相持之时，仆固怀恩率领回纥骑兵朝着叛军一顿猛烈冲击，经过一番惨烈的厮杀较量，回纥军队全部阵亡，叛军主力部队也被全部消灭。在这场战斗中，也上演了很多令人感动的故事。唐军的都知兵马使王难得为了救他的部将，被叛军射中眉心，眉头的皮肤瞬间撕裂垂了下来将眼睛遮住，王难得并未就此后撤，反而拔出箭头，撕去垂下的肉皮，整张脸被鲜血染红，虽然疼痛不已，但仍旧上阵杀敌。将领的这种身先士卒的精神激励鼓舞了唐军。两军激战至正午时分，郭子仪下令：中军和后军从正面全部投入战斗；回纥骑兵与李嗣业的前锋军队分头绕到叛军背后，形成前后夹击之势。

此一役彻底改变了之前唐军与叛军相持不下的平衡局面，唐军开始处于优势地位。当然叛军也试图挣扎，但无奈他们想要前后夹击唐军的计划被打乱，在香积寺总共 8 个小时的战斗中被唐军斩杀 6 万人，不幸掉入沟壑的死者也有两三万，还有 2 万士兵选择投降唐军，这些人数占到了叛军总人数的 90% 以上，这意味着整个关中地区的叛军主力几乎被完全消灭，这大大打击了叛军的嚣张气焰。香积寺之战后，郭子仪收复长安的策略是先控制住长安周边的局势，由城外发动进攻，进而孤立城内叛军，最后于城外决战，这样就确保了长安城内的安全，但香积寺因此遭到了严重的破坏。明代诗人赵崡作有《宿香积寺》一诗，其中提及这场战役："开元之后此出师，胡儿六万首皆碎。我来宿寺中，徘徊动遐思。空山日落雨冥冥，古木荒村鬼火青。尚父忠勋那在眼，至今唯有佛灯明。"

总之，香积寺之战后，西线叛军基本没有了战斗力，剩下的叛军纷纷逃往京城，使得京城人心大乱，守城的叛军还没等唐军抵达便已崩溃，伪西京留守张通儒放弃抵抗，匆匆向东撤离，连夜逃往陕郡。仆固怀恩此时向广平王李俶请示："叛军失败肯定会弃城逃跑，请让我率军乘胜追击，活捉安守忠、李归仁等人吧！"但广平王李俶不同意："你已经很疲惫了，先休息一下，明天再商议吧。"仆固怀恩并未放弃，再一次恳求道："安守忠和李归仁都是叛军中骁勇善战的大将，现在我军取得大胜是天赐良机，一定要趁此机会一网打尽，万不可放虎归山，如果他们收集残兵，重整旗鼓，到时候再来跟我军作战，那就得不偿失了。务必一鼓作气消灭敌军。"可是广平王拒绝了他的请求。但仆固怀恩并未放弃，一晚上找了广平王四五回。等到第二天天亮，唐军的探子报告说叛军已往东逃去。唐军终于将长安收复，这对叛军来说是一个沉痛的打击；对唐廷来说终于一雪前耻，将故都收回；对肃宗来说则扬眉吐气，在世人面前证明了自己的统治权威。

进入长安城后，回纥叶护要求按照之前的约定，将物资和女子归于回纥。但此时广平王提出了不同意见，他拜于叶护的马前讲道："现在刚刚收复长安，如果突然大肆劫掠，东都洛阳的百姓听到后必然会帮助叛军死守城池，这样的话就很难从人心方面获得优势。请你等到收复东都后再履行之前的约定吧！"回纥叶护看到广平王的举动，被吓了一跳，赶紧下马跪拜，并回应道："我立刻率军前往东都，为之后的作战做准备。"于是，叶护与仆固怀恩便率领回纥骑兵和其他西域的军队从南面绕过长安城，驻扎在浐水东岸。

至德二载（757）九月二十九日，广平王李俶收复长安的捷报送达凤翔，整个朝廷为之喜悦，纷纷向肃宗表示祝贺。肃宗也难掩激动的心情，当天就派宦官前往蜀郡，将收复长安的消息报告给玄宗，又派左仆射裴冕先行入京，举行祭奠仪式，告慰列祖列宗并安抚百姓。

三、收复东都

唐军进入长安后，休整 3 天。广平王代替肃宗整顿长安城，着手抚慰百姓，毕竟长安在叛军管控下的 2 年时间里，百姓的生活还是十分困苦的，百姓无时无刻不盼着唐军回来。虽然将长安收回了，但东都还处于叛军的管控中，对于唐廷来说，这仍是一个急需解决的问题。广平王任命太子少傅虢王李巨为西京留守，任命崔光远为京兆尹，负责长安城内的管理与整顿工作，自己则带兵继续向洛阳进发。此时郭子仪则率领部队继续追击叛军，直到潼关外，在追击过程中消灭了5000多名叛军，顺利收复了华阴和弘农两郡。并派出使者带着100多名俘虏前往肃宗所在的凤翔报捷。

九月二十九日，肃宗派使者啖庭瑶前往成都迎回玄宗，漂泊在外的太上皇也终于要起驾回京了，但此时已物是人非，他身边最亲近的人早已离去，不知道回到京城他又会面临什么样的形势。但不管怎么样，终于可以回家了。

唐军从长安出发后，一路过关斩将，兴平军使王难得不顾香积寺之战中受的重伤，在武关击溃叛军，收复上洛。上洛位于陕西与河南交界地带，对于唐军进入河南具有至关重要的作用，所以收复了上洛，也就为之后进攻洛阳奠定了基础。但此时，睢阳方向传来了坏消息。

张巡、南霁云在坚守睢阳8个多月后，睢阳城最终还是被尹子奇攻陷。在这场攻坚战中，张巡、许远坚守城池，一次次击退叛军的进攻，打到最后，因为物资缺乏，张巡将爱妾杀掉，许远将家童杀掉，城内甚至出现了杀老弱男女充饥的人间惨剧。守城的士兵最终只剩下400多人，且个个带伤上阵。在这种情况下，张巡、南霁云、雷万春等 36 名将领被俘虏后英勇就义，虽然失败是必然的，但在数月中，睢阳守军先后杀敌 10 万余人，成功地阻挡了叛军南下的步伐，为大唐平叛事业做出了杰出的表率。在睢阳被攻陷的第三天，唐廷的援军迅速赶到，并杖杀了谯郡太守闾丘晓，毕竟当睢阳生灵涂炭时，距离睢阳最近的谯郡太守闾丘晓却傲慢骄横，丝毫不理会河南节度使张镐的命令，他落得这种下场只能说是罪有应得。就在睢阳被攻陷的第 13 天，攻陷睢阳的叛军主将尹子奇便被起义的陈留郡民诛杀，充分体现出此时唐朝军民平叛的坚定决心，此时唐军天时地利与人和基本凑齐，万事俱备只欠东风，收复东都的决战也即将展开。

至德二载（757）十月十五日，唐军与叛军在新店爆发了收复东都前的关键一战。郭子仪等人率兵前往东都的途中，与叛军在新店相遇，这势必又是一场恶战。叛军此时占据着有利地势，依山列阵，郭子仪此时率兵与叛军交战，首战失利，但叛军并未撤回，反而想要步步紧逼，将唐军彻底击退，所以放弃了有利地形。就在此时，回纥军队及时赶到，从南山突袭叛军背部，利用骑兵疾跑掀起的灰尘连发数十箭，这个举动让叛军十分惊恐，叛军大喊道："回纥军来了！"由于叛军在香积寺之战中被回纥军队彻底打服，所以一见到回纥军队参战队伍瞬间崩溃。唐军与回纥军队形成包围之势，叛军大败。这一仗让叛军损失了 10 万将士，尸体遍布山野 30 里，这场胜利也让唐军打开了局面，震慑了叛军，为接下来收复东都做好了准备。

严庄等人逃回洛阳后，向安庆绪报告兵败情况，安庆绪听后十分恐惧，因为他知道此时洛阳城内已无可用之兵，所以"三十六计走为上"，安庆绪连夜率领残余部队和大臣们逃出洛阳，奔往河北。在出逃之前，安庆绪还做了一件十分残忍的事，他将之前投降叛军的哥舒翰、程千里等 30 余名官员杀害。这些投降叛军的唐廷官员因为此时已没有太多利用价值，所以被无情杀害。这些官员中有些是因为唐廷政治生态环境的恶化，有些则因当时社会中的思想教育或者地域主义观念的影响，有些可能还因受到安禄山的个人魅力的影响，最终选择了投降。这是一个国家的悲剧，更是生活在当时的人们的悲剧。这些人物在历史的当口做出抉择，有些人成为英雄，而有些人却背叛故国。历史是复杂的，处于历史中的人所做的选择因其处境的复杂性，便形成了相异的结局，所以一味指责或者维护这些人都是不符合历史评价准则的。

至德二载（757）十月二十二日，身在望贤宫的肃宗获悉唐军已经夺回东都洛阳的消息，这条捷报让肃宗喜上眉梢，一个月之内将两京悉数收回无疑是一项伟大的成就，所以肃宗迫不及待地要回到京城，也急切地希望太上皇从成都立刻返京见证他的高光时刻。此时人们已经忘记了几个月前清渠之战失败后，唐廷从中央到各支军队都深陷低谷，肃宗也为当时放弃先攻河北再收复两京的建议而深感自责。但证明自己皇帝地位的要求并不允许收复两京的事业耽搁太久，在这种既要用最快速度打响名号，又要最妥善地完成平叛事业的情形下，肃宗选择了最为激进的办法。

后人在评价唐廷平叛事业时，多是会赞同李泌提出的最为稳妥的建议，这是一种胜算最大，从长远看收益最高的方法，肃宗最初也是十分认可这条建议的。但长安所在的关中地区对于唐廷的意义重大，这里不仅是政治中心，同时也是经济中心，如果收复长安太晚很有可能造成肃宗的皇位得不到强化，进而出现军心不稳、政局持续动荡的局面，对整个平叛大业可能并无益处。因此当战局逐步有利于唐廷后，肃宗及时调整了思路，将收复长安作为头等大事。问题在于，收复长安之后，唐廷迅速进攻洛阳，这样做充分利用了士气，从结果看也完成了既定目标。但这给叛军留下了撤回河北休养生息的机会，从而使得战线被不断拉长，平叛战争朝着持久战的方向发展，更加复杂的情形不断出现，使得唐朝军民付出了更为惨痛的代价。

如今我们站在后来人的角度，用上帝视角重新审视唐廷平定安史之乱的策略，会发现唐廷的策略实际上是有过一个转变的，这种转变集中体现在对两条平叛路线，即北线方略和两京方略的纷争。北线方略指的是攻占北方三受降城一线向东进发，以代北和大同为主战场，直捣叛军大本营范阳。从具体的平叛进展看，郭子仪早期在代北一带进展得颇为顺利，占据了一定优势。两京方略则主张集结朔方、河东的优势兵力攻下两京，再北上进攻范阳。天宝十四载（755）年底，洛阳和陕郡相继丢失，之后哥舒翰死守潼关，唐军将主要兵力放在了同叛军争夺常山的战斗中，所以北线战略始终没有取得进展。当肃宗登基后，由于其对掌握皇权的渴望，北线战略逐渐被放弃。两条线路的争夺其实质是出于不同的政治立场，换言之，北线战略目的在于恢复一个统一的唐朝，而两京策略则要确立一个权威的法统。

从当时的实际情况看，夺回长安无疑是最适合当时需要的进攻线路，之后再夺洛阳的安排实际上可以搁置一段时间，听取李泌的建议先进攻范阳，如此可以让叛军不知所措，若叛军回撤救援，便可以围魏救赵，让洛阳防御自动解除；若叛军放弃河北的防御，坚守洛阳，便可以在收复河北全境后，东西包围夹击洛阳，叛军此时将无抵抗之力。但历史不能假设，收复两京后的发展态势正如之前预料的那样，叛军仓皇撤回河北，由此平叛大业进入到了相持阶段。

四、审判伪官

逃回河北的安庆绪一扫颓势，在滏阳之战中击溃唐廷守军，很快到达了相州。安庆绪此时越发觉得如果不想办法提振士气，迟早会被唐军消灭，所以将此次胜利的消息分八道发布，想要将胜利的信息以最快速度在燕国境内传布，并且改相州为安成府，改元天成，妄图利用革故鼎新的方式为自己营造出新的气象。再来看唐廷的情况，收复两京后，肃宗在二十三日到达长安，两天后，在洛阳的伪官迎来了审判。此处的伪官是指接受了燕国官职的那批官员。上文提到，投降叛军的伪官出于或这样或那样的理由背叛了自己的国家，对于叛军来说吸纳他们是为了强大自身实力，如果利用得当会让更多唐廷官员投降，可一旦这些官员没有办法强化叛军实力，自然会被抛弃；对唐廷来说，他们投降叛军在两军交战时是一种耻辱，是对国家的不忠，但在唐廷取得阶段性胜利后，这些伪官则有了新的利用价值。

一个最为明显的例证便是唐廷对这些伪官处置方式的变化。安史之乱期间，最早关于如何处理伪官的政策是出于肃宗于灵武即位时颁布的《肃宗即位赦》。在这篇赦文当中对于伪官还算仁义，不仅归顺者能得到加官的奖赏，并且杀掉安禄山及其儿子的人能加王侯称号。可以说此条赦文是李亨在登基后笼络人心、招揽人才的举措。此外肃宗还招抚跟随安禄山叛乱的少数民族部落。玄宗在逃到四川之后也颁布了一份《銮驾到蜀大赦制》，在这份赦文中，玄宗同样给予归顺的安史伪官优待。之所以唐廷的两位皇帝不约而同地给予伪官优待，主要是因为此时是唐廷政局的混乱期，肃宗另立中央，这种"二元格局的形成"直接导致两位皇帝都想要迅速扩大势力，所以宽厚处置伪官符合此时的政治需要。

到了至德二载（757）正月，肃宗颁布《谕西京逆官敕》，在这份敕文中不仅列出了张通儒、田乾真、邓李阳、安神威等伪官名字，还用了比较热情的语言，甚至还替这些伪官找了几条叛乱的借口。这很明显是有重心的招降，此时已由广泛招揽转变成有重心的招降，其目的在于分化叛军内部。当时安禄山刚刚被杀，安庆绪又难堪重任，大权落入严庄手中，此时叛军内部难免会有诸多猜忌，即便不能成功招降，也会导致叛军内部生些嫌隙。

紧接着至德二载（757）二月，颁布《陷贼官吏而不事叛人者量加优赠诏》，此条赦文可以与正月时颁布的《谕西京逆官敕》结合来看，正月颁布的敕文主要针对长安的伪官，而二月这条敕文则是针对那些陷贼却不附叛军的官员。这条赦文相对于至德元载（756）的那些赦文，明显可以看出赦免人员的规模在缩小，仅限于那些两京常参官及诸州刺史，并且要求他们不事叛军的事迹为众人知晓。两京地区的常参官和诸州刺史均是有实权的人物，而且还要求他们不事叛军的事迹被流传，可以看到这种做法的目的更多是为了宣传，与正月敕文相配合可以为接下来收复长安的行动做战前舆论准备。这种做法的效果也是很明显的，很快深陷长安叛军阵营中的人们都络绎不绝地前来。

至德二载（757）四月，肃宗已经到了凤翔，在距离长安仅有300余里的地方连续颁布两道敕文：《宣慰西京逆官敕》与《宣慰京城僧道父老敕》。从敕文名字便可看出，这两道敕文均是对处于长安城里的各类人员进行的战前招抚，并对爆发叛乱表示悔恨，又对受胁迫归顺叛军的人表示同情。肃宗在靠近长安的地区发布敕文，可以使陷贼者的愿望成为一种可以实现的目标，从而很大程度上提升了陷贼者的士气，并使陷贼人员持续从叛军内部进行破坏活动，为唐军收复长安做好内部准备。这些都是为了收复两京所做的前期准备工作，可以看出采取这种宽厚的态度目的在于充分利用伪官在叛军中的优势从而为接下来的军事行动做好铺垫。最后的结果也正如肃宗所愿，这也充分说明，一场军事行动不仅有战场上的兵刃相接，还有战场下各种智谋与策略的运用。

接下来就到了收复两京后的伪官大审判。先是至德二载

（757）十月，肃宗回到长安。此时他对伪官的政策有了很大的变化，首先是针对长安的伪官，当陆大钧等文武官员纷纷重返唐廷后，等待他们的不是之前的优待，而是惩罚。肃宗让这些官员摘掉帽子光着脚站在庭院中，抱头痛哭，并且让禁军和府县的官吏们围观，并要求他们在朝堂上谢罪，最后再将他们交由大理寺、京兆府的监狱关押。之后对从东都回来的官员如陈希烈等人采取了同样的方式，这次不再让禁军等人围观，而是让宰相苗晋卿、崔圆、李麟等朝中大员围观，并下诏问责。此时因为需要处理的伪官数量太多，远远超过监狱的承载量，所以便将杨国忠的宅子征用作为临时监狱。此时还只算是严厉问责，尚未真正处置伪官。

到了至德二载（757）十一月，此时肃宗大权在握，对伪官的仁慈已经消失殆尽，之前被羁押的伪官们要迎来的将是一次严厉的审判。在颁布的《收复京师诏》当中，肃宗采取了更为严厉的语气，并且还对伪官的处罚分类，不光针对京内官，而且对京外官也有了处罚，同时要求那些与叛军进行过交易的人上缴财物。虽然这次处罚很严厉，但对那些家庭遭到叛军破坏的伪官还是多有宽待。

等到了十二月，玄宗已经回到长安，肃宗又颁布了《至德二载收复两京大赦》，这次的赦文奖赏范围超过了此前所有的诏令，而对伪官惩罚处置的内容则与十一月颁布的诏书内容基本一致。接下来朝廷在如何处理伪官问题上产生了分歧，主要有三种意见，第一种以苗晋卿为代表，主张宽恕伪官，因为此时尚在战争期间，贸然严惩伪官会失人心；第二种以崔器、吕𬤇等人为代表，要求严格按照律令处死这些伪官；第三种是李岘提出的分情况处置，因为他也认识到如果一刀切，全部处死那些皇亲或者功臣子弟中的伪官，可能会对日后平定河北的战争造成不好的影响。最终肃宗听取了李岘的意见，这也反映了肃宗处理这个问题的出发点是在不影响整个战局和士气的前提下对伪官进行分类处理。但从最后的结果看，这种意图显然没有得到很好的贯彻。

　　审判行动从十二月八日一直持续到了二十九日，从最后的结果看其严厉程度已经超过了唐律的要求，因为根据唐律的规定，被驱使投降的人是不用处死的，那些只谋划、未投降的人要实行绞刑，已经投降的人则处以死刑。因为达奚珣等18人在长安城西南的独柳树下被斩杀，陈希烈等7人因为身份显赫被要求于大理寺自尽，所以这些被胁迫成为伪官的官员全部被处死。但有同样遭遇的张均与张垍却一个弃市一个流放，其中的原因在于肃宗与玄宗之间的巨大分歧。由于张均与张垍同肃宗关系密切，所以最初肃宗想免除两人死罪，但玄宗极力反对，最后导致张均、张垍一个被杀一个被流放的结局。由此可见，虽然有处置伪官的客观标准，但在具体操作过程中，当权者的意图在其中起了决定性作用，这也就导致了处理方式的不确定性。恰恰由于这种不确定性，导致本想回归唐廷的一些伪官在看到陈希烈等人被杀后又放弃了这种打算。

相较于对这些伪官的严厉惩罚，唐廷对投降安史叛军的官员则称得上是极度宽容，张万顷、独孤问俗和张休全部被恢复之前的职务。另一个安史叛军的重要人物严庄此时见继续追随叛军可能没有太多前途，所以投降唐廷。郭子仪此时上奏朝廷任命严庄为司农卿，想借此分化叛军，以招徕更多叛军投降。接着郭子仪又命令河南节度使张镐、南阳节度使鲁炅、颍川节度使来瑱、吴王李祗、骠骑大将军李嗣业和济北郡王李奂等分兵向河南、河东等地进发，力图趁着士气大涨的时候将剩余的郡县收复。而唐军将领也不辱使命，很快就将河东与河南两道光复，至此平叛大业眼看着就剩下最后的河北尚未收复。

与此同时肃宗也回到了京城，长安百姓出城 20 余里迎接最高统治者的回归，人们载歌载舞，享受着难得的轻松与快乐。肃宗再次回到这片熟悉的土地，此时他的身份已经由太子变为皇帝，当看到皇城南部被毁的太庙时，他心情异常沉重，所以为了纪念京城被占领的一年零四个月的时间，举行了三天的哭祭活动，之后才进入大明宫生活。月底，回纥叶护在收复东都后也来到了长安，肃宗为了奖赏回纥将士，特令百官前往长安城东的长乐驿迎接，并在宣政殿召开盛大的宴会款待。叶护此时向肃宗上奏道："因为平叛的过程中，我带来的回纥部队中战马损失很多，请陛下准许将回纥军队留在沙苑，我自己回去补充战马，等完成后再为陛下完成荡平范阳叛军的任务。"肃宗听后十分开心，但也有一定担忧，毕竟回纥如果长期将军队置于唐朝境内，可能会对正在经历战乱的唐廷造成威胁。

　　肃宗想了一个办法，首先重赏叶护，从物质层面满足叶护的个人要求；接着下诏任命叶护为司空，封为忠义王。司空虽然位居正一品，但此时没有任何实际职务，只是表示身份和地位，忠义王为王爵，在唐廷当时已经不乱封王爵的情况下，得到这样的爵位充分表明了唐廷对叶护的重视；最后还商议每年送给回纥可汗绢帛2万匹，并要求回纥到朔方镇领取。之所以选择朔方作为交易的地点，主要是因为回纥叶护可汗在收复两京后表示要回灵州和夏州（朔方镇的治所位于灵州）取马。与唐廷另一个马匹供应点陇右诸牧监不同的是，朔方灵州和夏州的牧监规模虽小，但养的马匹数量众多，唐廷也屡次在此处交易马匹。它的内附蕃部以及马匹交易体系十分健全，足以满足回纥部队的用马需求。既然叶护可汗计划去取马，唐廷正好顺水推舟要求叶护到朔方收取赏赐，从而避免了回纥部队在唐廷取得阶段性胜利后生出事端。

与回纥商讨完接下来的行动后，十一月上旬，广平王李俶和郭子仪得胜回京，肃宗用隆重的仪式亲自到灞上迎接，并嘉奖郭子仪道："我的国家，是由你来复兴的。"郭子仪听后想必既感动又惶恐，赶忙叩头谢恩。

十二月初的时候，流亡蜀地一年半的太上皇玄宗也被迎回长安，继续生活在他之前修建的兴庆宫内。两京收复，宣告此时的战略目标已经达成，所以接下来唐廷开始大范围封赏。十二月十五日，肃宗登上大明宫丹凤楼，宣布大赦天下，但只有参与叛乱的人和李林甫、王琚、杨国忠的后人不在赦免范围内；封广平王李俶为楚王，从二字王变为一字王，这不仅是封号字数的变化，其地位也有了进一步的提升；郭子仪被任命为司徒、李光弼为司空，二人之前的职务已经到顶，此时任命的两个正一品官职都只是进一步稳固其地位，并不代表其有了更多职务；其他在玄宗漂泊过程中的那些护卫官员都得到了进一步的提拔，并被赏赐食邑；此外除了对在世的官员进行封赏外，对那些牺牲在战场的官员也进行了追赠，这些官员有李憕、卢奕、颜杲卿、袁履谦、许远、张巡、张介然、蒋清、庞坚等人，并为他们的后代加官晋爵；还为之前阵亡的将士家人免除两年的赋役；对地方行政体制也进行了调整，改郡为州，官职名称全部恢复为开元年间的旧称。可能肃宗也是想用这种办法同唐廷衰败的时期划清界限，重振唐廷的士气。

封赏完毕后，太上皇李隆基重新回到了大明宫宣政殿，他在此时回到此处不再是作为最高统治者，而是为了肃宗有更权威的统治力。二十一日，李隆基亲自将传国玺交到肃宗手上，肃宗看着得之不易的宝物喜极而泣，毕竟这其中的辛酸只有他一人知道。这次仪式也标志着肃宗正式继承了证明统治合法性的信物，之前他担忧的问题已彻底不在了，接下来唐廷的平叛大业将进入拉锯战阶段，而主人公郭子仪也将面临更为严峻的考验。

第六章
鏖战河北

收复两京的唐廷在战场上势如破竹，叛军的势力已经被压缩到了河北地区。当外患达到一定程度，内部又没有新的作为，矛盾势必会产生。在这种情形下，叛军内部发生了分裂。落魄不堪的叛军首领安庆绪带着散兵游勇在逃出洛阳后，到了邺郡，此时他身边的军队被打得只剩 1000 余人。其他叛军将领如阿史那承庆等人也都各自到了常山、赵郡和范阳，此时尚在幽州的史思明看到叛军大势已去，安庆绪又无力重振雄风，所以发动第二次幽州政变，囚禁了阿史那承庆、安守忠两位叛军大将，宣布归顺唐朝。

至德二载（757）十二月二十二日，史思明派遣特使窦子昂到达长安，将史思明 8 万军队的花名册与河东节度使高秀岩的军队一起上报长安，表示自己归顺的诚意。唐廷看到如此大礼自然喜出望外，重赏史思明，任命他为归义王和范阳节度使。从这两个职务来看，很明显是要利用他来收复河北。但理想很丰满，现实很骨感。唐廷接下来的军事行动也是一波三折，郭子仪在其中也遭遇了又一个滑铁卢。

一、短暂和平

肃宗回到长安后，并没有马上投入到进攻河北的战斗中，而是在胜利后的这段时间里将工作重点放在了整顿朝纲上，意图进一步强化自身权力。此时叛军因连丢两京，元气大伤，回到河北后也开始想要整顿一下内部。双方此时形成了短暂的和平局面。

处理完伪官后，肃宗开始重组禁军，设置左、右神武军，北衙六军基本形成。从唐初到肃宗朝这次改革，北衙禁军从无到有，由弱至强，制度建设逐步完善。这种改变与同时期皇权的发展有密切关系。玄武门之变后唐太宗掌权，府兵制在贞观年间最终确立，全国的武装力量被卫府系统掌控。府兵本就是天子亲军，但在隋朝府兵制本质发生变化后，亲军性质出现弱化。府兵的兵籍分别隶属于兵部、卫府和州县三个系统，而全国各地的折冲府名义上虽然隶属于诸卫，但实际上由兵部指挥，到了战争时，征调军队的权力归属于皇帝。所以唐初的兵制可以被概括为以府兵制为基础的中央军制，它充分体现了维护中央集权的重要意义。此时由于皇帝制度的存在，维护中央集权便与维护皇权具有一致性。故而唐初的十六卫既是国家的武装力量，又负责宫廷戍卫。

北衙禁军便是弥补府兵脱离亲军性质的产物，主要负责皇帝私人防卫。最早北衙禁军隶属于南衙屯卫之下，之后脱离卫府系统，成为专职禁军，这与中国古代皇权越发展，公私之间的差别越大的规律相一致。北衙禁军制度在不断确立的过程中，伴随的是南衙卫士日渐萎缩，这背后实际上是唐前期君主专制制度在不断强化。玄宗朝对于禁军的改革更是彻底，毕竟经历过中宗、睿宗朝数次政变，玄宗深知有一支忠诚、善战的禁军是何等的重要，所以开元、天宝时期，玄宗不断扩大内廷势力，有力地抬升了宦官地位，宦官不仅级别越来越高，还担任了重要的军队职务，掌握了部分宿卫权力。并且从此时开始宦官兼领军事使职，比如监军使、招讨使和内飞龙使。也就在此时期，以内飞龙厩为中心的三宫（太极宫、大明宫和兴庆宫）联防体制建立起来。这套体系让玄宗朝彻底走出了前朝内廷动荡的局面，如果没有安史之乱，可能这套体系将一直运行下去。但随着安史之乱爆发，玄宗出逃蜀地，羽林飞骑跟随高仙芝去了前线，最终于潼关全军覆没，跟在玄宗身边的只剩下龙武军，所以唐廷辛辛苦苦经营的北衙系统遭到了严重的破坏。而在马嵬之变中，主力部队正是龙武军，前文提到马嵬之变的爆发与宦官密不可分，所以这场政变也表明此时玄宗已经失去了对禁军的主导权。

在玄宗与肃宗分道扬镳之后，2000名龙武军与内飞龙厩跟随肃宗北上，由于这些士兵同肃宗关系较为疏远，故而一路上四散逃跑，等到了灵武后，基本逃散殆尽，肃宗只得另行组建亲军。负责亲军建设的是肃宗身边最受重视的宦官李辅国，这一方式基本延续了前朝宦官参与禁军管理的模式。宦官的势力在此时得到进一步强化，史书记载李辅国在灵武时虽然没有明确的职务，却负责元帅行军司马的事务，并且一直跟在皇帝身边，颁布诏令、批复外地来的文件都要经过他，此外各种印章、在驻地的军号等事务全部由他负责。可以看到此时李辅国是独掌大权，回到长安后，这种权力进一步强化，李辅国开始统领禁军，唐后期由宦官掌管禁军的局面由此开始。肃宗此时重组禁军、设置左右神武军的目的也在于不使皇权受制于权臣，但皇帝的精力毕竟有限，玄宗时期吸取了前朝的经验教训严重削弱了后宫与太子的权力，肃宗自然也不会通过后宫与太子强化皇权，因此按照玄宗的方式将权力交给了宦官，但这导致了唐后期皇权被宦官制约。

就在肃宗于长安积极进行改革的同时，叛军内部却爆发了第二次幽州之变。上一章提到安庆绪在洛阳沦陷后北逃河北，此时驻守范阳的是史思明。史思明是与安禄山早年一起奋斗过的亲密战友。史思明在随着安禄山南征北战期间，暗自积蓄自身力量，凭借着卓越的战绩在叛军内部颇有影响力。当他听说安庆绪要逃回河北后，便派兵在范阳境内迎接。此时史思明兵强马壮，并且声望很高，反观叛军首领安庆绪，背着弑君的恶名，又接连遭到惨败，自然声望落入谷底。安庆绪此时自然十分忌惮史思明，可他又没有太好的办法制约，因而只能想到杀掉史思明清除威胁。

至德二载（757）十二月，安庆绪派阿史那承庆和安守忠率领 5000 名精锐骑兵以征调兵马的名义前往范阳，想要彻底消灭史思明。史思明毕竟是经历过大场面的人，并且其人奸诈聪明，他看到安庆绪派来的使者便知来者不善，因而开始琢磨如何顺利地化解这次杀身之祸。恰好此时，史思明身边的判官耿仁智对他说："您是如此尊贵的人物，别人看您这身份都不太敢说这话，可我愿以死相劝。"史思明听了很好奇，便问这话是什么意思。耿仁智说："您之所以为安禄山和安庆绪父子这般卖命，还不是被他们的实力胁迫的呀！如今唐廷中兴，肃宗也很靠谱，您应该率领部队归降，这是转祸为福的契机。"部将乌承玼也在此时劝说史思明："如今唐廷实力大增，安庆绪就像早晨的露水，等太阳出来后就没了，您为何要陪他一起灭亡呢？如果归降唐廷，之前的过错很容易被一笔勾销。"史思明了解到之前投降的那些叛军都受到了礼遇，因而十分认可两位部下的建议。

阿史那承庆和安守忠带领5000名精锐骑兵到达范阳后，史思明派出数万军队出城迎接，并在相距1里的地点派人传话："你们远道而来，将士们都十分高兴，但我们都是边地军人，有些害怕你们这些精兵强将，不敢到面前迎接，所以希望你们能放下武器，来轻松地享受我们的款待。"阿史那承庆实在是有些天真，竟然没有意识到史思明这种花言巧语的目的，所以听从了建议，放下了戒备。史思明见对方中计后，一方面将阿史那承庆一行人带入内厅纵情畅饮，一方面又派人出城收缴了阿史那承庆部队的武器装备。对于士兵，史思明采取了两种做法，一种是给不愿跟随的士兵些钱粮遣返他们回乡；另一种是给予愿意追随的士兵赏赐，再将他们重新编入范阳的部队中。等到第二天，阿史那承庆等人酒足饭饱醒来后，发现部队没有了，自己也稀里糊涂地被囚禁起来。

紧接着，史思明派遣部将窦子昂奉表前往长安，在归降前，史思明基本已将河北控制，他先前将常山太守张忠志召回范阳，任命部将薛嵩担任恒州刺史，从而打通了太原从井陉到常山的道路，还招抚赵郡太守陆济，任命史朝义为冀州刺史，部将令狐彰为博州刺史。可见史思明的势力范围十分广，而且控制的都是战略要地。

当史思明将自己管辖的13个郡和8万部队悉数交与唐廷，同时还命令伪河东节度使高秀岩投降时，肃宗激动万分，毕竟这种"白嫖"来的部队和领土一下子就让平叛事业轻松了很多，在叛军大本营和河东地区归降的情况下，就只剩下安庆绪等残兵败将于相州负隅顽抗，再度统一只是时间问题了。所以肃宗任命史思明为归义王、范阳节度使，他的7个儿子也都被授予显要职务。同时委派内侍李思敬和乌承恩一同前往范阳宣布诏令，安抚将士。之后立即要求史思明率领部队讨伐安庆绪。

除了明面上要求史思明公开讨伐安庆绪外，在另一条隐蔽战线上则在进行着另一场战斗——诛杀史思明，操刀者便是出使范阳的乌承恩。此人在乾元元年（758）四月接受了肃宗的密诏，肃宗在密诏中要求他伺机诛杀史思明。为何肃宗选择乌承恩来完成此任务呢？这就不得不提到乌承恩的父亲乌知义与史思明的关系了。乌知义早年担任平卢节度使，史思明在其手下任职，两人相处十分融洽，史思明在这个过程中受到了乌知义的优待，因而感恩于他。安史之乱爆发时，乌承恩担任信都太守，面对势如破竹的叛军只得选择投降。史思明念及恩情，没有对他做出什么惩罚。等到安庆绪战败，乌承恩便积极主动地劝谏史思明投降，并且私下里开始与唐廷往来，甚至男扮女装到各位将领家中劝降。其中有些将领私下里将此事告知史思明，史思明虽然有些担心，但鉴于没有太多证据，便没有继续追究。就这样过了段时间，从京城来到范阳的乌承恩便想趁此机会诛杀史思明，从而建功立业，洗刷之前投降的罪名。

史思明在乌承恩宣布完圣旨后，将其留在了客馆中，并且还将乌承恩的小儿子召来与他相见。史思明提前在房间内安排了两个人躲在床下，用床帏遮住，这充分显示出史思明奸诈的性格。虽然之前他已经不再追究乌承恩的问题，但此时又采取派人监听他们父子的方式诱导乌承恩主动说出实情。可乌承恩根本没有意识到这是一个圈套，对他的儿子说："我接受了皇帝的密令除掉史思明，事成之后任命我为节度使。"这句话刚刚说完，躲在床下的两人立即出来了。史思明得到消息后立刻赶来，并翻找乌承恩的包裹，从中得到了铁券和李光弼给他的文书。文书中写道："阿史那承庆的事情如果成功，就把铁券给他，如果不行，则不用交付。"此外还有跟随史思明反叛的将士名单。至于这封信是否真实需要画上一个问号。李光弼非等闲之辈，让乌承恩拿着这么明显的证据深入敌后，万一事情不成，不就给了史思明要挟唐廷的借口吗？大概率此文书是用来陷害乌承恩的，毕竟史思明心思缜密，而且诡计多端，虽然他表面上对乌承恩的话并不在意，但背后已经有所行动。

在将乌承恩抓住后，史思明严厉地责备道："我怎么辜负你了，竟让你如此对我？"乌承恩连连道歉说："死罪死罪啊！这都是李光弼的计谋！"史思明于是纠集了大量的官吏百姓，朝着西边大哭说："我带着13万将士、百姓归降朝廷，怎么就有负陛下，要派人杀我呢？"于是下令将乌承恩父子乱棍打死，受到牵连被杀的有200多人，乌承恩的弟弟乌承玼提前逃走才幸免于难。接着史思明将唐廷的中使李思敬囚禁起来，并将此事上表唐廷。肃宗得知此事后，赶忙派使者安慰史思明："这些都不是朝廷与李光弼的意思，都是乌承恩自己所为，杀了很好。"肃宗就这样将被安排的卧底出卖了，乌承恩也为自己急切邀功、管不住自己的嘴付出了代价。但此事对唐廷平叛计划产生了十分严重的影响。如果没有这次暗杀，可能唐廷不会处于如此被动的境地，对待史思明的态度也不会如此不堪。史思明在这次事件后，对未来的发展也产生了新的想法。

就在这时，唐廷处置陈希烈等人的消息传到了范阳。史思明看到后对部下说："陈希烈等人都是朝廷大臣，如今尚不能免除一死，何况我们本来就跟着安禄山叛乱呢？"听完这番话，将士们群情激愤，对自己投降后可能面临的悲剧产生了恐惧，接着请求史思明上表诛杀李光弼。史思明便马上命令判官耿仁智与他的幕僚张不矜写道："陛下如果不诛杀李光弼，那么我就要带兵前往太原亲自动手了。"二人写完后给史思明看了一眼，便将其放入函中，但耿仁智在密封前迅速将这段话删去，其目的也是不希望同唐廷的关系变得太僵，以便为之后留有余地。史思明知道此事后，十分生气，马上将两人逮捕。由于耿仁智长期在史思明身边任职，二人关系十分密切，史思明不忍心将他杀害，便想要跟他再谈谈，所以史思明召见了耿仁智，对他讲道："咱俩一起共事将近 30 年了，今天我可没有辜负你啊！"耿仁智听完，知道自己如果不说点好话可能命就没了，但他早就抱了必死的决心，回应道："人早晚会有一死，如果能实现忠义，死了也是好事。今天如果跟着你继续叛乱，不过是苟延残喘罢了，哪里如快点死去好呢？"史思明听后大怒，将他乱锤打死。此时史思明复叛之心昭然若揭，与此同时，唐廷与漂泊在外的安庆绪展开了战斗，这也宣告了之前那段短暂和平的结束。

二、攻陷卫州

至德二载（757）十二月，肃宗在收复两京后，宣布大赦天下并论功行赏。朔方节度使郭子仪此时名震海内，依靠着中兴唐朝的功绩被任命为正一品的司徒，被封为代国公，并得到了 1000 户的实封。封赏结束后，郭子仪立即奉诏回到了洛阳前线，开始准备讨伐安庆绪以及收复河北的相关事务。

可能觉得十二月的封赏对郭子仪来说过于随意，等到第二年开春，即乾元元年（758）二月，肃宗再次重赏郭子仪，只不过此次赏赐不再针对他个人，而是追赠了他的先人。肃宗下诏追赠郭子仪祖父郭通为兵部尚书，其父郭敬之被追赠为太保，并被授予祁国公爵位，追封其母向氏为魏国夫人。三个月内受到两次封赏充分反映了郭子仪在肃宗心目中的地位，也让郭子仪家族的地位有了质的提升，这在当时可是很大的荣耀。

等到了三月，肃宗抽空处理了一些家务事，二日先改封楚王李俶为成王，随后在六日册封张淑妃为皇后。与此同时，三日肃宗还对唐廷的地方行政体制做了调整，山南东道、河南、淮南和江南都设置了节度使，这是在短暂和平期间进行的一次补充，让地方制度更加完善，这也为接下来地方的发展做了准备。

再看叛军的情况，由于两京被收复后叛军内部人心惶惶，安庆绪一边北逃，一边派出使者稳定各地的军心，但效果并不好。平原太守王暕和清河太守宇文宽都将安庆绪派来的使者杀掉并投降唐廷。安庆绪知道后立即派遣蔡希德和安太清发兵攻打这两地，由于实力不济，王暕和宇文宽很快被生擒杀害。之后安庆绪向外放话，凡有想要投降唐廷的，株连家族，甚至连部曲、官属、其所在州县的百姓都要被处死，一时间叛军内部人心惶惶，被处死的人众多。之后，安庆绪又搞了一个歃血为盟的仪式，但此时众叛亲离的态势已然形成，这种仪式不过是自欺欺人的把戏罢了。四月，河北已被史思明带着一并归降，安庆绪只能在外带着些将领东奔西走，此时他听说李嗣业在河内任职，可能是因为走投无路，他匆忙带着蔡希德、崔乾祐与 2 万步骑兵越过沁水进攻，但最终没有获胜，只得悻悻而归。

　　守住河内的李嗣业很快在六月九日被任命为怀州刺史，但实际上被调往边地，担任镇西北庭行营节度使。等到了七月，唐廷的事务更加繁杂，先是在一日，吐火罗叶护乌那多和九国首领来到唐朝，纷纷表示愿意帮助唐廷平叛，并且立马奔赴朔方行营。为何此时西域诸国又纷纷请求加入平叛事业呢？可能是看到回纥帮助唐朝平叛获得了很大的收益。不久之后唐廷对回纥的帮助再次表示了感谢，十七日册封回纥可汗为英武威远毗伽阙可汗，并将宁国公主送去和亲，以殿中监汉中王李瑀为册礼使。这一切与之前的财物赏赐，均充分反映了唐廷对于回纥的重视，并且唐廷仍然希望这些西域部族能够加入到平叛队伍中，以壮大唐军实力。

　　八月，在处理完内部事务后，唐廷便开始积极谋划平叛事业了。三日，任命青、登等五州节度使许叔冀为滑、濮等六州节度使，青、徐等五州节度使季广琛兼任许州刺史，河南节度使崔光远兼任汴州刺史。从这次的调任情况看，唐廷准备在河南有所行动。到了十一日，李光弼入朝，随后在十七日，郭子仪被任命为中书令，李光弼为侍中，虽然二人均不会在朝中从事什么具体工作，但担任了这个职务也就意味着有了宰相的身份，成为唐朝历史上为数不多的出将入相的代表人物。

有了新的职务后，郭子仪在第二天便返回朔方行营，动员将士开始下一个阶段的战斗。与此同时，回纥骨啜特勤与帝德也积极响应唐廷的号召，再一次出兵帮助唐廷平叛。唐廷派出朔方左武锋使仆固怀恩带领这些军队参与统一的行动。准备工作完成后，九月下旬肃宗任命朔方节度使郭子仪、淮西节度使鲁炅、兴平节度使李奂、滑濮节度使许叔冀、镇西北庭节度使李嗣业、郑蔡节度使季广琛和河南节度使崔光远等七节度使加上平卢兵马使董秦率领步骑兵20万人讨伐安庆绪。同时又任命河东节度使李光弼、关内泽路节度使王思礼带兵帮助讨逆。肃宗因为郭子仪、李光弼现在都是唐廷的功勋，职位与荣誉相当，很难互相统属，也就没有在军队中设置元帅。为了随时掌控军队，肃宗任命宦官开府仪同三司鱼朝恩为观军容宣慰处置使。实际上就是宦官监军，代替统帅，等于给了宦官在军队方面的至高权力。

反观此时的叛军内部，之前也讲到安庆绪带着部队无法回到河北，只得四处游荡，但毕竟曾经阔过，虽然两京已经丢失，可仍然占据着七郡（包括汲、邺、赵、魏、平原、清河、博平等七郡）共计60多个城。可见叛军的体量仍然巨大，并且叛军此时武器、装备、粮草还十分丰富，平叛大业并不轻松。但问题是安庆绪还跟之前一样不好好处理政务，专爱做一些游玩享乐的事，比如修造楼船、长期嗜酒，等等。安庆绪身边重要的大臣也内斗不断，高尚、张通儒等人沉迷于权力争斗，导致朝堂十分混乱，没有纲纪。蔡希德是其中十分有才略的将领，手下的部队十分得力，是叛军中的精锐力量。但蔡希德的性格比较直率，经常不顾他人感受说些得罪人的话。张通儒就对他十分不满，因此找了个机会，将蔡希德杀害了。这直接导致蔡希德部下数千人逃散，他的部将也都十分愤怒。之后，安庆绪便任命崔乾祐为天下兵马使，负责管理所有叛军部队，但他同样性格有问题，是一个性格古怪执拗并喜好杀戮的人，所以很难获得身边士卒的拥护，也就没办法很好地统率部队。

十月五日，肃宗宣布了一件重要的事情，册封之前战功赫赫的李俶为太子，并且将他改名为李豫，也就是后来的唐代宗。同一天，郭子仪在前期工作准备好后，率领九节度使发兵进攻邺郡，从杏园向东渡过黄河时，在获嘉击溃了叛军，杀敌4000人，俘虏 500 人。叛军将领安太清只得从杏园退守卫州，郭子仪率军立刻将卫州城包围，并派使者向朝廷报捷。随后鲁炅从阳武渡河，季广琛与崔光远从酸枣渡河，三人加上李嗣业的部队与郭子仪在卫州会师。安庆绪见卫州城被唐军团团围住，急忙带领邺城中的 7 万部队营救卫州。这支部队分三军，崔乾祐率领上军，田承嗣率领下军，安庆绪自己带领中军。

此时郭子仪选拔了 3000 名射术精良的士兵埋伏于沟壑中，并且下令："我撤退的时候，叛军肯定要追赶我，你们就登上墙头，大声呼喊并且猛烈射击。"布置完毕后，郭子仪率军出战，一切都按照计划进行，郭子仪假装败退，敌军真的追赶上来了，等到了城墙下面，事先埋伏的士兵纷纷起身射击，刹那间矢如雨注，叛军死伤惨重，只能十分狼狈地撤回。郭子仪此时率兵转过头来杀了个回马枪，叛军见状瞬时崩溃，安庆绪的弟弟安庆和在混乱中被捕，并被斩于阵前。卫州城内叛军见援军被击溃，只得弃城逃跑。如此，卫州这个战略要地也被攻下。

战败后的安庆绪连夜逃至邺郡，此地正是郭子仪进攻的目的地，郭子仪赶到邺郡后，并未急于进攻，而是等待大部队赶到，很快许叔冀、董秦、王思礼和河东兵马使薛兼训均带兵赶到。安庆绪见状赶忙收拾了一些残兵在邺郡西南 20 里的愁思冈迎战。由于时间仓促，士气低迷，安庆绪的军队根本没有任何招架之力，再一次落败而逃。唐军前后共歼敌 3 万人，俘虏上千人。安庆绪接连遭到败绩，心灰意冷，只得退守邺郡。郭子仪将邺郡牢牢围住，而援军到来遥遥无期，安庆绪又不愿投降，真是叫天天不应，叫地地不灵。就在此时他想到史思明跟唐廷的关系已经破裂，是否可以跟他取得联系，让他前来援助呢？于是派遣薛嵩赶往河北拜见史思明，并且许诺事成之后把大燕皇位让给史思明。史思明详细地分析了此时的处境：如果不出兵，一旦安庆绪投降，自己便成孤单之势，被唐廷剿灭只是时间问题，他深知唇亡齿寒的道理，所以不能让安庆绪这么快被消灭，至少还可以让他作为牵制唐军的势力；如果出兵了，便有成为大燕皇帝的机会，毕竟他长期在安氏父子麾下，实力又强，早就想取而代之，所以这点对史思明来说有很大吸引力。但他转念一想，如果出战了，与唐军硬碰硬，自己的实力定会遭到严重削弱，这就给了安庆绪可乘之机。所以该怎么办呢？此时史思明也十分犹豫，但出兵是唯一的选择，所以他决定走一步看一步。

在这种考量下，史思明派遣 13 万部队赶往邺郡援助。等史思明到了邺郡外围，看到唐军虎视眈眈的状态，自知如果双方交战，自己很难占到便宜，到时候如果安庆绪军队从城内突围，必将坐收渔翁之利，因此让军队停在原地驻扎。但这也不是长久之计，毕竟来都来了，也不能不有所表示，总要露个脸，所以史思明派出了一支 1 万步骑兵的先遣队，由李归仁带领驻扎在邺郡南面 60 里的滏阳，远远地为安庆绪鼓噪声势。反观唐军，看到史思明率领的 10 多万援军到来后，认为如果贸然进攻，一旦史思明军队前来助阵，必将遭到重创，所以也只得采取观望态度，静观形势变化。

三、相州失利

唐军、史思明军队和安庆绪军队三方都保持了静默状态，就这样三方相持了 20 多天，始终没有任何军事行动，如果再这么下去军队内部势必会出现不稳定。同时安庆绪和史思明双方是否暗中沟通，唐军始终没有具体情报，所以再这么拖下去，将会对唐军产生不利影响，所以唐军只能采取新的措施，打破僵局。

此时摆在唐军面前的打破僵局的方式有三种：一是主动撤退，放弃进攻邺郡，双方重回相持局面，这样势必会造成士气低落，如果控制不好很容易使军队内部发生哗变；二是主动进攻邺郡，这是一种十分冒险的措施，若史思明继续按兵不动，唐军只与安庆绪军队对战，这样是最好的结果，可一旦史思明后续采取军事行动，必将给唐军造成巨大灾难；三是分出一部分兵力开拓新的战场，从而让史思明的部队可以转移出来，这是一个围魏救赵的办法。在当前的形势下，除了第三个选择实际上也没有其他更好的办法，所以唐军决定派崔光远向西进攻距离邺郡将近100千米的魏州。

崔光远不负众望，于十一月八日，带兵长途奔袭攻下魏州，十一月十七日唐廷任命原兵部侍郎萧华为魏州防御使。唐廷的这波战略转移完成度很高，但为何选择的是距离相州〔相州于天宝初年改称为邺郡，乾元元年（758）又改为相州，所以本文中出现的邺郡等同于相州〕近100千米的魏州而非其他地区呢？从魏州所处的地理位置看，一旦唐军占据此地，既可以对相州形成包围态势，又可以从中阻拦史思明的援军。既然此地如此重要，自然要任命更为重要的官员负责此地防御，所以半个月后，十二月五日，崔光远接替萧华担任魏州刺史。史思明在得知魏州被攻陷后，立即组织了三支军队驰援，一支军队从邢、洺出发，一支从冀、贝出发，一支沿着洹水到达魏州。这可给崔光远造成了很大压力，刚刚上任不到一个月，就要面临强敌入侵，可他并没有什么好办法可以逃避，所以只能迎难而上。崔光远派将军李处崟去抵挡，但叛军气势汹汹，李处崟连战连败，逃回城内。叛军追赶至城下后，放出话来："李处崟叫我来的，为何不出来迎接我啊？"崔光远知道后，竟然听信谣言斩杀了李处崟。此举造成了十分恶劣的后果，因为李处崟骁勇善战，深受众将士的信任，所以他被杀之后，直接导致将士们士气低落。这招离间计使用得很是时候，即便李处崟不被处死，面对强大的叛军他也不可能帮助唐廷守卫住魏州，但在两军交战的关键时刻处死战场主将，是军事大忌，会极大打击士气。崔光远知道自己中计后，十分懊悔，但事已至此，无法挽回。十二月二十九日，魏州刺史崔光远脱身逃往汴州。史思明进入魏州城后，下令屠城，唐军将士和百姓共3万多人被杀害，一时间魏州城如同人间炼狱。

本来想利用围魏救赵的方式引开史思明的部队，从而给进攻相州创造机会，但叛军的实力还是比较强大，不仅让唐军的这项计划落空，而且得到了新的机遇。叛军从东面和北面给了唐军新的压力，面对相州这块硬骨头，唐军此时又无可奈何了。

屠城之后，为了鼓舞士气，史思明借着大胜唐军的机会，在乾元二年（759）正月一日，于魏州城加冕为燕国皇帝，称大圣燕王，并改元圣天，任命周挚为行军司马，屯军于楚王桥。就在其登基的第二天，唐军再次派兵想要将魏州夺回来。此时史思明春风得意，刚刚加冕为皇帝，自然会有些心高气傲。他派李归仁带领1万精兵沿着山向北进发，很快与唐军相遇，双方相持直到傍晚，这么一直等下去对双方都没有好处，因此两军大战三个回合，李归仁大败，叛军将领洛州节度使张令晖、兵马使范秀岩被唐军生擒，李归仁则逃往滏阳。

向北进军的计划落空后，史思明在魏州按兵不动，这一举动的意图被李光弼识破，他向监军鱼朝恩建议道："史思明常驻魏州，是想消磨我方士气，待我军士气松懈后，再派精锐士兵突袭我军。我请求与朔方军一同进攻魏州，不给叛军喘息的机会。而史思明由于两年前的嘉山之败，定然不敢轻易出战。如此一来，两军必定会相持不下。我军围困相州的部队如果此时加紧进攻，将相州城拿下，消灭安庆绪部队，史思明自然也就失去了对叛军的号召力。毕竟他成为叛军首领是靠着安庆绪的授权，如果安庆绪投降了，那史思明的统治合法性自然荡然无存。"这个合理的建议在没有任何领兵打仗经验的鱼朝恩看来是没办法执行的，因此他拒绝了李光弼的作战方案，这也导致唐军之后面临更为艰难的境地。由此可见，唐廷让宦官作为监军代替皇帝行使掌控军队的职责，虽然一定程度上帮助皇帝牢牢掌控了军权，但外行领导内行导致在具体作战过程中贻误战机或者错误判断形势的情况出现，因此会导致战事走向不利的结果。

唐廷九节度使围攻邺城数月没有任何进展，镇西节度使李嗣业实在按捺不住焦躁的心情，便带兵进攻邺城，不幸被乱箭射中，正月二十八日于阵中去世。兵马使荔非元礼暂时代理他的职务。

二月的时候，郭子仪等九节度使围攻邺城，由于长期没有交战，因此一直在进行战事准备。唐军利用这段时间建了两道堡垒，挖了三重壕沟。防御工作准备充分后，唐军开始谋划如何打开战局，由于安庆绪军队被围困在城内无法自由外出，可以利用水攻的方式逼迫他们束手就擒。郭子仪从冬天便堵住漳水，到了二月时，冬天结冰的河水已开始解冻，这直接导致城内的井水和泉水水位上涨，整座城被河水浸泡，不得已人们开始建造木栈居住。此时安庆绪还在苦等史思明的援军，城内的粮食也已被吃完，人们开始寻找任何可以吃的东西，一只老鼠竟然可以卖到4000钱，甚至连造墙用的麦秆和马粪中的草渣都被士兵翻出来喂马，以免战马饿死。当时的情况下，人们都觉得攻下相州指日可待，但事情并没有这么简单，一是此时军队缺乏一个领导全局的统帅，造成军队各自为战，之前李嗣业带兵出击便是最好的证明；二是城里面那些想要投降的人因为河水淹城导致城内水太深，没办法逃出城外，只得作罢。相州城久攻不下，自然会产生各种问题，最重要的便是军心开始动摇，军队有解体的风险。

此时史思明因为之前魏州北边战败，不敢再贸然出动，所以静观相州城内外发生的一切变化，等到唐军撑不下去的时候再给予其致命一击。当他发现唐军军心动摇的时候，便开始派兵向相州方向进发。他并没有选择连夜奔袭的快速进军，而是让各位将领在距离相州50里的地方驻扎，设立营房，每个营房放置300

面鼓，用来威胁唐军。又从每个军营中选取 500 名精锐骑兵，每天到城下骚扰唐军，等唐军一出城便立刻撤走。这就导致唐军人马牛车每天都有损失，让正常的樵采等生产活动没有办法进行，而且没日没夜的骚扰让唐军根本没办法好好准备，因为不知道叛军什么时候过来，所以使唐军将士倍感疲惫。

当时正赶上国家发生旱灾，全国百姓都落入了粮食短缺的境地。为供应战事，南边从江淮地区，西边从并州、汾州，用船和车日夜运输粮食到营地。史思明让军中选拔出来的壮士们穿上唐军将士的服装，打入运粮部队中监督运粮的队伍，如果说只是这样倒也没有问题，但史思明怎么可能放过这样一次捣乱的机会呢？他让这些乔装打扮的叛军壮士在运粮部队中以运送缓慢为由滥杀无辜，造成运粮部队恐慌。遇到舟车聚集的地区，便放火将粮草烧毁。而且叛军部队还有各种办法能够互相辨认，通过游击的方式让唐军没有办法将其捉住。在这种持续捣乱下，唐军严重缺乏粮食，人心出现很大波动。史思明见状，认为决战的时候到了，便派大军直抵城下，与唐军约定日期决战。

乾元二年（759）三月六日，唐廷调集了 60 万大军在安阳河北侧驻扎，史思明则只带了 5 万精兵前来应战。如此悬殊的人数差距让唐廷十分惊讶，以为只是游击部队，因此并未在意。这种轻敌的态度很快给了唐军沉重打击。史思明带兵向前冲锋，李光弻、王思礼、许叔冀和鲁炅首先跟叛军交战。经过一番激烈战斗，双方损失基本差不多，鲁炅在混乱中被箭射中，不得已退出战场。郭子仪见状立即带兵加入战斗，以补充鲁炅撤退的缺口。但还没来得及将阵形排列好，忽然刮起了大风，而且风力不是一般的大，瞬间黄沙四起，大树被连根拔起，刹那间天昏地暗。今天来看，这场大风无疑是一场突如其来的沙尘暴，毕竟在北方的春季，这种天气经常出现。但对当时人来说，这种战场上出现的诡异天象无疑在印证着这场战斗的走向。在大风刮起的时候，交战的双方士兵根本不能辨清方向和人员，这让战场上的士兵感到十分恐惧，所以双方只得鸣金收兵，唐军向南撤离，叛军则向北撤离，慌乱中遗弃的武器装备堆满了道路。

郭子仪带着朔方军一路撤退，并且为了保护东都洛阳将河阳桥切断。在撤退过程中，唐军万匹战马只剩下 3000 匹，10 万多件武器装备丢失殆尽。东京的官员、百姓见到军队如此惨状以为叛军又打回来了，整个城内再度弥漫着恐慌的气氛。官员、百姓不得已再次四散向山谷中奔逃，东京留守崔圆和河南尹苏震等官员向南逃往襄州和邓州，唐军部队中的其他节度使则各自撤回所管辖的军镇。这些溃散的唐军士兵趁着各地出现慌乱，对所经过的地方大肆抢掠，当地的官吏无法及时阻止，10 多天后这种抢掠行为才渐渐缓解，但还是造成了很恶劣的影响。只有李光弼和王思礼在撤退过程中对带领的部队进行了整顿规范，顺利撤回。

郭子仪撤回河阳后，谋划着在城内驻守，但士兵和民众互相惊扰，使得城内人心惶惶，不得已只得继续向缺门进发。等到各路将领赶到后，清点了一下部队人数，还有数万人。郭子仪与各位将领协商打算放弃东都洛阳，向蒲州和陕州撤退。之所以如此谋划，主要是因为蒲州和陕州两地处于黄河两侧，向西可以依靠潼关天险，如此地形是防守的绝佳阵地。

但这套方案并非所有人都认同，都虞候张用济说："蒲州、陕州都深受饥荒影响，不如去防守河阳，一旦叛军来袭，我们就全力防御。"郭子仪听后觉得有些道理，便听从了他的建议，之后派都游弈使灵武韩游瑰带领 500 名骑兵赶赴河阳。与此同时，张用济带领着 5000 多名步兵紧随其后赶到，到达后在河阳城南北两侧分别筑城防御。周挚带兵前来攻打河阳，发现没有办法进入后便自行撤离。段秀实率领将士和随军家属带着各种公用或者家用的物资从野戍渡河，之后在河清南岸待命，荔非元礼到了之后同样驻扎下来。九节度使各自安顿好后，开始就相州会战失败进行自我批评，纷纷上表谢罪。肃宗一概不予追究，只是下令追究了东都留守崔圆和河南尹苏震的责任，崔圆被削去了官阶和封赏，苏震被贬为济王府长史。

这种处理方式实际上也体现了唐廷对于这场战败的认识，虽然朝廷想全力将相州攻下，但失败并无大碍，尤其是参战的全是唐廷地方大员，如果对他们采取惩罚措施，很有可能造成刚刚稳定下来的唐廷再次陷入动荡。毕竟从撤退过程中各地的混乱可以看出，地方的局势尚未稳定，一点风吹草动都有可能引起恐慌。而从具体战事过程看，整场战斗结束得过于突然，而且并未出现明显的胜负结果，春天的一场沙尘暴直接造成唐军丢盔弃甲，从侧面也反映出由于战事持续时间过久，唐军士气出现了严重问题，厌战和畏战情绪较高。

最先溃退的是郭子仪的朔方军，朔方军是在整个阵形的最后，这也直接造成前锋队伍更大的恐慌。为何经历过各种场面的朔方军会在关键时刻出现这种问题？《邠志》当中记载了战斗细节，主要是朔方军内部出现了分裂，其中的矛盾主要来自王思礼在史思明二次叛变后，阴阳怪气地嘲讽蕃将，并暗示仆固怀恩也靠不住。这直接导致仆固怀恩对王思礼心存忌恨。在三月六日的战斗中，仆固怀恩趁乱射杀王思礼，虽然并未将王思礼杀掉，却高呼"王思礼的队伍被消灭了"。这实际上给整支队伍造成了一定恐慌。等到撤退时，郭子仪怀疑仆固怀恩有叛变的可能，于是就脱身先行离去，由此造成之后一系列的溃退。不得不说，郭子仪在没有充分调查清楚事情原委时先行撤退属实不应该，而且他也忘记了自己在九节度使中地位最高，他先行撤离会给其他部队带来很恶劣的后果。这也直接导致他日后被人进谗言并惨遭解职。

四、大燕重生

再来看叛军的情况，在唐军撤退的同时，叛军也匆忙撤离战场。史思明在沙河收编整顿军队后返回，驻扎在相州南面。安庆绪在历经长时期的围困后，终于可以出城透透气，并在唐军的营地中收得六七万石军粮，之后开始同孙孝哲、崔乾祐谋划紧闭城门，不让史思明进入，从而达到孤立他的目的。但诸将提出："今日怎么能够背信弃义呢？"此时史思明既不与安庆绪联系，又不向南追击唐军，只是整天在军队中与将士聚餐饮酒，逍遥地过日子。张通儒和高尚等人见史思明此时势力强盛，便极力劝说安庆绪："史思明远道而来帮助您解围，我们应当赶去迎接并慰问。"安庆绪见状，深知自己大势已去，强行阻止也不是好办法，只能无奈地说："你们先去吧！"张通儒和高尚与史思明相见后，史思明感动得痛哭流涕，并且赠予他们丰厚的礼品再送他们回去。

时间又过了三天，安庆绪仍旧没有前往史思明处，这让史思明着实有些着急。虽然安庆绪承诺史思明前来救援便将皇位让与史思明，在这种背景下史思明已经于魏州称帝，但毕竟安庆绪的余威尚在，对叛军内部还有较强的影响力，最关键的是皇位的交接仪式尚未进行，这也就表示史思明称帝并不具备合法性，不能名正言顺地成为大燕皇帝。因此史思明秘密召见安太清去引诱安庆绪前来，此时安庆绪十分迷茫，不知道该做些什么，毕竟史思明已经收获了大量人心，自己如果再负隅顽抗，未来必将遭遇更大的困难。因此安庆绪让安太清帮助自己上表向史思明称臣，并且请求史思明脱去盔甲进入城内，再奉上玺绶。史思明看到表文后，说道："何至于此呢？"随后便将安庆绪的这份表文向将士们展示，这些将士纷纷向史思明高呼万岁，看到自己受到如此拥戴，他自然心满意足，知道自己的统治稳定了。于是史思明给安庆绪写信，信中说："希望同安庆绪成为兄弟之国，未来能够互相援助，与唐廷形成三足鼎立的局面。至于你要向我行称臣的大礼，我十分惶恐，不敢同意。"之后将这封信发给了安庆绪，安庆绪见到信后认为自己的皇位还能够保得住，所以十分高兴，便请求跟史思明歃血为盟，史思明也同意了这个建议。

安庆绪由此放下戒心，带着300名骑兵到达史思明的军营中。此时史思明命令军士拿着武器时刻待命，并负责将安庆绪和他的各位弟弟带入庭下。当安庆绪和史思明会面后，安庆绪跪下并拱手至地，头也至地，冲史思明行了一个稽首大礼。要知道这个礼节是中国古代叩拜礼中最为隆重的一个，而且是臣子向皇帝所行之礼。安庆绪行礼过程中还向史思明说道："臣不能继续承担这个重任，您远道而来帮臣解困，使臣死而复生，您不辞辛劳，臣无以为报啊！"此时安庆绪已经用臣来自称，从而表现出一种谦卑的态度。安庆绪本以为表达一下感激，向史思明充分示弱，客套一下之后，对方能够欣然接受，并按照之前的约定歃血为盟，共同成为皇帝。但哪知道史思明之前的做法均是缓兵之计，以退为进，目的在于让安庆绪能够放下戒心来到自己的营地。所以史思明在听完安庆绪的话后，立马脸色大变，震怒道："你丢失两都，也没什么好说的。但你为人子，杀掉自己的父亲夺取皇位，这是天地所不容的。我替太上皇讨贼，怎么能够接受你的谄媚讨好呢？"说完立马让身边的侍从将他们带出，连带安庆绪的4个弟弟、高尚、孙孝哲以及崔乾祐全被杀掉。张通儒和李庭望由于之前同史思明关系较为密切，所以都被授予官职。史思明带兵进入相州后，收编了安庆绪的部队，用府库的物资奖赏将士，由此安庆绪之前占领的所有州、县和部下士兵都归了史思明。史思明还派遣安太清带五千军队进攻怀州，并将其占领。随后唐廷于三月二十五日任命荔非元礼为怀州刺史、镇西北行营节度使。不过怀州早已被叛军安太清占据，所以怀州刺史只能是遥领，并不具备实际权力。接着史思明还考虑西征，可是看到整个大燕内部尚不稳定，根基还不牢靠，所以就打消了这个念头，让他的儿子史朝义留下来驻守相州，自己带兵回了范阳。

四月上旬，回到范阳的史思明再次登基，自称大燕皇帝，改元顺天，并立他的妻子辛氏为皇后，长子史朝义为怀王，任命周挚为宰相，李归仁为将军，改范阳为燕京，改州为郡。如果说上次在魏州登基是史思明急于给自己一个名分，让安庆绪知道自己的实力，那么这次在范阳登基则是正式拥有了统治大燕的合法性。而这种合法性的获取自身实力是一方面，另一方面则来自于他人的认同。这种认同包括两个方面，一是获得证明统治合法性的信物，史思明在同安庆绪见面后，从安庆绪处获得了大燕的玺绶；二是功绩方面，毕竟史思明称帝不是按照古代皇位继承制度进行的，而是采用特殊方式获取皇位，所以让他人认可自己登基的方式是十分重要的。魏州登基十分仓促，也没有太多仪式，只是安庆绪口头上表达了史思明前来救援便可以把皇位交与史思明，但并没有一个明确的交接仪式，所以很显然不会得到他人的认可。因此回到范阳前，史思明利用替安禄山报仇的名义杀掉安庆绪，获得了匡复大燕的名声，由此获得了称帝的功绩，这也形成了被他人认可的关键要素。由此史思明范阳称帝相较于在魏州称帝更为名正言顺，也为更多人所认同。从而大燕由"安燕"进入到了"史燕"阶段。

对于唐廷来说，很显然这不是一个好消息，从本来具有优势的局面，瞬间又回到了双方相持的阶段。加上史思明利用杀掉安庆绪的时机在大燕内部清洗政敌，也让大燕内部更趋于稳定。由于史思明长期领军打仗，所以相较于安庆绪时期，叛军队伍的战斗力得到了进一步提升。重新控制河北的大燕准备卷土重来，同唐廷展开新一轮的战争。

第七章

功高震主

通过一系列计谋和手段，史思明取代安庆绪成为大燕的新掌门人。进入到"史燕"阶段的叛军开始了新一轮的战略筹备，此时叛军内部相较于安庆绪时期纷争减少，军队实力得到加强。反观唐廷则出现了较大问题，由于相州之战失败，造成唐军内部出现嫌隙。虽然明面上肃宗并没有追究相州之战的责任，但内心已开始对唐廷的这些将领尤其是对朔方军首领郭子仪有些担忧，而这也成为郭子仪失去平叛大业领导权的关键原因。

一、整顿地方

上一章讲到肃宗派遣九节度使征讨安庆绪，面对被困在城内的安庆绪，唐军有着人数上的绝对优势，但最终不仅无功而返，还损失惨重。为何会出现如此窘境呢？首先这与唐军出兵时的人员安排有一定关系，这次出兵，唐军没有主帅负责统一指挥，所以当面临敌人时，号令不一。实际上在真正战略决战前，这一问题就已经暴露，只不过唐廷并未在意，没有做任何调整，这才出现了在相持阶段鲁炅自行进攻的情况。在最后决战时刻，也出现了互相观望、责任不明、缺乏配合的问题。要知道在战场上尤其是决战时，没有配合进行战斗必将遭到敌人的重创。虽然这场决战是因为天气原因让唐军溃败，但是也从侧面反映出唐军缺乏统一调度，遇到问题时必然会出现混乱。其次是唐廷的监军问题。肃宗由于想要监督控制在外征战的军队，但自己又无法御驾亲征，因此便让鱼朝恩担任观军容宣慰处置使。虽然鱼朝恩是宦官，又不懂军队打仗的事务，却是皇帝在军队中的代表，因此有凌驾于其他节度使之上的地位。所以在两军相持阶段，李光弼想要采取行动的时候，需要经过鱼朝恩的同意才能够进行。这种方式虽然在一定程度上能够帮助肃宗有效控制军队，但是是以大大限制军队的机动性为代价，导致了贻误战机等严重问题。再次是军队内部出现嫌隙，尤其是郭子仪带领的朔方军内部。应当说郭子仪作为唐廷平叛大业的首功之臣，自然要承担更多的军事事务。战斗过程中，郭子仪公开怀疑仆固怀恩有问题，直接促使军队出现战术变化，造成一部分部队主动撤离。虽然是一次小规模的战斗，但足以说明唐军并不具备在最短时间内发起攻击的时机。最后便是天气的问题。突如其来的沙尘暴给了唐军意外打击，本来双方交战是拼战术和战斗力，但恶劣的天气让一切硬实力都化为乌有，最后拼的只剩下谁对军队管理有方。很显然大部分唐军并不及格，毕竟遭遇了史思明战前长期的疲敌战术，整支军队厌战情绪和疲惫程度达到顶点，所以撤退过程中出现了混乱，而这种混乱也让唐军遭遇大败。

相州之战后，回纥骨啜特勤、帝德从相州长途奔袭回到长安。肃宗特别在紫宸殿宴请了这些回纥将领，并且给予他们不同的赏赐。三月二十四日，骨啜特勤等人告别长安回到部落所在地。同收复两京后唐廷的盛大宴会相比，此次赏赐相较于之前规模小了很多。不过肃宗仍旧给予这些回纥将领赏赐，可以看到肃宗还是想跟回纥搞好关系，毕竟叛乱尚未平息，不希望西北再生出事端。

唐廷在相州之战后，在中央进行了新一轮的职务任免，三月二十八日，任命兵部侍郎吕谭为同平章事。第二天，将苗晋卿从中书侍郎、同平章事调为太子太傅，王玙被任命为刑部尚书，很明显是罢免了两人的宰相职务，这也意味着此时唐廷中央，尤其是权力核心要有新的任命了。很快京兆尹李岘被任命为行吏部尚书，中书舍人兼礼部侍郎李揆为中书侍郎，户部侍郎第五琦为同平章事。为何如此安排呢？这可能跟唐廷此时中央经济拮据有关系，史书中记载李岘被肃宗重用后，将增加经济收入作为自己的重要责任，军国大事多由其独自决断。这种做法则引起了肃宗身边宦官李辅国的不满，毕竟作为长期伴随在皇帝身边的权宦，李辅国不允许皇帝的权力被外朝官员过分使用，所以借口京城盗贼太多，选拔了500名羽林骑士巡逻。这种做法让李揆感觉不妥，因而向皇帝上奏，以周勃利用南军进入北军，平定刘氏的故事做对比，认为唐朝设置了南北衙的军队，同时用文、武进行区分，从而可以达到互相监督的目的。如今用羽林军替代金吾卫在夜晚巡逻，如果爆发事端，怎么能够制止得了呢？肃宗听完，认为十分有道理，便下令禁止了李辅国的建议。

　　除了李岘专注于经济事务，第五琦也是一个依靠财经事务闻名于世的官员。他在乾元元年（758）时担任度支郎中兼御史中丞，此时唐廷正经历着战争，第五琦创立榷盐法并于七月十六日铸造了乾元重宝取代开元通宝，重新稳定了唐朝的物价，并让百姓的赋税得到减轻，而朝廷的收入并未减少。由于这些事务取得了卓越的成绩，第五琦在十月时，改任户部侍郎判度支、河南等道支度、转运、租庸、盐铁、铸铁、司农、太府出纳、山南东西二道、江西、淮南馆驿等使。很明显肃宗任命第五琦是想持续增加国家收入，并缓解因战争出现的社会问题。可惜，在第五琦成为宰相后，乾元钱和重轮钱被铸造出来，并与开元钱一同流通。每一枚重轮钱相当于 50 个普通钱，这导致人们争相私铸，造成货币贬值和物价飞涨的局面，使得民众饥饿不堪，怨声四起。因此，一些非议者指责第五琦是这场灾难的罪魁祸首。这直接导致日后第五琦由宰相被贬为忠州长史，当然这是后话，此时第五琦与李岘被重用也可看出肃宗此时有意加强国家内部的经济建设，弥补之前因连年战争导致的经济衰退。

除了重新任免宰相外，唐廷又对地方展开了新的部署。首先在三月底，肃宗任命郭子仪为东京畿、山东、河东等诸道元帅，并且兼任东京留守。此次对郭子仪的职务进行调整很明显是要以东都洛阳为根基，为向东开展军事行动做系列准备。而东都洛阳以西则交给了河西节度使来瑱，让他担任陕州刺史，并兼任陕州、虢州、华州节度使。

接着四月八日，设置陈州、郑州、亳州节度使，由邓州刺史鲁炅担任。虽然相州之战中，鲁炅因伤提前撤出战场，但丝毫没有影响到他的职业生涯，他反而又担任了数个节度使。不过由于鲁炅的部队在相州之战失败撤退过程中烧杀抢掠最为严重，也让他十分担心受到郭子仪和李光弼的惩罚，所以当他听说郭子仪和李光弼的最新动向后，心生恐惧，畏罪服毒自杀了。鲁炅死后，唐廷立马任命李抱玉接替鲁炅的职务。与鲁炅同期上任的还有徐州刺史尚衡，唐廷让他担任青、密、登、莱、淄、沂、海等七州节度使。任命商州刺史、兴平军节度使李奂兼任豫、许和汝三州节度使。这些节度使主要负责辖区范围内的巡查防御工作。

到了五月十七日，又开始了新一轮地方节度使的任命。滑、濮节度使许叔冀担任汴州刺史，并兼任滑、汴、濮、曹、宋等七州节度使；又任命代理汝州刺史刘展为滑州刺史兼任节度副使，来辅助许叔冀的工作。

六月一日任命裴冕为成都尹、剑南节度副大使，颜真卿为昇州刺史、浙江西道节度使。十一日，任命吕延之为越州刺史、浙江东道节度使，彭元曜为郑州刺史、陈郑节度使。等到二十三日，出于军事防御的需要，开始对朔方镇进行调整，将朔方镇分归邠、宁等九州节度使节度，组建了为邠宁节度使节度的新军事防区，该区域位于关内道南部，靠近京畿地区。这是削弱朔方军的关键措施，郭子仪是朔方军的领袖，因此很明显，此举目的便是最大程度削弱唐廷这些将领的权力。之前一系列增加地方节度使数量，形成"遍设节镇"局面的行为，也是唐廷避免地方将领实力过强而反叛的措施。如果纵观整个唐肃宗时期，广建节镇、弱化分割已成为唐朝对待地方节镇的基本政策之一。此举旨在避免地方藩镇权势过大，同时保持中央权威，实现政治平衡，并长期维持社稷安定之稳态。此外，肃宗削弱地方的举措并非只有"遍设节镇"，利用宦官监视这些地方大员同样也是一种措施。在将朔方军被削弱后，郭子仪便处于一种势单力孤的状态，颇有种"人为刀俎，我为鱼肉"的意味，接下来肃宗便要对郭子仪下手了。

二、临阵换帅

相州之战结束后，肃宗并未深究战场溃败的责任，本以为这件事就这样不了了之了，可没想到，担任监军的宦官鱼朝恩此时突然向郭子仪发难。他认为由于朔方军在战场上最先溃败造成战场上出现了混乱，最终导致唐军战败。郭子仪作为朔方军领袖，负有不可推卸的责任，希望肃宗对郭子仪采取措施。

到了七月，肃宗突然将郭子仪召回京城，在肃宗派宦官召回郭子仪的过程中，朔方军将士拦住了宦官的马，希望皇帝能够收回成命，让郭子仪继续留任。虽然将士们出于感情不希望郭子仪离开，但这种场景更加印证了肃宗的担忧是合理的。郭子仪也深知再这样下去必然会让皇帝更加怀疑自己，自己的处境会更加危险，因而谎称自己去给京城使者践行，并非真正离开。如此才离开军营，赶往长安。

回到长安后的郭子仪深知自己受到了皇帝的猜忌，与其让皇帝下令解职，不如自己主动上奏辞官。所以一连上了三份奏疏，以表自己辞去元帅之职的决心。肃宗见状，自然顺水推舟，达成了给郭子仪解职的心愿。肃宗随即任命李光弼为朔方节度使，如此便将郭子仪的权力架空。李光弼突然取代郭子仪成为朔方军的最高领导者。由于李光弼深知朔方军内部情况，所以十分担心自己成为一把手后难以服众。所以上奏请求肃宗任命一位亲王担任元帅，自己为副。在七月十七日，赵王李係被任命为天下兵马元帅，李光弼为副元帅，此举也意味着郭子仪脱离了平叛大业。二十三日，任命潞沁节度使王思礼为太原尹、北京留守、河东节度使，弥补李光弼调走后的职务空缺。此时在大唐的诸多将领中，可以同郭子仪相提并论的也只有李光弼了，尤其在接替郭子仪之后，李光弼更成为当时唐廷诸将中的第一名了。被解除军权的郭子仪颇为落寞，此时郭子仪年近 63 岁，已进入暮年，虽然是自己主动辞职，但"老骥伏枥，志在千里。烈士暮年，壮心不已"。叛军没有在自己手中被消灭，可能会成为郭子仪的最大遗憾。

那为何此时要如此对待这样一位战功赫赫的将领呢？鱼朝恩提出的问题充其量只是表面原因，如果肃宗不认可，这样的提议根本无法通过。所以郭子仪此时被罢官的真正主谋必然是肃宗。朔方军是唐廷平叛大业的主力部队，郭子仪也在数次战争中积累了超高的人气和军功。毕竟安禄山叛乱的前车之鉴尚不遥远。安禄山担任范阳节度使长达 12 年，成为该地的绝对领袖。他手下的部将都是他挑选的，从上到下都联结在一起，并形成了与中央不同的地方特殊势力，甚至开始与中央进行对抗。可见郭子仪的情况与安禄山颇为相似，这自然也会引起皇帝的担忧。所以说郭子仪此时被免职，根源是肃宗想要进一步巩固权力。但毕竟自己治军不严，给了他人以可乘之机，所以也不能全怪肃宗无情和目光短浅。

李光弼在接任前便担忧朔方军不好控制，所以赴任时带着 500 名河东部队骑兵奔赴东都洛阳，趁着夜色进入朔方军的军营中。与郭子仪治军松弛的作风不同，李光弼以治军严明著称。所以刚一到军营，立马发号施令，朔方军精神面貌为之一变。朔方军将士都喜爱郭子仪宽厚治军，有些惧怕严厉的李光弼，也正是因为这种严厉，差一点酿成了军队内部的哗变。

李光弼连夜带兵进入朔方军营，这一点让朔方军将领颇有微词，朔方军左厢兵马使张用济便是其中的代表。

张用济以作战英勇著称，相州之战后，郭子仪驻守河阳也是听从了他的建议，可以说这也是一位很有战略眼光的将领。此时李光弼突然到来，并且一改以往郭子仪的治军风格，必然会让这些朔方军将领十分不满。所以这些将领开始谋划军变。张用济评价李光弼时讲道："朔方军不是叛军，但李光弼夜晚赶来，为何对我们这般猜疑呢？"说罢便会同朔方军诸将谋划带领精锐部队进军东京，以驱逐李光弼，邀请郭子仪回到军中任职。并令部下将士全体披甲上马，整装待发。他的这种举动很明显是头脑发热的表现，军中也有将领反对他的做法。仆固怀恩率先反对道："相州之战的溃乱，主要原因在于郭子仪先行撤退，朝廷追责，所以要免去他的军权。如今您带兵驱逐李光弼，迎接郭子仪，这是谋反大罪，怎么可以这样呢？"仆固怀恩分析了郭子仪被解除军权的原因，从他的解释中可以看出《邠志》中记载仆固怀恩与郭子仪在相州之战中有纷争应当是可信的。右武锋使康元宝劝说道："你如果出兵将郭子仪迎回，朝廷必然怀疑这是郭子仪指使你做的，这难道不是让郭子仪犯下灭门的罪过吗？郭公一家上百口有什么对不起你的呢？"张用济听完后，觉得仆固怀恩和康元宝的劝说十分有道理，便打消了之前的想法。如果张用济真的带兵迎接郭子仪回来，那唐廷内部势必会再度掀起一场血雨腥风。

　　虽然没有造成不可挽回的恶果，但李光弼在听说张用济的事情后，仍旧感觉十分震惊和担忧。所以李光弼停留在洛阳军中，并上表朝廷让张用济带兵从河阳赶至洛阳。不久之后，唐廷的探子前来报告史思明将要带兵渡河南下的消息，李光弼对诸将说："史思明渡河，必然图谋进攻洛阳，我们应当严守武牢关，前锋部队布置在广武原以逸待劳。"于是便带军东出洛阳，驻扎在汜水。同时，还发布檄文召唤之前驻守在河阳的军队。

　　张用济因为之前对唐廷和李光弼十分不满，因此故意拖延，过了很久才达到李光弼处。李光弼见状，忍无可忍，下令斩杀张用济以儆效尤。之后，任命部将辛京杲接替张用济。紧接着，李光弼又召见了仆固怀恩。有传闻称两人之间的关系非同一般，所以仆固怀恩拜见李光弼时十分谨慎，丝毫不敢怠慢。两人见面后开始交谈，不一会儿，守门者进来对李光弼说："蕃、浑部落500名骑兵到了。"李光弼听后大吃一惊，仆固怀恩走出营门，召集部下并责备道："告诉你们不要跟过来，你们为何还要违抗命令！"李光弼说："士兵们跟随着自己的将领，有什么罪啊！"之后立刻命令身边随从拿出酒来犒赏仆固怀恩的部下。这一幕颇有戏剧性，本来李光弼要给仆固怀恩一个下马威，但没想到仆固怀恩是有备而来。见到这种情况李光弼发挥了自己的高情商，克制住了自己的怒火，见到仆固怀恩给自己台阶下后，立马借坡下驴，从而微妙地缓解了当时的紧张局势。如果李光弼当时没有控制住自己的情绪，发起怒来，很有可能会导致剑拔弩张的结局，这也是双方都不愿见到的结果。

七月二十七日，任命朔方节度副使、殿中监仆固怀恩兼任太常卿，封大宁郡王。仆固怀恩常年作为军队前锋跟随郭子仪南征北战，为平叛大业立下汗马功劳，所以肃宗对他进行封赏。不过选择此时封赏不得不让人觉得这是安抚朔方军的一种方式，毕竟李光弼到来后朔方军内部颇不安宁，也许肃宗想通过这种封赏朔方军老将的方式达到缓解矛盾的目的。

失去郭子仪的朔方军就像失去了灵魂，军队内部对朝廷的这种做法十分不满。好在李光弼长期在郭子仪麾下任职，在朔方军内部也有很高的威望，李光弼运用宽严相济的方式，及时整顿了朔方军，也让这支唐廷最具战斗力的部队得以迅速恢复实力。而李光弼之所以采取夜入朔方军这种看起来容易引人误解的方式，主要原因在于朔方军长期管理松散，骄兵悍将较多，采取这种方式可以让那些将士措手不及，打压他们的气焰，为之后重塑军队形象奠定基础。

三、固守河阳

整顿好朔方军后，李光弼迅速被任命为幽州长史、河北节度使，这样任命很明显是要求他再次带兵进攻河北。史思明此时也在积极筹划着向唐廷进攻，他首先让自己的儿子史朝清驻守范阳，接着命令诸郡太守各自带三千兵马跟随自己分成四路大军向河南进发，令狐彰带五千士兵从黎阳渡河进攻滑州，史思明亲自率大军从濮阳出发渡河，史朝义和周挚分别从滑州西北方向的白皋、胡良渡河，最后会师于汴州。刚刚成为唐廷平叛主将的李光弼正在巡视军营的防务工作，听到叛军将要围攻汴州的消息后，立刻前往汴州，他对汴滑节度使许叔冀说："你只要坚守汴州半个月，我就可以带兵前来解围。"许叔冀听后便应了下来。就在李光弼返回洛阳的过程中，史思明带军到了汴州城下。许叔冀与叛军刚一交战，便吃了败仗，于是与濮州刺史董秦和他的部将梁浦、刘从谏、田神功等投降叛军。占领汴州后，史思明任命许叔冀为中书令，并让他继续戍守汴州。史思明虽然厚待董秦，但将董秦的老婆孩子带到长芦为人质。

重回河南取得首胜的史思明率领叛军乘胜向西攻下郑州，李光弼整顿了一下部队，行进至洛阳后，对东都留守韦陟说："叛军乘胜而来，咱们的优势在于按兵不动，不利于速战。洛阳因此也就没有必要守卫，你觉得如何呢？"韦陟听后便请求将军队留在陕州，退守潼关，想要占据天险挫败叛军的锐气。李光弼说："两军相当，贵在进攻，撤退是大忌，如今没有理由便放弃了500里的土地，那贼军的势力便会越来越大。不如将军队移至河阳，向北可以同泽州、潞州相连，占据优势时可以进攻，不利时可以退守，这就像猿臂一样伸缩自如，使我方军队可以内外相应，让叛军不敢向西进犯。如果说行使朝中礼仪，那我不如你，但要是论军队的事务，你不如我。"韦陟听后无言以对。判官韦损此时却说："东京有皇帝的宅子，您为何不守呢？"李光弼说："驻守洛阳的话，汜水、崿岭、龙门都应该驻守大量军队，你要是当兵马判官，能够守住吗？"这一句便把韦损顶了回去。既然李光弼想法已定，便要考虑将东都的官民转移至安全地带。于是先给东都留守韦陟下令，让他率领东京的官员向西撤退进入潼关；接着给河南尹李若幽下令，让他率领官吏和民众出城躲避战乱，从而让整个洛阳变成一座空城。

李光弼也没闲着，他带领士兵转运油和铁等物资至河阳，作为防御的储备，并且亲自率领500名骑兵断后。当时史思明的部分部队已经行进至石桥，诸将请战说："如今是从洛阳城往北，还是朝着石桥前进呢？"李光弼回应说："向着石桥前进！"

等到了黄昏时分，李光弼等人带着军队举着火把慢慢前行，整支部队坚定而从容。军队作风转变如此之大，当与李光弼进驻朔方军后的整顿有密切联系。叛军见状，蹑手蹑脚地跟在李光弼军队后面，不敢轻举妄动。李光弼的部队就这样于夜晚赶到了河阳，而这支部队总共就只有 2 万人。要知道郭子仪从滏水退守河阳的时候还有数万的将士，为何到了李光弼时就只剩 2 万了呢？这么大的人数差距如何造成的呢？史家推断这可能与李光弼治军严格，斩杀张用济，导致很多朔方军士兵因恐惧而四散逃跑有关。除了兵力不足外，此时朔方军粮食也很短缺，只能够维持 10 天的补给。李光弼巡视了守备工作，部分士兵没有不严格按照要求准备的。

等到九月二十七日，史思明带领叛军进入洛阳，留给他们的则是一座空城。叛军在城中搜刮一圈之后没有任何收获。史思明见状感觉有诈，便十分担心李光弼在其身后切断后方的补给，所以不敢在洛阳的宫中居住，只得退到白马寺南驻扎下来，并于河阳南侧修筑了月城来抵御李光弼。一切准备就绪后，史思明带领精锐部队乘胜进攻河阳，之前修建的月城此时成为双方战略缓冲地带，帮助叛军避免了刚一出城便与唐军遭遇的可能性。

十月四日，肃宗颁布制文打算亲征史思明，但群臣纷纷上表阻止，此事才作罢。史思明兵临河阳后，派手下骁将刘龙仙到城下叫嚣。只见刘龙仙抬起右脚放到马鬃上，一副傲慢无礼的样子，谩骂李光弼。李光弼看到后，只是问诸将有谁能前去迎战。仆固怀恩见状请求出战，李光弼却说："这可不是大将应该做的事情。"仆固怀恩听到后，认为李光弼此说十分有理，毕竟刘龙仙不是什么重要角色，"杀鸡焉用宰牛刀"，自己如果出战会让叛军觉得唐廷无人可用。之后李光弼身边的人说："副将白孝德可以前往迎战。"李光弼便将白孝德召过来，问他需要多少士兵。白孝德回应道："我独自一人即可将他人头取来。"李光弼听后，十分佩服他的勇气，但再次问他有什么需要的。白孝德说："希望选择50名骑兵从军营的正门出发，作为后续部队，并且请大军帮助敲鼓增加士气。"李光弼听后，拍了拍他的背，内心既赞赏他的勇敢，又对他能有一个如此周密的进攻计划感到惊喜，之后让他回去准备。

两军很快展开交战的架势，白孝德手拿两根长矛，驾着马匹极速前进，刚刚前行到一半，仆固怀恩便向李光弼贺喜道："已经攻下敌军了。"李光弼很纳闷，说道："还没有真正交锋，你是怎么知道结果的呢？"仆固怀恩说："我看他手中安然自若地执着缰绳，便知道他肯定对拿下对方胸有成竹了。"

就在二人交谈的时候，刘龙仙见到白孝德独自前来应战，便有些轻敌。当两人距离越来越近后，刘龙仙便要开始行动了。此时白孝德向刘龙仙摇手示意，刘龙仙心想如果他前来不是为了对战怎么办，所以刘龙仙出人意料地停了下来。两人相距只有 10 步，白孝德趁机与刘龙仙对话，但刘龙仙一直谩骂。白孝德趁着双方都停下来的时间让马得到充分的休息，待马休息好后，便冲着刘龙仙怒目瞋视，说道："小贼！你认识我吗？"刘龙仙说："你是谁？"白孝德立马回应道："我是白孝德！"刘龙仙听后，说道："原来是狗豨啊！"白孝德听见刘龙仙如此羞辱自己，十分愤怒，大呼一声，提着长矛驾上马与刘龙仙开始搏斗。城上按照计划开始敲鼓助威，50 名骑兵跟在白孝德身后。几轮下来，刘龙仙有些招架不住，他的弓箭还没来得及发射，便向堤上撤退。白孝德立即驾马追赶，追上后，将其斩于马下，并将首级带回。叛军听后，十分震惊，毕竟刘龙仙以骁勇善战著称，没想到这么快被安西胡人白孝德击杀。

史思明在两军相持不下的这段时期里，经常将部队中的千余匹良马拉出来，在河的南岸来回溜达，以此迷惑唐军，让唐军认为燕军实力异常雄厚，从而打击唐军士气。李光弼看到后，便从军队中找了 500 匹母马，并将它们的小马驹系在城里，让母马和自己的孩子分离。等到燕军到水边遛马时，便将母马全部放出来，找不到自己孩子的母马全都大声嘶吼，燕军这边的马一听到后，全都挣脱了管束，朝着唐军这边奔来，一时之间全都进入唐军城中。史思明看到自己聪明反被聪明误后，十分恼火，便在河上摆出火船，后面紧紧跟着上百艘战船，想要烧毁河上的浮桥。李光弼看到这种战术后并未慌张，而是让人找了数百根长达百尺的竹竿，将巨大的木头装在竹竿的尾部作为基底，竹竿顶部装上毛毡裹着的铁叉，当火船冲过来的时候用铁叉将其拒之门外，以此让火船自焚。同时在桥上向燕军的战船发射炮弹，被打中的战船全都沉没了，燕军看没有任何冲上岸的可能性，便悻悻而归，史思明的这个计谋又完全失败了。

上述两个计策全都失败后，史思明又心生一计。他计划令河清的现有士兵去攻击李光弼的粮道，而李光弼也早就将士兵部署在野水渡，时刻提防有人来袭。等到了晚上，李光弼将大部分军队撤回河阳，只留下千余名士兵，并派了部将雍希颢防御，李光弼对他说："叛军中高庭晖、李日越、喻文景，都是以一敌万的猛将，史思明必然会派出其中一人前来劫粮。我离开之后，你就在此地驻防。如果叛军前来侵扰，你不要跟他作战。只要让他投降，之后跟他一起返回即可。"诸将听完一头雾水，没有明白他的意思，都在底下窃笑。

史思明果然对李日越说："李光弼擅长凭险守城，如今在野外作战，完全有可能将他活捉。你带领铁骑半夜时渡河，为我取得胜利。如果事情不成，就不要回来了。"李日越听后，带领500

名骑兵清晨时分到达围栏处，雍希颢正让士兵们在壕沟里休息。李日越见唐军完全没有开战的意思，感到很奇怪，就在围栏外面大声询问："李光弼在吗？"回答道："昨晚就走了。"接着又问："你这有多少士兵？"回答道："1000 多人吧！"再问："那谁带领这些士兵呢？"唐军回应道："雍希颢。"李日越默默地思考了一会儿，就对属下说："如今让李光弼跑了，只捉住雍希颢，我回去的话必死无疑，不如投降。"于是便向唐军投诚。雍希颢就带着李日越一同返回，李光弼见到李日越后，对其委以重任，并将他视为心腹。高庭晖听说后，也前来投降。有的人很奇怪，就问李光弼："为何如此轻易地就招降了两员大将呢？"李光弼回复说："这就是人情啊！史思明经常恼火于不能跟我在野外对战，此时听说我在外督战，以为一定会将我击败。可是李日越没有将我抓获，势必会让史思明失望，因而受到惩罚，所以就不敢回去。高庭晖才气和勇气均超过李日越，听说李日越投降后受到重用，一定会考虑前来效命的。"这就是我们经常说的因势利导，不战而屈人之兵。高庭晖在叛军中为代州的五台府果毅，只是一个中低级官员，到了唐廷摇身一变成了三品的右武卫大将军。如此大的职位变动很难不吸引更多叛军前来归降。

接连受挫的史思明并未放弃进攻，重整旗鼓后，史思明又来进攻河阳。李光弼对郑陈节度使李抱玉说："将军能为我守卫两天南城吗？"李抱玉很明显对此事有些疑虑，回应道："如果超过两天怎么办呢？"李光弼说："如果两天救援没到，就任由你弃城。"李抱玉听完，承诺一定会好好守卫。就在两天的时间即将耗尽，可救援却迟迟不来的时候，李抱玉向燕军说："我们的粮食将要吃完了，明天早上就投降。"燕军听了十分开心，便整顿军队，准备等待李抱玉的投降。可没想到，李抱玉采用的是缓兵之计，在将防御设施修缮完毕后，第二天李抱玉又来到燕军阵前请战。燕军将领见到李抱玉反复无常十分恼怒，便下令快速进攻。而李抱玉此时也已做了充分准备，在城内外都部署了军队，当敌人前来进犯时，内外夹击成功击退了敌人，并给对方造成很大的伤亡。

之前投降燕军的董秦此次也跟随史思明一起出征河阳，可能是在燕军内部过得不太顺心，董秦在看到燕军内部有不少将领投降唐军后，觉得这是一个重回大唐效命的好时机，因此半夜率领500多名士兵拔起营地栅栏，投降李光弼。

当时李光弼正在修缮升级营地的防御设施，加深栅栏的深度。十月十二日，燕军将领周挚因李抱玉顽强抵抗，便放弃了南城全力进攻中潬。李光弼命令荔非元礼带领精兵强将在羊马城（在城墙外另外筑起的矮墙，高度只到肩部）抵抗燕军。此外，李光弼还在城的东北方向立起小朱旗眺望燕军，观察他们的行动。燕军凭借士兵数量优势，直逼城下，并随军携带攻城器具。史思明督促阵中士兵将沟堑填好，并在城墙的三面修好了八条道路让士兵行进，又打开城外的栅栏作为大门。李光弼看到燕军来势汹汹，问荔非元礼："你就看着叛军填好沟堑，拔起栅栏让部队行进，却没有任何行动，这么做有什么目的呢？"荔非元礼回应说："您要守还是要战呢？"李光弼说："想要开战。"荔非元礼说："想要开战的话，那叛军是在为我军填好沟堑，为什么要阻止呢？"李光弼听后说："不错，我自愧不如，你要加油啊！"荔非元礼等敌人把栅栏打开后，便率领敢死队冲出阵营冲入敌军，却只向前走了数百步。此时荔非元礼觉得叛军将领陈坚可能并不会被轻易击败，因而带军往回撤，想要等待敌人懈怠之后再进攻。李光弼看到荔非元礼撤退很生气，便派遣身边将士将他带来并处以极刑。可荔非元礼很强硬，说道："战事很急迫，您为何要突然召我回来？"说完便再次投入战事当中。此时敌军看到荔非元礼还在防线戍守，担心他是佯装撤退，后面可能有诈，便不敢再往前进攻了。过了一段时间，荔非元礼觉得时机已到，敌军的耐心已被消磨得差不多了，便敲起战鼓再次出战，面对敌军奋力一击，成功击溃敌军，获得了胜利，也打消了李光弼对他的质疑。

　　燕军将领周挚再次把被打散的军队集合起来，他之前舍弃了南城全力进攻中潬，但被荔非元礼击败后只得向北城进发。此时李光弼率众人先行一步进入北城，他从城楼上遥望敌人，说道："敌人数量虽然很多，气焰十分嚣张，但都是军容不整的散兵游勇，不用担心。不到中午，必定会被诸君击败。"说完，便派手下诸将领出城迎战。将近中午，尚未决出胜负，李光弼便将诸将召回询问情况："敌人摆的阵形中，哪个部分防守最为牢固？"诸将回答说是西北方向。李光弼听后便派爱将郝廷玉出战，郝廷玉请求带领500名骑兵，但李光弼只给了300名。等他回来之后，李光弼又问他哪个部分是防守第二牢固的，郝廷玉回答说："东南方向。"李光弼听完又选派吐蕃将领论惟贞出战迎敌，论惟贞请求带领300名铁骑，但李光弼只给了他200名。接着，他又对诸将说："诸位看我的旗语发动进攻，我的旗子慢慢摇动，你们就选择有利时机进攻；如果我的旗子摇动三次，然后放在地上，那么各位就一齐进攻。生死就听从命运安排吧，如果有敢后退的，按军法当斩。"之后又在军靴中插上一把短刀，说道："战争是很危险的，我是国家的三公，不可以死在敌人的手上，如果战事不利，那诸军就死在阵前，我就在此地自刎，不会让各位白白牺牲的。"诸将出战后不久，郝廷玉便带兵往回撤，李光弼看到后，大吃一惊说："郝廷玉撤退了，我也就危险了。"于是命令身边侍从将郝廷玉军法处置。郝廷玉见李光弼冤枉自己，赶忙说道："我的马中箭了，并不是敢撤退啊。"李光弼了解后，让他赶紧换一匹马再投入到战斗中。仆固怀恩和他的儿子仆固玚在战场上稍微往回撤了点，李光弼便又派人要将他们军法处置。当仆固怀恩父子看到使者提着刀快速赶来，便知大事不妙，因而提前同敌人展开决战。李光弼见到诸位将领士气正盛，便连忙摇动旗子三次，之后放在地上。诸将看到后，都拼命进攻，呼喊声震天动地，敌人被唐军的气势震慑，很快就溃散而逃。唐军乘胜追击，斩杀敌军上千人，俘虏500多人，掉入河中淹死的敌军达上千人。周挚带领几个骑兵快速逃跑，他身边的大将徐璜玉、李秦授都被生擒。敌军中的河南节度使安太清则逃往保州。此时史思明还不知道周挚已经被击败，所以还在猛攻南城，直到李光弼驱赶着俘虏到河边给史思明看，史思明才知道已经战败，迅速撤离。

获得胜利的唐军开始了新一轮的兵力部署，此时正值用人之际，之前投降的李日越在十月二十四日被封为右金吾大将军。紧接着，之前从敌军中逃回的董秦在十一月一日被任命为陕西、神策两军兵马使，并被赐名李忠臣。之后唐廷调动安西、北庭的军队驻扎陕州，用来防御史思明。

成功保卫河阳直接证明了李光弼的军事才能并不亚于郭子仪，同时也说明李光弼已经成功掌控了朔方军。而兵败撤退的史思明并未放弃西进的打算，很快便派他的部将李归仁率军进犯陕州。唐廷则派神策兵马使卫伯玉带领数百名骑兵迎战。双方激战一番，唐军以少胜多，在礓子阪一举击溃敌军，并成功俘获600匹战马。这场仗打完后，卫伯玉被任命为镇西、四镇行营节度使。兵败撤退的李归仁随后与李忠臣在永宁、莎栅之间进行战斗，并被多次击败。屡获胜利让肃宗感到十分振奋，并对李光弼大为赞赏，很快在乾元三年（760）正月十九日，任命李光弼为太尉兼中书令，虽然太尉和中书令在此时并没有太多的实际权力，但太尉是三公中负责军队的最高首领，中书令是唐代决策机构中书省的最高长官，因此这次任命也让李光弼超越郭子仪成为唐廷最有权势的将领。

此时郭子仪也并未闲着，虽然他不再主导唐廷的平叛大业，失去了统领朔方军的资格，但他的威名尚在。正月的时候，党项等部落连续骚扰唐廷西北，甚至将要逼近京畿地区。唐廷分邠、宁等州节度使为鄜坊、丹延节度使。任命邠州刺史桑如珪担任邠宁节度使，鄜州刺史杜冕担任鄜坊节度副使，并让两人分道讨伐敌军。二十六日，任命郭子仪为两道节度使，但获得新职务的郭子仪并未被派到前线，而是留在京城。如此做的目的就是想充分利用郭子仪的名声震慑敌军。

四、宦官乱政

李光弼带军确实很有章法，他主导的八次主动进攻和防御均取得胜利。乾元三年（760）二月十一日，李光弼进攻怀州，史思明赶去支援，却被李光弼于沁水击败，并被斩首 3000 余人。三月二十九日，李光弼在怀州城下击败安太清，四月二日，又在河阳西渚击溃史思明，斩首 1500 人。此时李光弼虽然保持着很高的胜率，却没办法将史思明赶出洛阳。而敌军也占据东都同唐廷一直保持着对抗的姿态，双方僵持不下。此时唐廷内部则生出事端，宦官在代表皇帝成为监军的基础上，继续扩大自身权力，郭子仪由于地位较高，在朝中成为宦官发展势力的阻碍。

宦官权势在此时增强与皇帝强化皇权有直接关系。

中国古代，皇帝想要强化皇权，最主要的方式是削弱外朝的权力，让宰相及其负责机构执行具体事务，并设置大量的临时职务，从而让皇帝直接掌控国家的大事小情。唐代前中期皇权持续强化，但在具体实施过程中，造成后宫势力持续强化，所以出现了女主专政的情况。清除女主势力，皇帝扩大了东宫太子的势力。这实际上就出现了皇权和君权（有学者用君权表示皇帝的个人权力，用来同皇帝制度具有的权力相区别）之间的差异，唐前期逐步强化皇权，但由于皇帝个人能力的问题，导致君权在此时被削弱。等到了玄宗朝，唐玄宗吸取了这些经验和教训，极力削弱后宫和太子的权力，从而达到增强君权的目的。但是到了玄宗朝后期，事务增多，此时虽然外朝宰相权势较大，但依旧被玄宗牢牢掌控，如此情况下，唐玄宗开始将一部分君权赋予宦官，有了皇帝的直接授意，宦官在此时开始涉及政务。到了肃宗时期宦官对政务的参与力度进一步增强，尤其是其军事方面的权力与日俱增，而宦官并不满足于掌握军事权力，对朝中的人事任命也开始干涉。

宦官马上言接受他人贿赂，向兵部侍郎、同中书门下三品吕𬤊求官，吕𬤊不想得罪朝中宦官，因此帮这个人谋了份职务，但事情意外败露，肃宗大怒，将马上言杖毙，吕𬤊也被罢免宰相。这次事情也充分反映出，宦官与外朝官员勾结，但君权此时依旧强势，皇权也就没有出现异化的情况。

真正让此时期皇权出现问题的人物是大宦官李辅国，此人出身微贱，虽然得到了肃宗的极大信任，获得了极大的权力，但仍然被玄宗身边的人轻视。由此他产生了极大的恨意，希望通过立奇功的方式长期获得皇帝的宠信。于是他对肃宗讲道："太上皇住在兴庆宫，每天与外人交往，陈玄礼和高力士计划谋划一些不利于陛下的事情。如今六军将士全都是拥护您灵武登基的功勋，所以听到这个消息后都躁动不安，我知道这件事情必须要上报给您。"肃宗听后大哭道："太上皇慈善仁爱，怎么会容许这样的事情呢？"李辅国回答道："太上皇并未有这样的意思，奈何身边有一群小人啊！陛下是天下的主人，应当为社稷考虑，在内乱尚未发生时就把它消灭掉，怎么能够遵循普通百姓的孝道呢？并且兴庆宫紧邻民居，围墙很矮，至尊可不适合居住在这样的地方。宫内森严，若让太上皇住在宫内可以每天请安照顾，跟住在兴庆宫相比要好很多，而且可以杜绝小人迷惑圣听。如此一来，太上皇可以安享晚年，陛下则可以享有三朝之乐，这样有什么可伤感的呢？"但肃宗并未听从此意见。兴庆宫之前有300匹马，李辅国假造敕文，只给兴庆宫留下10匹马。太上皇知道此事后，对高力士说："我儿子被李辅国所迷惑，没有办法始终如一地尽孝了。"

李辅国又让六军将士在宫内叩头大哭，请求让太上皇迁居太极宫。肃宗见状，再次哭泣却没有答应，李辅国开始担心。七月十九日，肃宗恰好身体不适，李辅国觉得时机已到，便谎称肃宗下令迎接太上皇到太极宫，等到了睿武门的时候，李辅国带领500名精于骑射的武士挡住太上皇前进的道路说道："皇帝因为兴庆宫环境不好，所以迎接太上皇迁居太极宫。"太上皇大惊，差点从马上掉下来。高力士说："李辅国为何如此无礼！"此时高力士见大事不妙，故作镇定，叱令李辅国下马。李辅国也不好表现得过于嚣张，于是下了马。高力士趁机宣布太上皇的诰："请各位将士收起兵器，不要挡住道路。"将士们听完便将武器收起，并拜见太上皇，高呼万岁。高力士又命令李辅国和自己一起执着太上皇的马笼头，并簇拥在太上皇左右一同前往太极宫，居住在甘露殿。之后李辅国率众人撤退，只留下数十位年老的侍卫。陈玄礼、高力士等太上皇身边的旧人都不能留下。太上皇说："兴庆宫是我称王的地方，我屡次将此地让给皇帝，但皇帝并不接受。今天这迁宫行动，也是我的想法。"这一天，李辅国和北门六军大将穿着素色衣服向皇帝请罪。肃宗看到诸将领一齐领罪，便只能慰问道："兴庆宫、太极宫是多么特殊的地方！诸位担心太上皇被小人蛊惑，为了防微杜渐、安稳社稷大业、不再有任何恐惧完成了这样的壮举！"肃宗这番话让李辅国大获全胜，玄宗残余势力得到了彻底清除。

从史书对于此事的记载看，肃宗事前完全不知情，事后迫不得已认可此事。整个事件是由李辅国假造诏书或者假传皇帝口谕所为。但如果从肃宗与玄宗两位皇帝的权力纠葛看，此事完全是由肃宗授意李辅国完成的一场政变。从肃宗事成之后对诸位将领所说的"防微杜渐"看，他完全就是担心唐玄宗再掌朝纲。此时，肃宗虽然年轻，但一直体弱多病，而玄宗虽然已经76岁，但依旧整日宴饮聚会，从未有老态龙钟的状态。而且被宴请的人有很多都是地方官员，比如郭英义等人。这种场面对于肃宗来说何其熟悉，天宝五载（746）时，李林甫就曾经借口地方将领皇甫惟明、王忠嗣和东宫有密切往来大做文章，达到陷害当时尚为太子的肃宗的目的。这怎能不让肃宗有所防备呢？而且一个宦官在没有皇帝的授意下，是如何能有如此周全的计划的呢？毕竟这场政变需要将兴庆宫的武装力量解除，同时还要调动宫中大量禁军，没有皇帝的参与怎么可能完成这样的筹备呢？这次行动的成功让李辅国声名大振，在朝中的嚣张气焰达到顶点。

此时李辅国变本加厉地干涉朝政。刑部尚书颜真卿率领百官上表，意图询问太上皇的起居生活怎样，但这遭到了李辅国的反对，他上奏要肃宗将颜真卿贬为蓬州长史。一个满门忠烈，并在平叛中立有大功的重臣就这样被贬至地方任职。

郭子仪的情况更能体现出宦官此时影响朝局的巨大能量。被解除军职后，郭子仪没有表现出任何不满，一直谨慎处事，低调为人，对朝廷忠心耿耿。因而就有大臣上奏肃宗："叛军尚未平定，不应该再让郭子仪担任闲职。"肃宗也认识到了这一点，便在九月八日下令让郭子仪镇守邠州。之前不断骚扰唐廷边境的党项部落得知此消息后闻风而逃。等到九月二十一日，肃宗在见识到郭子仪的威名对于蕃部的影响后，立即颁布新的制文，任命郭子仪担任都统诸道兵马使，管崇嗣为副使，从朔方出兵直取范阳，再南下平定河北其他地区；集合射生英武军和朔方、鄜坊、邠宁、泾原诸道蕃、汉士兵共7万人，分别由李光弼、乌崇福、李鼎、王逖、辛京杲、任敷、浑释之、慕容兆、杜冕、桑如珪、阎英奇等将领统领，受郭子仪节度。如果这份制文的内容能够顺利推进的话，意味着郭子仪将再次成为唐廷平叛大业的主要领导者，并开启新一阶段的平叛行动。但没想到这份制文颁布仅仅10天后，就被鱼朝恩从中阻挠，未能实施。如此大的一项军事行动说被停止就被停止，也充分显示了唐廷这些宦官拥有的权势非同一般。

之所以肃宗朝出现宦官专权的局面，与肃宗的一系列举措密切相关。肃宗并非一个昏庸无能之辈，而是有着一定抱负，想要做出一番功绩的皇帝。可他在太子时期便受到玄宗诸多限制，导致他的实力十分有限，难以在朝中培养能干的亲信官员。所以便对身边的宦官李辅国和妃子张良娣十分宠信。也正因这种经历，导致他在登基之后，一时间没有太多可以信赖倚重的外朝官员，所以才授意身边的这些人协助自己处理政务，由此便开启了宦官跋扈专权和之后张皇后的干政请谒。不过肃宗自身的能力还比较强，所以此时期的皇权还不至于出现问题，皇帝的君权也可以正常发挥。

虽然此时唐廷被宦官掌权的阴霾笼罩，但郭子仪的声望早已得到皇帝和朝官们甚至是与唐廷作战的蕃部的认可。郭子仪被免主要是由于肃宗担心武将权势过盛会影响皇权，当肃宗意识到自己尚能掌控局势，君权依旧强大，郭子仪对朝廷依旧忠心耿耿后，郭子仪重回战场只是时间问题了。

第八章

再度出山

　　就在史思明带领的大燕部队和李光弼统领的唐军在河南相持不下的时候，唐军内部出现了问题。肃宗急于取得新的进展，监军鱼朝恩又推波助澜，使得李光弼不得不放弃之前的措施贸然向洛阳进攻，最终导致一场惨败。虽然大燕获得了大胜，但内部也再度出现混乱，史朝义即位成为新的大燕皇帝。另一边，战败后的唐廷想起了在家中赋闲的郭子仪，沉寂许久的郭子仪再度统领唐军，一上任就开始了新一轮的军事行动。唐廷此时也出现了政权更替的情况。对郭子仪来说，新的皇帝虽然将之前的宦官处理了，但新的宦官干政情况再度出现。此时郭子仪面对这种状况更为游刃有余，所以他的权力并未受到太大影响。

一、邙山之败

相州之战后，大燕军队在乾元二年（759）九月占据洛阳。此时唐军与燕军呈现出紧张对立的状态，双方都不敢轻举妄动。此时史思明虽然发兵西征，但奈何李光弼固守河阳，导致史思明军没有任何进展。在这种情况下，史思明心生一计，引诱李光弼离开河阳，渡河至洛阳郊外一决胜负。但李光弼毕竟身经百战，一眼就看破了史思明的小心思，所以不为所动，继续保持之前以不变应万变的策略。

李光弼的策略虽然很有道理并符合战场的实际情况，但总有些外行想要指挥内行。这就与史思明另外的计谋有密切关系。史思明在上元二年（761）二月派出大量间谍潜入陕州和长安，并散布谣言说："洛阳城里的将士们都是河北地区的百姓，因长期戍守洛阳思乡情切。所以整支军队上下人心已经涣散。如果唐军此时发动进攻，一定会将敌军击溃。"当时担任陕州观军容使的鱼朝恩完全听信了这样的谣言，屡次上奏肃宗。肃宗知道此事后，便令李光弼进攻洛阳。李光弼接到命令后，并不想采取行动，因而回应道："敌人的前锋部队实力强劲，应该耐心等待合适的机会，不可以贸然进攻，否则必会吃败仗。"

鱼朝恩见李光弼如此坚定地拒绝了出兵命令，便希望利用部队中的其他人物达到出兵的目的，朔方节度使仆固怀恩则成了可以被利用的人。仆固怀恩虽然十分勇敢，却有些刚愎自用，他的部下都是蕃、汉的精兵强将。正是由于实力强大，他的手下经常做些不法的事情。郭子仪统领朔方军时，对这种事情基本上采取了宽容的态度，并未严惩过任何人。而李光弼则是另外一种治军方法，对行不法事情的将士均采取严厉的惩罚措施。仆固怀恩因此对李光弼既害怕又厌恶。所以当他看到鱼朝恩积极寻找李光弼军中可以联合的将领时，便主动同鱼朝恩勾结起来，上奏肃宗说："洛阳可以攻下。"仆固怀恩是一线将领，肃宗十分相信他的话。于是，肃宗屡次派宦官前往阵中督促李光弼出兵进攻洛阳。在这种情况下，李光弼不得已只能让郑陈节度使李抱玉守卫河阳，自己与仆固怀恩、鱼朝恩以及神策节度使卫伯玉发兵进攻洛阳。

二月二十三日，唐军和大燕军队在邙山相遇。李光弼下令沿着险要的山崖列阵，而仆固怀恩却不听指挥，在平原列阵。李光弼说："沿着险要的地方列阵可进可退；如果在平原列阵，一旦失败便会全军覆没。史思明很擅长野外作战，不可以忽视他的实力。"说完便下令让仆固怀恩移到险要处列阵，但仆固怀恩拒不从命。就在唐军围绕该在何处布阵争论不休时，史思明派出部队突然向唐军发起进攻，唐军顿时大乱，死者达数千人，剩下的部队为了逃命将军资器械全都丢弃了。李光弼和仆固怀恩慌忙渡河逃往闻喜，鱼朝恩和卫伯玉则向陕州逃跑。李抱玉知道唐军溃败的消息后，自知河阳此时也无法幸免，因此在燕军进攻前便弃城而逃。之前长期戍守的河阳与怀州全都被燕军攻占。唐廷看到军队溃败后，十分担心会波及京畿地区，因此便迅速在陕州增兵，以加强防御。

史思明也的确没有放松步步紧逼的节奏，在邙山之战胜利后，便派史朝义为前锋，从北道向陕州进攻，史思明则从南道进发。三月九日，史朝义带兵到了礓子岭，之前跟随鱼朝恩一同逃往陕州的卫伯玉就驻扎在礓子岭（即礓子阪）。两军交战后，唐军大胜，之后史朝义屡次发兵进攻，均被击退。这才让之前一直提心吊胆的唐廷有了喘息的机会，否则一旦燕军通过礓子岭，攻占陕州便指日可待。

可以看到，邙山之败的主要原因在于鱼朝恩、仆固怀恩的鼓动与战场上军队内部出现争执。照理说邙山之败主要责任并不在李光弼，李光弼反而更像是被胁迫参与战争的。但他毕竟是唐军主帅，战争失利他要承担主要责任。所以战败后，李光弼立刻在闻喜上表请求皇帝将自己贬职。考虑到李光弼的身份以及邙山战败的原因，肃宗只是将他调离了原来的岗位，李光弼仍旧担任开府仪同三司、侍中，并兼任河中节度使。之所以如此任命，主要是为了让李光弼任职的地点同陕州形成拱卫京城之势，抵御燕军的西进。

就在唐军将军事部署调整为防御阶段的同时，燕军内部再次发生了混乱。史思明在邙山之战后，将自己的爱子史朝清调回范阳，坐镇后方，以免在战火中遭到不测。他的长子史朝义却冲在前线。史朝义跟史思明截然不同。史思明好猜忌，心思重，并且喜欢杀戮，部下的行动稍微使他不满便大开杀戒，所以人人自危。而史朝义则是一个颇为谦虚谨慎的人，常常同将士们打成一片，所以将士们多依附于他，也正是因为这个原因，史思明并不喜欢史朝义，甚至还想将他杀掉。前文讲到史朝义在礓子岭屡战屡败，史思明不得已只得退守永宁，他认为史朝义太软弱并大骂："你没有办法成全我的统一大业。"说罢便想以军法斩杀史朝义和他手下的诸位将士。上元二年（761）三月十三日，史思明命令史朝义在一天时间内修筑完三隅城用来贮存粮食。就在这样紧张的时间内，史朝义如期完工，但尚未抹泥，史思明赶来后立刻命令身边的人监工，当抹泥完毕后，他破口大骂道："等攻克陕州后，早晚把你们杀了。"史朝义听后十分害怕，不知所措。

史思明驻扎在永年时住在鹿桥驿，他命令心腹曹将军带兵宿卫。史朝义则住在附近的旅社中，部将骆悦、蔡文景对史朝义说："我们与您已死到临头了！自古以来经常有废立皇储的事情，请将曹将军召过来一起谋划大事。"史朝义听后低下了头没有回应。骆悦等人又说："您如果不答应，我等今天就投降唐廷，您的处境就会更加危险。"史朝义听完哭泣道："诸位就好好做吧，不要惊动了父皇。"骆悦等人便令许叔冀的儿子许季常将曹将军召来，等曹将军到了后，便将计划告知。曹将军知道这些人都十分仇恨史思明，担心波及自己，所以不敢违抗。

这天夜里，骆悦等人带着史朝义部队的300名士兵来到鹿桥驿，宿卫士兵看到突然来了这么多人感到十分奇怪，但看到曹将军后便不敢有所行动。骆悦等人带兵进入史思明的房间，正赶上史思明去上厕所，便问史思明身边的人史思明在哪，对方还没来得及回应，骆悦便杀了数人，这时有人指了下方向。史思明听到骚乱声后，想要翻墙到马棚逃跑，骆悦身边的随从见状拔箭射中史思明的胳膊，导致他从马上摔下，大部队一拥而上将史思明活捉。史思明问他们是谁带头造反，骆悦回答说："我们是奉怀王的命令。"史思明听后说道："我之前的话说得有些太过了，否则也不至于如此。但此时杀我太早了，为何不等我攻克长安啊！如今看来大事没办法完成了。"

骆悦等人将史思明押送到鹿桥驿东边30里的柳泉驿关押起

来，之后骆悦亲自向史朝义报告事情已经完成。史朝义问道，有没有让父皇受惊？骆悦说没有。当时周挚、许叔冀带领后军在福昌，骆悦又派使者许季常去告知他们这件事，周挚听到后大惊，但事已如此，他也只能接受现状了。史朝义带兵回到洛州，周挚和许叔冀前来迎接，骆悦等人劝史朝义将周挚抓起来杀掉，毕竟周挚跟史思明关系密切，难保他以后会做出什么出格的事情。史朝义大军到柳泉驿后，骆悦等人担心众人心思不齐，便秘密地将史思明杀掉，用毛毡裹着史思明的尸体，用骆驼运往洛阳。自此，一位征战沙场数年并成为大燕皇帝的悍将就这样结束了自己的一生，跟他的好兄弟安禄山一样，都死在了自己亲生儿子的手中。

史思明被杀后，史朝义立刻登基，改元显圣。并且派密使回到范阳，联系散骑常侍张通儒等人诛杀史朝清和其母辛氏以及不依附自己的数十人。大燕内部的这场自相残杀在幽州城里持续了数月，死者数千人。待混乱结束后，史朝义任命部将李怀仙为范阳尹、燕京留守。虽然史朝义对待部下很友善，但能力有限，再加上有很多燕军将领长期跟随安禄山，地位与史思明相当，所以当更小一辈的史朝义成为大燕的一把手后，这些将领自然不会理会这个初出茅庐的小辈。面对他的召集，多数人选择视而不见。此时大燕内部只是表面上的君臣关系，没有人真心为史朝义卖命。

　　大燕经过这样一场动乱，内部四分五裂，实力大为削弱。如果当时唐廷内部能够团结起来直捣范阳，可能安史之乱会就此平定，但历史没有假设。双方就是在这样各种问题此起彼伏的情况下，将战争继续往后拖延，而受到战争影响最大的就是无辜的百姓。此时洛阳城周围数百里被战火摧毁，州、县均成为丘墟。史朝义见此时内部消耗过大，便放弃了之前西进的计划，将战略重心转移至东南方向。

二、镇抚军乱

　　史朝义将战略重点转移至东南方向后，上元二年（761）四月二十一日，青密节度使尚衡击败史朝义的军队，并斩首5000多人。两天后，兖郓节度使能元皓再胜史朝义的部队。与此同时，唐军对燕军的后方也发起了进攻。五月十四日，平卢节度使侯希逸击败了史朝义的范阳部队。这样的战况也让唐廷调整了之前将主要兵力用于京畿防御的策略。李光弼先于五月五日从河中返回朝中，很快唐廷又任命他为河南副元帅、太尉兼侍中，都统河南、淮南东西、山南东、荆南、江南西、浙江东西八道行营节度，南下镇守临淮郡，这是唐廷根据叛军主攻方向变化做出的一次调整。

　　虽然唐军前线持续告捷，后方却出了乱子。四月二十八日，梓州刺史段子璋造反。段子璋骁勇善战，跟随玄宗在蜀地有功，东川节度使李奂上奏请求更换段子璋，导致段子璋心生不满向李奂进攻。经过遂州的时候，刺史虢王李巨慌慌张张地用郡礼迎接段子璋，却被杀掉。李奂也很快战败，向成都逃亡。段子璋此时嚣张到了顶点，开始谋划自立为王。他自称梁王，改元黄龙，设置绵州为龙安府，并设置百官，攻陷剑州。看似声势浩大的段子璋叛军很快就暴露出实力不济的问题，待唐廷缓过神来便迅速打击了段子璋的气焰。五月十一日，西川节度使崔光远与之前逃到成都的东川节度使李奂联合起来进攻绵州。仅仅用了 5 天时间，十六日，段子璋的叛军便被击败，自己也被唐军斩首。

　　短暂的西南叛乱被平定后，唐廷内部又恢复了稳定。此时大宦官李辅国借助肃宗的权力在朝中肆无忌惮，积极谋求更多外朝职务。八月一日，之前担任开府仪同三司的李辅国被任命为兵部尚书，从而将他的军权以职务方式固定下来。几天后，李辅国前往兵部就职，朝中的诸位宰相都前往送行，仪式十分隆重，宴会是由宫中的御厨亲自掌勺，太常寺提供音乐，这种礼仪远远超过了标准。但肃宗也视若无睹，李辅国在纵容之下甚至开始向皇帝寻求成为实际的宰相。但肃宗也明白让李辅国成为实际的宰相会侵害自己的君权，因而回应道："按照你的功劳，什么官当不了呢？只不过你在朝中尚未有这种声望。"肃宗实际上是在提醒李辅国：你作为一个宦官，即便权力再大，也不能成为国家的实际宰相，就老老实实地听命于皇帝吧。但李辅国并未死心，他私下找到仆射裴冕希望他能够推荐自己成为宰相。肃宗也私下对萧华说："我知道李辅国在各处寻找他人推荐自己为宰相，如果各位真的上表推荐，我将不得不任命他为宰相了。"萧华听完皇帝的意思后出来问裴冕，裴冕说："从来就没有那回事，即便让我的胳膊断了，宰相的职位也绝不能让他得到！"萧华了解裴冕的意思后，便告知了肃宗，肃宗听后十分高兴，萧华就此成为李辅国的眼中钉。

再说战争前线，李光弼得到新的任命后，于八月十七日到了河南行营，积极筹备新一轮的作战。除了进行对河南地区的重新部署外，对西北地区的防务也做了一定调整：任命殿中监李若幽为镇西、北庭、兴平、陈郑等节度行营及河中节度使，镇绛州，以弥补李光弼调走之后的职位空缺。调整后唐军实力得到了增强，上元二年（761）建子月（十一月）十七日，神策节度使卫伯玉攻史朝义，拔永宁，破渑池、福昌、长水等县。建寅月（一月），重回河南的李光弼带军击败燕军，收复许州，并活捉燕军将领李春。史朝义立刻派将领史参前往河南救援，但再次被李光弱击败。此时之前同范阳叛军相持数年的平卢节度使侯希逸因救援物资和援军长期不能送达，加之被奚部侵扰，只能带着2万多人进攻李怀仙，随即向南进发。二十八日，平卢节度使侯希逸从青州北渡河，同田神功、能元皓在兖州会师。这也是唐廷在看到无法迅速攻下叛军大本营的情况下，将主力部队重新部署从南面进攻，意图打开新的局面。

长期的战争已经让一些地区的将士们出现了疲劳倦怠的想法，加之唐廷国土连年遭遇战争的侵害，无法按照时令耕种，导致粮食产量和经济发展持续停滞甚至下降，精壮劳动力被拉去服兵役，农耕乏人，再加上天灾不断，使得一部分百姓成为流民，聚集在山上成为盗贼，四处作乱，一些州县拿他们完全没有办法。

对于唐廷的部队来说，长期缺粮状态下持续作战必然会出现严重问题。王思礼曾经担任河东节度使，河东是物资储备十分丰富的地区，除了军队物资供应外，每年还能够积攒百万斛的粮食，还能出50万斛供应京师。但当王思礼去世后，管崇嗣接替担任河东节度使，但他管理政务十分宽松，不到数月，河东的物资储备便消耗殆尽，只剩万余斛陈腐大米。肃宗听到这个消息后，派邓景山接替他。邓景山到了之后，核查物资进出情况，发现将士们都多有隐藏物资，所以十分害怕。邓景山以严厉的措施对待这些将士，有一名将领按照军法当被处死，诸将替他求情，但没有什么用；他的弟弟想要代替哥哥去死，也不被允许；还有的请求用一匹马来赎罪，这才被答应。诸将看到这种情况后十分气愤，大怒道："我们竟然还不如一匹马吗？"于是动乱爆发，叛乱的将士们将邓景山杀害。肃宗获悉这件事后，以邓景山安抚将士没有章法导致叛乱为由，不仅没有追究这些叛乱士兵的责任，反而派出使者安抚将士。之后诸将请求让都知兵马使、代州刺史辛云京为节度使。辛云京接到任命后，上奏请求由张光晟为代州刺史弥补自己走后的空缺。

除了河东爆发军乱外，其他地区也有类似情况。朔方等诸道行营都统李国贞看到这样的情况便持续向朝廷汇报，但朝廷并不能及时解决这些问题，导致军中怨声载道。军队中有一名叫王元振的将领实在忍不下去了，便筹划军乱，假造令文对将士们说："第二天要修都统的宅子，各位都带上工具，在门口等着就行。"士兵们听到这样的消息群情激愤，毕竟长时间吃不饱，又成天打仗，现在还要给领导修宅子，这完全是没有任何道理的事情。士兵们大嚷道："我们朔方健儿怎么能成为给别人修宅子的人呢！"于是，王元振率领士兵造反，烧毁牙城门，李国贞从狱中逃走，王元振将他捉住，并将士兵的饭置于李国贞面前，说道："就吃这个还怎么能指望他们干活呢！"李国贞说："压根没有修宅子这样的事情，军中的伙食我屡次向朝廷反映都没有被批准。"众人听完不知道如何回应，便打算退回去。王元振说："今天的事，何必再问呢？都统如果不死，那我等就会被杀。"于是拔出刀将都统杀掉。镇西、北庭行营兵驻扎于翼城，属于绛州地区，也响应行动，将节度使荔非元礼杀掉，并推举部将白孝德为节度使，朝廷没办法只好顺水推舟，遂了将士们的心愿。

除了发生军乱，军镇内部和不同军镇之间也出现了混乱，导致地方官员勾心斗角，职位更换频繁。肃宗召山南东道节度使来瑱到长安，可是来瑱在襄阳过得很舒心，并且将士们也十分爱戴他。来瑱知道此次回京是要他更换职位，所以他便让手下将吏上表求情让他继续留任。当他到达邓州时，朝廷命令他马上返回襄阳，可见将士们上表奏效了。这件事让其他地区的节度使心生非议，荆南节度使吕𬤇、淮西节度使王仲昇对宫中派出的宦官说："来瑱收买将士，时间久了可能难以制衡。"肃宗听到这样的话自然十分担忧，于是便将山南东道中的商、金、均、房等州划分出来另外设置观察使，让来瑱只负责余下六州。

这次权力被削弱让来瑱十分恼火，因此跟其他军镇首领产生了矛盾。建卯月（二月）十八日，淮西节度使王仲昇同史朝义的部将谢钦让在申州城下作战，此时谢钦让围攻王仲昇数月，来瑱因与王仲昇有矛盾不去救援，直接导致王仲昇被俘，这让整个淮西镇都极为震撼。此时侯希逸、田神功和能元皓进攻汴州，史朝义让谢钦让赶去救援，这才让淮西镇没有遭到进一步损失。而来瑱部队内部关系也出现了裂痕。行军司马裴茙想要夺取来瑱的职位，所以偷偷上表告发来瑱难以管制，请求朝廷派兵攻打来瑱，肃宗听后深表赞同。肃宗任命来瑱为淮西、河南十六州节度使，表面上看这是对他的恩宠，实际上是打算处置他。肃宗秘密发文让裴茙代替来瑱为襄、邓等州防御使。

从这两次军乱可以发现，唐廷中央对地方将士爆发的军乱基本上睁一只眼闭一只眼，既不处罚叛乱将士，又基本听从地方将士们的诉求。这种处理措施也从侧面反映出唐廷中央对地方的管控力度相较于过去已经微弱很多，基本以团结稳定作为处理地方叛乱的出发点。但这种绥靖政策并不能完全消除兵乱，所以各地不断出现兵乱，唐廷也越发担心各地的不利形势会造成更严重的后果。

绛州军乱导致唐廷的部队到处劫掠，朝廷十分担心这支部队会与太原的部队联合起来一起投降敌军，这样会让整个东部战场十分被动，局面不是一般的将领能够稳定的。此时唐廷终于想起还有一名重臣被雪藏，而他的声望足以快速稳定地方动乱。建卯月（二月）二十一日郭子仪被任命为汾阳王，兼任朔方、河中、北庭、潞泽节度行营兼兴平、定国等军副元帅。这次任命一下子又让郭子仪重新掌握了军权。他一上任便着手平定各地军乱，调拨长安 4 万匹绢、5 万端布以及 6 万石米给绛州军队。

此时肃宗已经病重，群臣中没有能够进宫看望皇帝的。建辰月（三月）十一日，郭子仪在出发前上奏请求皇帝说道："老臣此次接受任命，可能会死在京外，临行前不见陛下一面可能会死不瞑目。"肃宗便将他召入宫中，对他说："河东的事情，我就全部委托给你了。"郭子仪重回部队对唐军来说是个令人振奋的好消息，对叛军来说则是一个噩耗。所以当史朝义派兵围攻泽州的李抱玉，郭子仪带领定国军前来救援后，史朝义部队立即撤退。但没几天又再次围攻，此时泽州刺史李抱玉战斗力大为增强，迅速在城下将史朝义的部队剿灭。

之前李国贞与朔方军不和，王元振带头作乱。建巳月（四月）下旬，郭子仪到达绛州，王元振以为这是他的功劳，便沾沾自喜。可没想到郭子仪一上任便说："你们与敌军接壤，谋害主将的时候，如果敌军趁此时进攻的话，绛州必定不保。我作为宰相，怎么能够接受因私情不顾国法的士兵呢？"五月二日，郭子仪将王元振及其同谋 40 人全部抓捕并处以极刑。其他参与作乱的士兵看到领头的人被处理，十分害怕会殃及自己，所以企图再次作乱。此事被郭子仪第三子郭晞知道，便挑选了 4000 名精锐士卒，提前让他们知道怎么做才是大义，并亲自担任他们的统帅，以防不测。为了保证郭子仪的安全，郭晞亲自站岗，连续 7 个夜晚没有睡觉，那些谋划作乱的士兵根本没有办法图谋不轨，作乱之事也就不了了之了。

这种做法给了其他因军乱更换新帅的军镇以借鉴，新任河东节度使辛云京听说后，立即效法郭子仪，将之前作乱杀害邓景山的数十人全部严惩。自此之后，河东诸镇的将士都谨遵国法，不敢再作乱了。

这次郭子仪的及时复出让唐廷各地难以抑制的军乱得到暂时的缓解，但从郭子仪平定军乱后仍有部分士兵意图报复的情况可以看出，此时骄兵悍将难制的局面已经出现，这对唐廷自然不会是一个好消息。后世史家将郭子仪以严厉措施对付河东镇的军乱同仆固怀恩分割河北诸州给田承嗣等地方武官的做法对比，后者导致了唐代中晚期的藩镇之乱，之所以出现不同的结果主要是用人不谨慎导致。诚然这是一种导致不同局面的因素，但归根到底原因还是在于唐廷经历了长期战乱，对地方局势的控制已经减弱，无法用强有力的措施约束地方。郭子仪之所以能够成功，一方面在于他的个人声望，另一方面在于他身边有一批可以信赖依靠的帮手。这种优越条件可不是每一个唐廷的大臣都具备的，自然也就不能将产生问题的因素归于个人素质了。就在唐廷的地方局势出现转机的时候，唐廷中央则爆发了动乱，玄宗和肃宗先后去世，争夺中央权力成为斗争焦点，而平定叛乱在此时则显得并不是那么重要了。

三、代宗即位

就在郭子仪见完肃宗后的不到一个月，上元三年（762）建巳月（四月）五日，太上皇于神龙殿驾崩，享年78岁。开创唐朝开元盛世的唐玄宗就这样告别了他苦心经营数十年的大唐。在他统治时期，唐朝达到了鼎盛阶段，同样是在他统治时期，唐朝陷入了连年的内战。唐玄宗也经历了国家由盛而衰，从整日声色犬马的生活进入朝不保夕的逃难岁月。今天，我们无法体会玄宗经历如此剧变后的心境，但至少可以知道他应该是一个十分豁达的人，毕竟经历如此变故，仍能够坦然接受，内心必定十分坚强，能够包容一切。在玄宗去世后的第二天，肃宗便将自己的办公地点迁到了太极殿，此时他也身体抱恙，所以只能在大明宫的寝殿举行悼念仪式，让群臣在太极殿中悼念太上皇。400多名蕃官劗面割耳，以表悲戚，以示诚心和决心。七日，任命苗晋卿摄冢宰，负责玄宗丧葬仪式。大宦官高力士遇到大赦，结束流亡生活到达朗州，此地距离长安还有2259里，他听到玄宗去世的消息后，痛苦大哭，最后吐血而亡，足见他对玄宗感情之深。他在玄宗身边数十年，兢兢业业地服侍皇帝，虽有很大权力，却并不做任何逾越的行为。相较于唐廷中晚期乱政的宦官，高力士算是一个知大义、重感情的宦官了。

肃宗此时身体状况已经很不乐观，从仲春时就开始抱病不起，当听到太上皇驾崩的消息后，哀伤思念，病情一下子恶化。此时肃宗已完全无法处理国家大政，因而命太子监国。随后改元宝应，重新恢复建寅为正月，月数按照过往的情况计算，并大赦天下。朝中因如此剧变已开始暗流涌动，张皇后和李辅国对于皇权开始跃跃欲试了。

张皇后和李辅国在肃宗朝便一内一外，专权蛮横，到了晚年，两人之间有了嫌隙。内飞龙厩副使程元振此时依附李辅国，肃宗病重后，张皇后召见太子说："李辅国长期管理军队，中央文书都经他送出，并且他擅自逼迫太上皇迁宫，这可是大罪，他所忌惮的只有我和你。如今皇帝已是弥留之际，李辅国私下里与程元振谋划叛乱，必须要及时诛杀。"太子听完哭泣道："陛下病情严重，李辅国和程元振都是陛下的功勋旧臣，一旦不告知就将他们处死，一定会让皇帝震惊的，我担心他承受不了这些。"张皇后回应道："这样的话太子就先回吧，我再仔细考虑一下。"太子出来后，张皇后召见越王李係说："太子仁爱柔弱，不能够诛杀叛徒，你能做到吗？"李係立即给予了肯定的回答。于是李係便命令内谒者监段恒俊选拔 200 名有勇力的宦官，在长生殿后面给他们发放武器。

十六日，张皇后借皇帝的名义召见太子。但没想到这个计划被人提前泄露给了程元振，程元振知道后觉得大事不妙，立即找到李辅国，随即便调动自己的部队在凌霄门等候。等到太子到了之后，便将此事告知了太子。太子说："肯定没有这回事，皇帝急切地召见我，我怎么能够怕死不去呢？"程元振说："江山社稷是大事，太子千万不要去。"但太子依旧不答应，既然劝说无效，便只能采取强硬的手段。程元振派兵将太子送到飞龙厩，并派士兵看着，实际上就是将太子软禁起来。这天晚上，李辅国、程元振带着卫兵，抓捕越王李係、段恒俊和知内侍省事朱光辉，并借太子的名义将张皇后迁到别的宫殿。当时肃宗住在长生殿，使者逼迫张皇后离开大殿，连同皇后身边数十人全部被关在后宫中。此时宫中的宦官宫女都十分害怕，四散逃亡。

十八日，肃宗驾崩，享年 52 岁。没有了皇帝的约束，宫中一片混乱。李辅国下令将张皇后、越王李係和参与密谋的兖王李僴全部处死。之后李辅国才带着太子穿着素服在九仙门和宰相相见，告知太上皇驾崩以来宫中的变故，伏地哭拜。太子这才开始行使监国的权力。十九日，太子在两仪殿为肃宗发丧，并宣布遗诏。二十日，皇太子李豫正式登基，是为日后的唐代宗。这次即位很显然不是一次顺利的权力交接，而是通过宦官主导的宫廷政变完成的，由此也开启了唐廷中晚期宦官对于皇位继承的干预。

　　纵观此前唐代皇位继承，除了唐高宗李治是顺利继承，其他皇帝继位全部与政变有关。唐太宗李世民发动玄武门之变成为皇帝；中宗李显和睿宗李旦第一次即位是在武后的操控下，没有任何权力；神龙政变，唐中宗李显复位；唐隆政变，唐睿宗李旦复位；先天政变，唐玄宗李隆基铲除太平公主等势力取代睿宗成为皇帝，而睿宗则成为太上皇；安史之乱爆发后，肃宗李亨也通过混乱于灵武登基，玄宗则成为太上皇；代宗李豫通过宝应政变成为皇帝。可见唐代的皇位继承大部分并不顺利，而这也与皇权掌控的方式有直接关系。之前讲到唐代前期皇权增强的过程中，就有通过削弱外朝权力加强君权的方式。但持续强化的君权势必让皇帝不堪重负，因而皇帝会将部分君权让给内朝的女主或者宦官，而在女主政治被判了死刑之后，宦官则成为分享君权的唯一一股力量。肃宗在位时尚能对宦官们进行一定制约，当他去世后，掌握禁军权力的宦官对宫中政治产生直接影响。加之太子力量在玄宗朝已被过度削弱，所以之后太子一直没有可以依靠的力量。所以当宦官发动政变时，基本上处于所向披靡的状态。这也就是张皇后想要提前诛杀宦官但反被杀害的重要原因。

　　拥立新帝登基让李辅国有了至高无上的地位，变得更为骄横。李辅国甚至对代宗说："陛下只管住在宫内就行，外面的事情我来处理即可。"这种话皇帝听了自然不会舒服。代宗并非无能之辈，他也认识到宦官专政对于政权的危害以及对君权的恶劣影响。但此时李辅国掌控着宫中禁军，而自己的势力尚不足以铲除李辅国，所以他只好隐忍，等待时机。

四月二十六日，代宗尊称李辅国为"尚父"而不直呼其名，事情无论大小全都要事先征求李辅国的意见，群臣进出宫中都要先拜访李辅国。对于这些礼遇李辅国觉得理所当然，泰然处之。另一名发动政变的同党程元振被任命为从三品的左监门卫将军，并将之前被抓捕的张皇后一党知内侍省朱光辉和内常侍啖庭瑶、山人李唐等20余人流放黔中。五月四日，任命李辅国为司空兼中书令。一个宦官居如此高位，在整个唐代历史上绝无仅有。权力和地位都更为牢固的李辅国开始进一步打击政敌。五月十四日，元载为了获得提拔诬陷萧华，致使礼部尚书萧华被贬为峡州司马。之前萧华阻止过李辅国担任宰相，所以元载的行为遂了李辅国的意。十八日元载便被任命为宰相，足见李辅国在朝中举足轻重的地位。此时李辅国的权势达到顶峰，这也让他的同党程元振十分嫉妒，想要将李辅国的权力夺过来。程元振此时担任飞龙副使，只掌管着部分禁军，李辅国为自己的领导，显然单靠自己无法办成此事，因此他密奏代宗请求对李辅国的权力加以限制。

这种想法正符合代宗的意愿，双方一拍即合，决定开始处理李辅国。

六月十一日，代宗下诏解除李辅国行军司马及兵部尚书的职务，很快让程元振担任判元帅行军司马，此举将李辅国外朝的军权交由程元振掌管，随后代宗将李辅国迁出禁中内宅，这一举措让朝廷内外官员都十分高兴。李辅国直到此时才有些害怕。他也许意识到自己的地位可能不保，因此以退为进，上表请求辞职。十三日，罢免李辅国兼中书令之职，加封爵位为博陆王。李辅国入朝感谢代宗时，愤愤不平地说道："我无法侍奉您了，请让我死掉侍奉先帝吧！"代宗听完安慰了一下，便让他走了。自此之后，代宗掌握了朝中大权，李辅国则彻底退出了权力核心。可他毕竟还活着，代宗想到之前在东宫时，便因李辅国专政心中十分愤恨，继位后，又由于李辅国有拥立之功，没有办法彻底铲除他，心里很是不爽。然而十月十七日夜晚发生的一件事终结了代宗内心对李辅国所有的不满。这天夜里，一个飞贼闯入了李辅国的家中，将他杀死，砍下他的头颅扔进茅厕中，砍下他的一只胳膊献祭玄宗泰陵。朝廷内外均不知道这件事是谁干的。不久，杭州刺史杜济向人提起一位牙门将声称自己就是杀害李辅国的人。毕竟李辅国生前地位显赫，朝廷也没有给他定罪，所以他被杀后，代宗还派使者去李辅国家。由于李辅国头颅被砍，所以还给他刻了一个木制脑袋从而保证他全尸安葬，并追赠其为太傅，也算是体面地结束了这位权宦的一生。

另一位宦官程元振靠着扳倒李辅国上位，于九月十九日被任命为骠骑大将军兼内侍监，此时程元振对于权力的掌握相比于李辅国来说并未有多少减弱。左仆射裴冕担任山陵使时，因在议事过程中与程元振有不同观点，便被贬为施州刺史。想想看，一个当朝宰相因得罪了一个宦官就被贬到外地，唐廷中央政局是有多么的混乱不堪呀！除了排挤宰相，程元振对郭子仪也有所行动。

四、陈情新帝

在政权交接时，郭子仪正在军中谋划着平定大业，此时前线战事丝毫没有受到宫中政局变化的影响，将领们各司其职保卫着大唐的领土。

重新回到军队中的郭子仪在宫中政变之际身处前线，没有采取任何军事行动。八月二十三日，郭子仪在平定完河中军乱后回到朝中，这也是代宗登基后郭子仪第一次入朝觐见。郭子仪再度掌控军权让程元振十分担心，于是他在代宗面前进谗言诋毁郭子仪。

长期身处高位的郭子仪面对诋毁时显得异常平静，或者他早已意识到这一天迟早会到来，就像当初被鱼朝恩进谗言一样。虽然郭子仪对这件事已有心理准备，但他心里对这种宦官弄权的行为十分痛恨，可他也不能直言反对，只好主动上表请求解除副元帅、节度使等职务。代宗允许了他的请求，为了安抚他的情绪，加食封700户，并让他居住在京城，担任肃宗山陵使。

重新回到家中的郭子仪并未像上次一样安心休息，反而担忧新帝刚刚登基就要面临宦官专权的问题，他害怕大唐要亡于宦官之手。郭子仪从家中找出肃宗、代宗给他的诏敕并加以整理，写成了一篇陈情书，表达自己对于新帝的期待和自己畏惧谗言的苦衷。陈情书开篇便叙述了自己平定战乱的功绩，接着谈到自己跟随尚为太子时的代宗征战沙场的经历，继而对代宗为政提出了期望，接着提到代宗曾经给自己1000余篇诏敕，这些虽然是表彰自己的功绩，但也早已成为子孙后代的传家宝，最后奉上20卷由自己编撰整理的手诏敕书给皇帝。

代宗看到郭子仪的这份陈情书和其编撰的诏敕文后，想到自己与郭子仪同患难，收复两京，自感愧疚，下诏回应道："我不德不明，让您忧虑疑惑，这都是我的过错。我自感愧疚，请您不要再有什么疑虑了。"当时史朝义还占据着洛阳，因而平叛大业还要继续进行。十月的时候，代宗任命雍王李适为天下兵马大元帅，带兵东讨。此时郭子仪赋闲在家，代宗便想重新起用他为副元帅，可由于程元振和鱼朝恩毁谤、乱政，代宗便打消了这个念头，郭子仪只得继续留在京师。而这次留任可能造成郭子仪终身的遗憾，毕竟长期征战沙场的他错过了亲手终结安史之乱的机会。

五、安史乱平

宝应元年（762）十月十六日，代宗皇帝任命李适为天下兵马大元帅。之前郭子仪因为受到宫中太监的阻挠，没能成为副元帅。这下，仆固怀恩抓住机会，成为未来皇帝平叛的副手。同时，御史中丞药子昂、魏琚被任命为左右厢兵马使，中书舍人韦少华为判官，给事中李进则为行军司马。他们和各道节度使以及回纥的将士在陕州会合，一起向史朝义发起了总攻。

雍王李适到了陕州后，便去慰问回纥可汗。可汗驻扎在河北县，李适带着几十个骑兵北渡黄河去见他。可汗态度很傲慢，责怪李适没行拜舞礼（这是古代朝拜的礼节，即下跪叩首之后舞蹈而退），药子昂反驳按礼仪不需要行拜舞礼。回纥将军车鼻觉得唐朝天子跟可汗约做兄弟，所以可汗是雍王的叔父，为什么不能行拜舞礼呢？药子昂回答说，雍王是皇帝长子，还是元帅，中原的储君怎么能向外族可汗拜舞呢？而且玄宗和肃宗都还没安葬，更不应该行拜舞礼。

双方争论了许久之后，车鼻倚仗着自身的强大实力，各打了药子昂、魏琚、韦少华、李进100鞭子。当时，雍王李适年纪尚小，不懂事，就被送回了营地。魏琚、韦少华因为伤重，不久就去世了。如果此时郭子仪在场，是否还会出现这样的结果呢？郭子仪更不知道，雍王李适经历了如此屈辱后，自己曾经苦心经营的大唐与回纥关系，在李适登基后被完全改变了。

虽然双方发生了不愉快，但大唐与回纥的军事行动还是按照之前的计划照常进行，能够在如此短的时间内由争执到合作，很难说赋闲在家的郭子仪没有起到一定作用，毕竟回纥还是很认可郭子仪的。十月二十三日，各路军队从陕州出发，仆固怀恩和回纥左杀（回纥的左翼长官）为先锋，陕西节度使郭英义、神策观军容使鱼朝恩断后，从渑池进发；潞泽节度使李抱玉从河阳出发；河南等道副元帅李光弼从陈留出发；雍王李适则被留下守陕州。二十六日，仆固怀恩等人的部队到达了同轨。各路大军会集在一起，就等着最后的总进攻了。

史朝义听说唐军要来，就叫手下商议对策。阿史那承庆说："如果唐军只有汉人，我们就全军出击；如果是跟回纥兵一起来，我们就退到河阳，避开他们的锋芒。"可史朝义不听。二十七日，唐军到了洛阳北郊，分兵攻怀州，第二天就把怀州打下来了。

三十日，唐军在横水列好阵。叛军聚集好几万人，立起栅栏，守住营地。仆固怀恩在西原列阵，准备迎战。唐军则派骁骑和回纥兵绕到叛军营地东北，两边夹击，把叛军打得一塌糊涂。史朝义见状，就带 10 万精兵前去救援。他们在昭觉寺摆好阵。唐军看叛军还没稳住，就急速进攻，杀伤不少敌人，但叛军的阵形丝毫没有变化。鱼朝恩又派 500 名射生兵拼杀，杀伤不少叛军，可叛军阵形还是没动。镇西节度使马璘看不过去了，如果再这样下去势必会打消唐军士气，于是大喊："情况已经很危急了！"然后骑马冲过去，夺了两个叛军的盾牌，在敌阵中来回冲杀。叛军看到他那么勇猛，开始慌了。唐军看到马璘如此勇猛，便一齐冲进敌军阵中，杀声震天，把叛军打得落花流水。之后，他们又转战石榴园、老君庙，叛军又一败涂地。战斗中，人马互相践踏，死伤的士兵填满了尚书谷。唐军这一战，杀了 6 万敌军，俘虏了 2 万人。史朝义带着几百名轻骑逃跑了。

　　仆固怀恩趁此机会，带领军队向东京和河阳城乘胜追击，轻而易举地将叛军的中书令许叔冀、王伷等人抓了起来。仆固怀恩让回纥军队在河阳安营扎寨，然后派他的儿子右厢兵马使仆固玚和朔方兵马使高辅成带领 1 万多名步兵和骑兵，乘胜追击史朝义。到了郑州，唐军再次大获全胜。史朝义又逃到汴州，但是叛军的陈留节度使张献诚却紧闭城门，不让他进城。没办法，史朝义只能再向濮州逃跑。等到唐军赶到，张献诚打开城门投降了。

回纥军队在帮助唐军平叛后，一进入东都洛阳就开始大肆杀戮和掠夺，导致数万人惨遭横祸，城中大火烧了十多天都未熄灭。除此之外，唐廷的朔方军和神策军也将东京及郑、汴、汝州等地视为叛军驻守的区域，肆意抢掠，直到三个月后这场劫难才宣告结束。城中的房屋全部被洗劫一空，城中的百姓在寒冷的冬季甚至都没有衣服穿。更为可恶的是，回纥士兵竟然将抢掠的宝货全部运送至河阳，还留下将领安恪守护。这种野蛮行径真是让人忍不住要骂，难怪后世史家评价回纥军队"于国之功最大，为民之害亦深。"

十一月二日，唐军再次夺回东都洛阳的消息传遍了整个朝廷，举国为之一振。接下来，唐军的主要目标就是要将叛军的残兵一网打尽。此时史朝义仓皇逃往濮州北部，企图渡过黄河，但被仆固怀恩率领的唐军穷追不舍。或许是长期跟在郭子仪身边，此时仆固怀恩如有神助，一路势如破竹，不仅攻陷了滑州，还向卫州发起了猛攻。叛军睢阳节度使田承嗣率领4万多士兵与史朝义会合，意图对抗唐军，但最终被仆固场击败。唐军一路长驱直入，抵达昌乐东部。史朝义又集结魏州的军队前来迎战，却再次被唐军击败。在史朝义屡战屡败的阴影下，叛军士气跌至谷底，各地叛军将领纷纷见风使舵，投降唐军。

邺郡节度使薛嵩率领相、卫、洺、邢四州向陈郑、泽潞节度使李抱玉投降，恒阳节度使张忠志则率领赵、恒、深、定、易五州向河东节度使辛云京投降。由于唐军中缺少了郭子仪，导致实力壮大后的新兴势力如李抱玉和辛云京等企图进一步扩张势力。他们很自然地将矛头指向如日中天的朔方军，于是上表奏报朝廷仆固怀恩有异心。唐廷在经历了一系列重大动荡后，对任何可能出现的危机都有所忌惮，所以也暗自酝酿防备措施。仆固怀恩感受到了氛围的异样，上疏为自己辩解。代宗为了维护大局，慰勉仆固怀恩。可是嫌隙一旦出现便很难弥补，所以此事也成为仆固怀恩日后起事的导火索。

十一月六日，代宗颁布了一项声明："对于在东京以及河南、河北地区的接受伪官的人员，一概不予追究。"二十二日，皇帝又任命张忠志为成德军节度使，让他统领恒、赵、深、定、易这五个州，并赐给他"李宝臣"这个名字。实际上，这是对仆固怀恩之前任命安史伪官继续留任当地节度使做法的一种肯定。而在京城的郭子仪也对仆固怀恩平定河北的行动表示极高的赞赏，甚至还请求将自己的副元帅之职让给仆固怀恩。这一想法很快便得到落实，二十四日，唐廷正式任命仆固怀恩为河北副元帅，同时授予他左仆射兼中书令，单于、镇北大都护，朔方节度使等重要职务。这应当是唐廷安抚朔方军，并要将平叛大业进行到底的有力措施，毕竟唐廷想要彻底平叛，也只有朔方军值得依靠。

在被敌人一路追击的过程中，史朝义狼狈地逃窜至贝州，并与大将薛忠义成功会师。然而，仆固玚一路追击至临清。史朝义从衡水带来的3万士兵气势汹汹地向唐军发起了进攻，结果却被仆固玚提前设下的埋伏击败，伤亡惨重。

与此同时，回纥军队也赶到了，唐军的士气变得更加高涨。他们乘胜追击，在下博东南与叛军展开了一场激战，叛军再次遭受重创，战死的士兵尸体顺着河流漂浮，场面十分惨烈，史朝义只得再次逃亡。仆固怀恩命令都知兵马使薛兼训、兵马使郝庭玉与田神功、辛云京在下博会合，对史朝义的叛军形成包围之势，共同围攻莫州，青淄节度使侯希逸很快也率领军队赶到了战场。

史朝义在这个阶段的战绩十分惨烈，每场战斗都惨遭失败。这个现象引起了田承嗣的关注，他觉得大事不妙，表面上与史朝义商量对策，但实际上则是为自己寻求新的出路。他建议史朝义亲自出面，赶往幽州调兵遣将，然后回来救援莫州，自己则留在莫州主持大局。史朝义竟然天真地接受了他的建议，并亲自挑选了5000名精锐骑兵，从北门冲出重围。史朝义离开后，田承嗣迅速开城门投降，他将史朝义的母亲、妻子和孩子押送到了唐军大营。仆固玚、侯希逸、薛兼训等人率领3万士兵继续追击史朝义至归义，两军交战后，史朝义再次落荒而逃。

之前叛军范阳节度使李怀仙，一面通过唐廷的使者骆奉仙跪求投降，一面还派兵马使李抱忠带领 3000 名士兵镇守范阳。史朝义到范阳后，被无情地拒之门外。在这种情况下，他仍旧派人告诉李抱忠要调兵去救莫州，还晓之以君臣大义，希望李抱忠服从他。可李抱忠回道："上天不保燕，唐室终将回春。我们已经投降，怎么可能反复无常呢？我耻于用诡计捉你，你就快滚吧！再说田承嗣已经投降，要是他还反抗，唐军怎么可能追到这里呢？"史朝义听后吓得直哆嗦，说："我今天一整天没吃饭，能给我顿饭吃吗？"李抱忠念在曾经的情分上，立马让士兵把饭菜送到城东。范阳人中曾在史朝义麾下的见到史朝义都礼貌地行礼告别，史朝义见这悲惨的场面，只有默默流泪。

吃完饭后，史朝义带着他的骑兵小队开始了漫长的东行，目的地是广阳城。然而，守城军队紧闭城门，他们没有别的选择，只好掉头向北寻找活路，希望能够逃往奚部和契丹那里。可当他们一路狂奔到了平州石城县东北的温泉栅时，李怀仙的追兵已经提前赶来，这一次史朝义无路可逃，无奈之下只能选择在树林里自杀。李怀仙取下了他的头颅，将它献给了仆固怀恩。

宝应二年（763）正月三十日，史朝义的头颅被送至京城。这场持续七载余三个月的安史之乱，终于在这一刻圆满结束。尽管我们不能从史书中找到详尽的记录，但我们可以确信，郭子仪在得知这一喜讯时必定是欢欣鼓舞，他对自己一手培养的将领与军队的自豪感必定油然而生。虽然郭子仪并未亲自参与到这场决战的最后阶段，然而他麾下的朔方军以及众将士都将他那坚定的平乱决心和英勇气概带到了战场上，并最终将胜利收入囊中。然而，唐王朝却未能享受到太多和平的喜悦。激烈的战斗即将接踵而至，我们的主角郭子仪将在职业生涯晚期再次踏上新的征程，迎接新的挑战。

第九章

捍卫京畿

　　安史之乱平定后的唐朝并没有迎来一段和平发展阶段，而是接连遭遇少数民族入侵和内部叛乱。尤其是京畿地区多次遭遇险情，继安史之乱唐朝首都被攻破后，代宗时，长安城再一次被吐蕃攻占。郭子仪重回战场，带军再次收复长安。继之平定安史之乱的大功臣仆固怀恩发动叛乱，郭子仪再度披挂上阵。这一次，郭子仪将再度扶大厦之将倾，拯大唐于水火。

　　随着仆固怀恩叛乱被平定，曾经一度帮助唐廷平叛的回纥看着大唐逐渐没落，也变得越发嚣张，郭子仪利用自己的威望使回纥退兵，但这毕竟不是长久之计，大唐与回纥之间的关系越发微妙，唐廷没有了强大的实力，便只能靠财政维持与回纥的表面和谐。此时郭子仪虽然年逾古稀，但丝毫没有表现出任何疲态，带兵打仗依旧风采如初。

一、再复长安

在唐朝的对外关系中，吐蕃始终占据着重要的地位。一方面吐蕃有着强大的实力和辽阔的地域，时刻威胁着唐朝的西南边疆；另一方面在双方保持着友好交往的时候，文明互鉴极大促进了双方的政治经济文化发展，这也让唐廷西南地区的各方部族安分守己。但到了唐代宗朝，与吐蕃的关系出现了急剧恶化，双方战乱频仍，这也让刚刚平定安史之乱的大唐再次深陷战争的苦恼。

纵观唐蕃关系，和平与战争交替进行。

吐蕃崛起于青藏高原，擅长骑射，英勇善战。根据考古发掘，至迟距今4000年以前，藏族的先民就已经在今天的西藏地区创造了多种类型、极具特色的物质文明。距今大约2000年前，一些羌族部落开始南迁到今天的西藏地区，并与当地人民融合，逐渐形成了吐蕃族。据藏史《贤者喜宴》记载，在聂赤赞普之前，西藏先后经历了"十二小邦"和"四十小邦"割据的时期，后来在聂赤赞普的努力下，由不同部落各自为政的状态进入了部落联盟的阶段，聂赤赞普也成为第一位部落联盟首领。

　　吐蕃有明确可查的历史始于松赞干布，629 年，松赞干布继位成为赞普。随后，他便将统治中心从山南迁往逻些。此地位于拉萨河下游谷地，气候宜人，物产丰富，适合农牧业的发展。有了强大的物质基础，吐蕃开始向外扩张，逐步征服了周边的苏毗、羊同等部落。随后在大臣禄东赞的辅佐下，松赞干布于 633 年以逻些为都城，正式建立吐蕃王朝。随着进入王朝时代，吐蕃开始与周边部落首领通过订立盟约的方式确立统属关系，吐蕃与周边部落一年进行一次小规模的会盟，用羊、马、猕猴作为祭品；三年举行一次大会盟，用人、马、牛、驴进行祭祀。除了与周边保持稳定关系，松赞干布还制定了法律，建立官制和军制，并且创立文字、历法以及关于土地、畜牧、度量等制度，从而使吐蕃成为以赞普为中心的奴隶制政权，并且号称有"十万精兵强将，是一个强大的国家"。

　　由于吐蕃是在高海拔地区，虽然地域辽阔，但生存环境极为恶劣。藏南谷地气候湿润温暖，适合农业发展，而畜牧业则完全听天由命，冬春季节常因极寒天气造成牲畜大量死亡。正所谓"家财万贯，带毛的不算"。正因为常年生活在这种气候条件下，资源便显得极为珍贵，这也造就了吐蕃人骁勇善战的风格，成年男子皆为战士。并且整个民族崇尚战死，甚至战死者的子孙还会受到本部落其他成员的崇敬。

唐太宗统治时期，唐与吐蕃开始建立联系。贞观八年（634），松赞干布派遣使者入唐通好，唐朝也派使者进入吐蕃回访。贞观十四年（640），唐太宗答应吐蕃"和亲"的请求，宗室女文成公主嫁入吐蕃，这也是唐蕃友好关系的开始。松赞干布在玛布日建造了举世闻名的布达拉宫，以供文成公主居住生活。通过这次和亲，吐蕃在经济、文化等方面都受到了唐朝的深刻影响，双方初期的关系较为和谐。

等到高宗即位后，随着实力的强大，吐蕃向外发展的势头也在逐步增强。永徽元年（650），松赞干布去世，他的孙子继位，并由禄东赞辅佐小赞普。从此唐蕃关系开始出现转变。显庆元年（656）开始，吐蕃频频向东北进攻吐谷浑。龙朔三年（663）吐蕃出兵攻占吐谷浑，受唐朝支持的慕容诺曷钵和弘化公主率领数千人弃国逃至凉州。吐谷浑国土尽为吐蕃所据，其国覆亡。从此吐蕃占据了青海地区，直接威胁到唐朝的河西与陇右地区。咸亨元年（670），吐蕃军队向北越过昆仑山，大举进攻西域。四月，薛仁贵、阿史那道真率领 5 万军队出击，与吐蕃 40 万大军在青海湖南面的大非川展开激烈战斗，遭到惨败，全军覆没。吐蕃随之在西域占领了龟兹，并控制了天山以南广大地区。唐朝战败，直接导致安西四镇被废，在西域的控制范围只得向东缩至天山以东和以北地区。

唐廷面临这种局势，一开始采取的是绥靖政策，但随着吐蕃威胁的逐步增强，唐高宗决定开始反击，并发动两次大规模的战争。虽然均以失败告终，但唐朝在准备战争的过程中分别在湟水、黄河与洮水三河谷上的要地设置了河源、积石和莫门三支镇军。这些军队不仅有效地抵挡了吐蕃向东进一步侵扰，还将唐朝的防线向西推进了一大截。高宗朝设置的河源、莫门、积石军奠定了后来陇右节度的军事基础，也决定了安史之乱前唐蕃对抗的整体形势。

武则天掌权后，在西北地区设置了陇右诸军大使，其统管的军事区域较大，包括后来的陇右、河西与西域。但此时陇右诸军大使并非常设职务，而是在威胁加重时才会委派将领担任此职。中宗、睿宗时期唐蕃关系相对稳定和缓和，中宗朝，吐蕃再一次遣使求婚，唐朝以雍王李守礼之女金城公主入蕃和亲。等到了睿宗朝，吐蕃贿赂鄯州都督杨矩，请求将河西九曲赐给金城公主作为汤沐邑。吐蕃获得此地后，便设置洪济、大莫门等城并常年驻军，作为日后侵扰唐朝的前沿阵地，而这也成为之后玄宗朝唐蕃争端的导火索。

唐玄宗在位期间，李唐政权处于鼎盛阶段，对吐蕃的战争频频胜利。天宝六载（747），安西副都护高仙芝击败依附于吐蕃的小勃律。十二年（753），安西节度使封常清出兵击败大勃律，唐朝在西域的实力达到顶峰。与此同时，唐与吐蕃的战争也日趋激烈，双方打得难解难分，没有谁能取得决定性的胜利，这也迫使唐廷不断调整军事政策和制度。

这些不断调整的政策和制度中最为重要的便是开元初年将之前临时性的陇右节度使正式确定下来，成为一个固定职务。开元年间陇右与河西节度使均与吐蕃有着较为频繁的战争，吐蕃常常经过陇右入侵河西。当吐蕃实力强劲时，战场往往在河西；而唐朝军力强盛时，则会将战场维持在陇右节度使的辖区。可见陇右正好位于唐和吐蕃战争的前线，因此此地是最能体现唐玄宗对吐蕃政策变化影响的地区。陇右不仅军事地位异常重要，同时也是唐廷重要的养马地。陇右道东部地处青海湖及赤岭以东的浩亹川、湟水以及黄河三河谷地带，森林密布、水草茂盛，是个很好的畜牧区。

"国之大事，在祀与戎"，而在冷兵器战争中骑兵更是因强大的机动性和战斗力被兵家高度重视，所以"马政"在古代国家中一直是军国大计。唐朝从开国时起，便致力于发展畜牧事业。由于陇右河西地区自西周起便是天然牧场，唐初选定牧场时自然会瞩目于此，所以此地对于大唐王朝的军事力量来说至关重要。

此外河西陇右地区还是控制整个西域的关键地带，直接关系着唐朝同西域诸国的外交关系与贸易发展。吐蕃一旦控制此地，势必会切断大唐同西域的联系，同时吐蕃还可以向东进攻，直接威胁到京畿地区。从唐玄宗朝与吐蕃之间接连不断的战争便可以看出吐蕃先蚕食唐朝边境的军事防线，接着重点进攻陇右，从而控制整个河西地带，最后剑指长安。

唐玄宗朝开元年间，大唐同吐蕃进行了数次战斗，开元十五年（727）以后，唐军夺回河湟地区，并攻占石堡城。开元十九年（731），唐蕃达成协议，以赤岭为界，双方恢复贸易。但好景不长，开元二十九年（741），吐蕃再次进攻石堡城。直到天宝八载（749），新任陇右节度使哥舒翰才重新夺回石堡城。接着唐军一鼓作气于天宝十二载（753），攻下吐蕃的洪济等城，重新收复河西九曲之地，并于次年设置了洮阳和浇河两郡与神策军。天宝十四载（775），吐蕃苏毗王子悉诺逻投降。至此，唐朝取得了对吐蕃的全面胜利。如果就此下去，那唐蕃之间将一直保持着和平状态，但历史没有假设，安史之乱的爆发让唐军在吐蕃面前的优势地位一落千丈。在之后的唐蕃战争中，唐军节节败退，首都长安在安史之乱后再次面临岌岌可危的境地。

唐军为了平定安史之乱，将西部地区的军队悉数调往东部平叛，这也造成河西陇右地区兵力大为削弱，形成了兵力真空。

面对这样的局面，吐蕃与党项自然要有所行动。肃宗至德元载（756），吐蕃先后攻占了陇右鄯州、廓州、河州的边防据点威戎、神威、定戎、宣威、制胜、金天、天成等军以及石堡城、百谷城、雕窠城。这直接导致前期花费巨大代价夺回的河西陇右大片领土再次被吐蕃占领。第二年十月，吐蕃攻陷鄯州。

乾元元年（758），吐蕃的攻势并未减弱，攻占了河源军。上元元年（760），吐蕃攻下廓州。到了十二月，党项也进犯美原、同官，但并没有占领这些地区，而是大肆抢掠后撤退。上元二年（761）二月，奴剌、党项再次进攻宝鸡，火烧大散关，并杀死凤州刺史萧愧，然后又是一阵风卷残云般的抢掠而去。等到了五六月间，党项再次来袭，骚扰宝鸡和好畤。这次受侵扰的地区距离京畿区域已经十分近，可以看到安史之乱已让唐廷完全无暇顾及西边的战乱。这些政权侵扰的主要目的是抢掠物资，也反映出这些西部地区气候条件较为恶劣，当碰到极端气候的情况下，只能抢夺中原王朝的物资，加之这时候唐朝完全没有精力顾及西部，所以才会导致这些政权如此频繁地进攻京畿周边地区。

宝应元年（762）正月二十四日，吐蕃使者来到唐廷，肃宗命令郭子仪和宰相萧华、裴遵庆等人在鸿胪寺与吐蕃歃血为盟。本以为通过这一次的结盟，吐蕃不会在西边挑事儿了，但没承想，前脚刚订立盟约，后脚吐蕃就攻占了陇右秦州、成州和渭州。党项也紧跟其步伐，在这一年的三月和五月进攻奉天、同官和华原等地。

代宗广德元年（763），吐蕃攻占了兰州、河州与洮州。面对如此严峻的唐蕃关系，郭子仪在这年秋天先后几次上奏代宗，提醒道："千万不要轻视吐蕃、党项的骚扰，应当早做准备。"代宗听完觉得十分有道理，毕竟吐蕃时不时地进犯西部边境总会让国家不稳定，不如早点采取措施，所以在四月底，唐朝派了御史大夫李之芳等人出使吐蕃。本以为可以借着这次出使稳定西部局势，但没想到吐蕃竟然将使者扣押，两年之后才将其放回来。

使者被扣押后，吐蕃扩大了进攻规模，七月，吐蕃攻陷大震关，凤翔以西、邠州以北的土地全部被吐蕃占领。当吐蕃频繁东侵的时候，边境将领不断向朝廷告急。但此时朝中的政务被宦官程元振掌控，他认为这是边境将领结党营私，目的是勒索恐吓朝廷。最后竟然将如此重大的军情压了下来，没有向代宗汇报。

等到九月下旬，吐蕃继续之前的军事行动，绕过凤翔，向东北方向进攻泾州，唐刺史高晖开城投降，并且为吐蕃充当向导。等到吐蕃军队越过邠州的时候，代宗才得到真实的军情。十月一日，代宗紧急下诏征调各地节度使入援长安。但时间不等人，十月二日，驻扎奉天的前锋骑兵到达武功，此时京城上下均大为震惊，谁也没预料到吐蕃会打到家门口。代宗紧急下诏：任命雍王李适为关内兵马元帅，郭子仪为副元帅，前往咸阳，以防吐蕃的进一步军事行动。

此时郭子仪自去年八月从河东入朝后，就因宦官的谗言被解了军职，赋闲于长安家中。本来代宗想让他出征给予叛军最后一击，却又被宦官劝阻，所以不得不继续赋闲。由于这么长时间远离军务，他的部下早已各谋出路，四散分离。好在郭子仪的声望依旧，时间回到宝应元年（762）十二月，郭子仪曾率朝中诸大臣上奏追尊代宗生母吴氏为"章敬皇后"，此举也是向代宗表达忠心的一种方式。所以才会有这次紧急任命他抵御吐蕃的事情。

郭子仪接到任命后，立即带领几十名骑兵前往咸阳备战。反观吐蕃，带领着吐谷浑、党项、氐、羌的20多万部队，整支行军队伍长达数十里，浩浩荡荡从凤翔府盩厔县的司竹园渡过渭河，沿着山脉向东进发。郭子仪见到对手实力如此强劲，便派判官中书舍人王延昌回到长安，上奏请求代宗增兵，但被程元振阻止，最后竟然没能见到皇帝。十月四日。渭北行营兵马使吕月将率领2000名精锐士兵在盩厔西部击败吐蕃。到了六日，吐蕃大部队抵达盩厔，吕月将带着不多的将士与吐蕃交战，但终因寡不敌众，全军覆没，自己也被吐蕃俘虏。

此时代宗如梦初醒，赶紧整顿军队，可为时已晚，吐蕃已通过便桥。代宗见状慌乱得不知所措，七日立刻仓皇出逃陕州，此时长安城内再次出现混乱，官吏四处逃窜躲避，军队也四散逃亡。郭子仪知道京城的情况后，立即从咸阳回到长安，然而代宗一行人已经离开。就在代宗刚出大明宫北边的禁苑大门，渡过浐水的时候，唐军的射生将王献忠便带着400名骑兵投降并回到京城，威胁丰王李珙等10位唐朝亲王向西迎接吐蕃军进城。在行进途中正好在长安城北的开远门遇到郭子仪。郭子仪见到如此景象十分生气，怒叱王献忠，而王献忠回应道："如今皇帝东逃，社稷无主，您为元帅，是否拥立新皇帝就在您的一句话。"郭子仪听完未作反应。李珙立即问道："您为什么不说话呢？"郭子仪知道他们的意图后，严厉斥责了他们一番，并派兵将他们送至代宗处。八日，代宗一行人到了华州，跟随的官吏也在这个过程中逐渐逃走，这造成物资供给短缺，护从的侍卫也要忍受饥饿和寒冷。恰好此时观军容使鱼朝恩率神策军从陕州前来迎接，代宗一行人才得以进入鱼朝恩的军营中休息。丰王李珙在潼关见到代宗后，代宗并未当面责备他，李珙见状便更加有恃无恐，出言不逊。群臣知道后很是气愤，便联名上奏要将他处死，代宗也就顺水推舟下诏将李珙赐死。

十月九日，吐蕃进入长安，担任向导的高晖和吐蕃大将马重英等人拥立邠王李守礼的孙子李承宏为皇帝，并且改元，设置百官，任命前朝的翰林学士于可封等人为宰相。进入长安后的吐蕃大军大肆抢掠，焚烧住宅，长安城经此一掠，已然成为空城。唐朝前宰相苗晋卿当时正在家卧床养病，吐蕃派人胁迫他投降，但苗晋卿闭口不言，吐蕃见状也无可奈何，考虑到他的影响力，竟也不敢将他杀掉。在这种情况下，四处逃散的唐朝禁军将士也到处抢掠，城中的士民都逃往山谷避难。

十月十二日，代宗一行到了陕州后，百官才渐渐到来。郭子仪带领 30 名骑兵从长安城南的御宿川沿山向东进发，行进中他对王延昌说："溃逃的禁军将士多在商州，现在我们要快点赶过去，将他们收编，并且发动武关的防御士兵，数日之内，吐蕃一定会撤退。"在经过蓝田的时候，郭子仪一行遇到了元帅都虞候臧希让、凤翔节度使高昇，这为部队增加了近千人。郭子仪与王延昌谋划道："溃散的士兵到了商州，官吏一定会躲藏起来导致城中百姓混乱不堪。"因此便派王延昌先行一步到达商州安抚城内百姓，稳定局势。正在纵容士兵四处抢夺的诸方将领听到郭子仪马上要到达的消息后，都十分的惊恐。郭子仪则因担心吐蕃军队会向东步步紧逼追上代宗，在七盘驻扎观望了三天，之后才赶到商州。

等到了商州，郭子仪立即收集流散士兵，加上之前带来的武关守兵兵力共达到 4000 人，声势稍振。郭子仪流着泪对将士们演讲一番，并要大家共雪国耻，收复长安。众将士听完深受鼓舞，并且开始约束之前的不法行为。郭子仪请求太子宾客第五琦担任粮料使，负责给军队提供粮食。代宗见到此时形势比较严峻，担心吐蕃攻破潼关向东进军，所以征召郭子仪前往行在。郭子仪上表回应道："我不收复长安无颜面对陛下，如果出兵蓝田，吐蕃军队必定不敢向东进军。"看到奏表后，代宗同意了郭子仪的请求。

鄜延节度判官段秀实游说节度使白孝德带兵帮助朝廷平定吐蕃，白孝德即刻带兵响应，向南到达京畿之地，并且会同蒲州、陕州、商州和华州的部队一同进击。此时唐廷的军队已形成了合力，这对于吐蕃来说不是一个好局面。因此吐蕃拥立完广武王李承宏后，想要掠夺长安城内的官员、妇女和工匠回国。郭子仪派左羽林大将军长孙全绪带领 200 名骑兵从蓝田出发观察吐蕃军队的动向，命令第五琦担任京兆尹，与长孙全绪一同前往，又让宝应军使张知节带兵跟在后面，随时接应。长孙全绪到达蓝田北面的韩公堆后，白天让士兵摇旗呐喊，夜晚便在多处点燃篝火以迷惑吐蕃军队。前光禄卿殷仲卿也聚集了近千名士兵保卫蓝田，与长孙全绪相互呼应，并率领 200 多名骑兵径直渡过浐水。吐蕃看到唐军来势汹汹，便有些担忧。此时百姓又开始哄骗吐蕃军队道："郭子仪的大军已从商州赶来，兵马数量多得数不清。"吐蕃军队信以为真，便渐渐地开始撤军。长孙全绪又派射生将王甫入城私下里集合了数百名少年，半夜在长安城的主干道朱雀大街敲鼓叫喊，吐蕃军队听到后更为惶恐不安。十二月二十一日，吐蕃军队终于全部撤出了长安。高晖听到这个消息后，率领手下300多名骑兵向东逃跑，到了潼关之后，被守将李日越活捉杀掉。二十三日，代宗下诏命元载担任元帅行军司马，第五琦为京兆尹。第二天，命郭子仪担任西京留守，接到命令后，郭子仪立刻从商州动身前往长安。三十日，任命鱼朝恩的部将皇甫温为陕州刺史，周智光为华州刺史。

可能很多读者都注意到了，吐蕃之所以能长驱直入顺利占领长安，与一个叫程元振的宦官密不可分。他屡次将前线将领的信息扣压，致使代宗无法了解真相，没办法及时做出调整。那这个程元振究竟是何许人呢？吐蕃入侵时，程元振担任骠骑大将军、判元帅行军司马，他极为专权，肆意妄为，程度不亚于之前的权宦李辅国。只要朝中出现立有大功的将领，程元振都十分嫉妒，想要加害于这些功臣。吐蕃入侵时，程元振上奏迟缓，甚至扣压奏章，导致代宗狼狈出逃。代宗看到吐蕃打进来之后，赶紧下诏征集各道将领前来勤王，但李光弼等人都因程元振尚在朝中，没有响应支援，同时朝廷内外的官员虽也都十分气愤却并没有人敢就此事表达不满。太常博士柳伉上疏，认为："吐蕃军队进犯京畿，不费一兵一卒就进了长安，随后打砸抢烧，无恶不作，但朝中的武士没有一个人前来与之一战，这可以视作将帅背叛了陛下。陛下疏远功臣，反而对身边的宦官委以重任，日子一久，难免会酿成大祸。群臣此时尚在朝中，没有一个人敢不顾面子进谏陛下，这可以视为公卿背叛您了。陛下才出长安，百姓群起抢夺府库中的物资，互相杀戮，这是京畿的官员背叛您了。从十月一日征召诸道的士兵前来应战，总共40天了，甚至连一个车轱辘都没入关，这是四方军队背叛您了。朝廷内外都背叛您，您认为今天的形势是安全呢还是危险呢？如果说仍处在一个危局当中，又怎么能够高枕无忧呢？陛下不为天下百姓讨伐敌人吗？我听说好的医生治疗疾病，是要对症下药，如果药不能治病，那就没有任何用处。陛下看看当今国家存在的问题，怎么会变成这样？要守护宗庙社稷，最好的药就是斩杀程元振，并将此消息快速地告知天下，之后派出的内使归诸州管理，将神策兵交给大臣管理，然后削夺其尊号，下诏追究其责任，诏书写道：'如果天下百姓允许朕改过自新，那么就招募士兵向西赶赴朝廷勤王，如果认为我没有悔改，那我也不敢妨碍天下的圣贤，请求民众另行推举圣贤成为皇帝。'如果陛下这么做了，还没有勤王军队前来营救，民心不为所动，天下仍然不服从，我就请求满门抄斩以向陛下谢罪。"

　　代宗听完这段感言，自然知道程元振此时已经引起众怒，但因为程元振护驾有功，代宗不愿将其杀掉，所以在十一月二日，下令免除程元振的官职和爵位，让他告老还乡。

　　程元振在被放逐之前，曾经劝说代宗迁都洛阳，代宗可能因为长安屡次被攻占，所以就认可了这个建议。郭子仪听说后，即刻上奏道："雍州自古就被称为天府，向右靠着陇蜀，靠左倚着崤函二关口，前有终南山、华山等险要之地，后靠着渭水、泾河这种牢固的地方。土地面积有数千里，士兵十余万，兵力强大，是可以充分发挥军事作用之地，秦、汉两朝就在这里成就帝业。后世王朝中有的在此处天下太平，而有的则山河破碎。所以高祖入关之后统一天下，太宗以来的皇帝也很少居住洛阳。先帝在朔方起家，铲除了安庆绪，陛下凭借着关中消灭了史朝义。虽然说这是上天在帮助陛下讨逆，却也与地理形势关系十分密切。近年来，吐蕃屡次侵扰但我们没有任何抵抗，其中原因主要在于：士兵多是城中的闲散人员，他们参军是为了逃避赋税，一旦征兵去打仗，便会出现临阵脱逃以及不积极冲锋的情况。再加上宦官蒙蔽朝廷，导致政务荒废，让陛下目前还漂泊在外，流落陕州。这完全是由于用人不当，怎么会是秦地不好呢？如今出现各种流言蜚语，不知道真假，都声称陛下要搬过去。但洛阳从安史之乱以来已被焚毁殆尽，衙门前也已长满了荒草，整个城内不足千户人家。城里的住宅都已经成为废墟，豺狼成群，在城中嗥叫。洛阳东面紧邻郑州、汴州，南面与徐州接壤，北面挨着怀州、卫州和相州。这一圈的城市绵延上千里，都十分萧条，亭舍中已经许久没有见到过炊烟，这种情况如何能够负担得起皇帝和百官的生活起居呢？况且此地十分狭窄，面积只有数百里，虽然有险要之地，却并不足以承担防御功能，作为战场正合适。陛下在意的不正是京城刚刚遭到吐蕃蹂躏，城内的财物比较匮乏吗？春秋时期，卫国被狄人消灭，卫文公就在曹国找了一个草房居住，穿着布衣，戴着帛帽，最终奋发图强收复了故土。何况您是赫赫天子，可以带头勤俭节约，难道您还不如一个诸侯吗？我希望陛下斥退尸位素餐之人，裁撤冗官，抑制宦官的权势，任命正直的官员，减轻百姓的赋役负担，抚恤贫困和孤寡之人，任命宰相选拔贤能，将训练士兵抵御侵略的职责交给我，那么中兴的功业指日可待。我恳请陛下尽快回京，拜见宗庙和陵园，再造大唐天下，使百姓得到幸福。"

代宗看到这份奏章后，激动得流下了眼泪，并对身边的人说："郭子仪不愧是巩固江山社稷的大臣，我必定会返回长安。"

此时京城中尚有王甫自称京兆尹，并且身边聚集了2000多人，还设置了官署，在长安城中横行不法。十一月三日，郭子仪的军队到达了沪水西，此处距离长安城已经很近了，但王甫按兵不动。有人对郭子仪说长安城不能进去。但郭子仪没有听从建议，带着 30 名骑兵慢慢前进，并派人传唤王甫。照理说如此悬殊的兵力对比王甫自然不应担心，可没想到的是，郭子仪声名远播，王甫一听郭子仪来了，立刻出城投降迎接郭子仪。郭子仪随即下令处死王甫，他之前的军队也四处逃散了。白孝德与邠宁节度使张蕴琦带着部队驻扎在长安城周边的县城中，郭子仪进城后马上召唤他们入城，京畿之地于是就又恢复了之前的安稳。

再看之前从长安城撤退的吐蕃军队，他们到达凤翔后，节度使孙志直紧闭城门抵挡住了吐蕃的数日围攻。镇西节度使马璘听说代宗一行到了陕州，便带领着千余名精锐骑兵从河西前来勤王，到达凤翔后，正遇到吐蕃围城，马璘率领部队朝着吐蕃军队猛攻，进入城中。马璘始终穿戴盔甲，背靠着城墙作战，孤身一人冲在前列，俘虏斩杀千余名敌军才回到营中。第二天，吐蕃军队再次叩关请战，马璘打开悬门以逸待劳。吐蕃军队见状赶紧撤退，并说道："这名将军不害怕牺牲，我们最好先撤退。"于是放弃围攻凤翔，转而驻扎在原州、会州、成州、渭州等地。

十二月十九日，代宗一行从陕州出发返回长安。左丞颜真卿请求代宗先拜谒陵庙，然后再返回京城，但元载持反对意见。颜真卿知道后十分生气，怒斥元载道："朝廷哪里还能受得了你的破坏呀！"元载遭到如此训斥自然心中十分不满，所以对颜真卿怀恨在心。二十六日，代宗一行人到达了长安，郭子仪率领城中百官和诸军在浐水东迎接，并伏地请罪。代宗看到后安慰道："我是因为没有早早采纳你的建议所以才导致如此地步。"随后代宗赐给郭子仪铁券，并下令在凌烟阁为他画像，以示褒奖。

在这次吐蕃攻占长安的骚乱中，被拥立为皇帝的广武王李承宏逃窜到荒野中，代宗下诏赦免了他的罪行，但要将他流放到距离京城180里的华州。被贬到外地的程元振听说代宗返回了长安，便男扮女装，混入京城，他还想着代宗网开一面恢复他的职位。但还没行动便事迹败露，被京兆府抓住了。广德二年（764）正月四日，代宗下发敕文称程元振乔装打扮，图谋不轨，流放溱州。代宗念及程元振曾经的护驾之功，又将他安置在江陵。不久，程元振在住所中结束了自己波澜起伏的一生。

程元振虽然结束了自己的一生，但另一位权宦鱼朝恩此时则因及时率军勤王，获得了头功。代宗回京后，立即任命鱼朝恩为天下观军容宣慰处置使，掌管禁军，他之前带领的神策军也在此时进了京城一跃成为禁军。此时鱼朝恩的权力达到顶峰，并深受皇帝信任。代宗此举也为唐代中晚期的政局动荡埋下了伏笔。

二、仆固叛乱

就在代宗刚刚回到长安城，唐廷平定安史之乱的大功臣仆固怀恩却在此时发动了叛乱。要知道仆固怀恩当时在军中的地位和声望仅次于郭子仪与李光弼。仆固怀恩这个人不善言辞，性格比较沉稳，但在战场上十分英勇，每次战斗都奋勇杀敌，而且他的整个家族也为大唐立下了赫赫战功，家族中战死沙场者达到46人，他还有两个女儿远嫁回纥"和亲"。虽然给了他相应的封赏，但对这样忠心耿耿的能臣，朝廷始终没有放下心来。仆固怀恩遭到诬陷后，朝廷并没有帮他洗刷罪名，而是采取了以和为贵的方式息事宁人，这一点让仆固怀恩彻底寒了心。他想到了哥舒翰的惨死，生怕有一天被朝廷出卖落得同样的下场，所以愤而起兵造反。

此时朝廷也有所觉察，九月下旬代宗派裴遵庆前往河东，安抚失望的仆固怀恩，同时还借机进一步了解他的动向。仆固怀恩看到朝廷派人来慰问自己，自觉有了可以发泄心中委屈的地方，抱住裴遵庆的大腿痛哭诉冤，并且答应入朝拜见皇帝。如果最终仆固怀恩就这样回复朝廷，可能就没有接下来叛乱的事情了。历史没有假设，仆固怀恩的副手范志诚警告他："如果您信了朝廷的话，回到朝中可能就是下一个来瑱。"来瑱作为唐朝著名将领，也是遭到陷害，回到朝中被贬，最后被赐死在流放路上。可见朝中的是非太多，政治生态糟糕。仆固怀恩权衡了一下，改变了之前回朝的决定，以怕死的理由拒绝了裴遵庆。裴遵庆看到这样的情况只好回朝复命。此时恰好御史大夫王翊出使回纥返回，取道河东。仆固怀恩担心他与回纥的事迹败露，便将王翊扣留在了军营中。等到十月的时候，吐蕃攻占了长安城，代宗出逃至陕州，并征召仆固怀恩出兵勤王。仆固怀恩此时既不奉诏也不出兵，君臣之间的关系此时十分微妙。

广德二年（764）正月，代宗返回长安后，对仆固怀恩占据河东并手握重兵的情况十分担心。八日，代宗派检校刑部尚书颜真卿前往河东朔方军大营慰问安抚仆固怀恩。此前代宗在陕州的时候，颜真卿便想前去召仆固怀恩入朝，但被代宗拒绝。此时，代宗又主动要求颜真卿劝仆固怀恩入朝。颜真卿回应道："您在陕州的时候，我前去以忠义的道理要求他率兵勤王共赴国难，他还有来的道理。如今您已经回京，他进不是勤王，退不愿放弃兵权，这时候召他入京，他怎么肯来呢？并且朝中说仆固怀恩要造反的只有辛云京、骆奉仙、李抱玉、鱼朝恩四人，其他人都说他是被冤枉的。您不如用郭子仪取代仆固怀恩，可以不战而使他臣服。"

当时汾州别驾李抱真，也就是李抱玉的堂弟，知道仆固怀恩有叛变的心思之后，便脱身回到京城。代宗正在为仆固怀恩的事情担忧，便召见李抱真问他的想法，李抱真说："这不用担心，朔方将士都十分想念郭子仪，就像子弟思念父兄。仆固怀恩欺骗部下说郭子仪被鱼朝恩杀了，众将士都被这个谣言迷惑，所以才会被他利用。您如果让郭子仪统领朔方军，将士们都会不召自来的。"代宗听完深表赞同。

仆固怀恩此时与朝廷的嫌隙越来越大，于是便开始伙同河东都将李竭诚里应外合谋划攻取太原。辛云京此时发现了异常，将李竭诚杀掉，并积极加强太原城的防御设施。仆固怀恩派他的儿子仆固玚攻城，辛云京与他交战，仆固玚大败撤军，转而向榆次进攻。

正月二十日，代宗召见郭子仪时说道："仆固怀恩父子深深地辜负了我的美意，我听说朔方将士十分思念你，请你为我坐镇安抚河东将士，汾阳的朔方军一定不会再叛变了。"代宗随后任命郭子仪为关内、河东副元帅，河中节度使。当这个消息传到河东后，仆固怀恩带领的将士们都相互感叹道："我们跟着仆固怀恩父子做了很多不义之事，还有什么面目去见汾阳王呢？"月底，代宗任命郭子仪为朔方节度大使，这也就意味着仆固怀恩从此没有了可以依赖的军事力量。二月初，郭子仪到达河中。当时有万余名云南籍的士兵驻扎在河中，统领他们的将领贪婪残暴，成为当地的一大祸害。郭子仪进入行营后，立即整顿军纪，斩杀41人，杖责30人，河中地区的秩序得到恢复。

仆固玚围攻榆次10多天没有任何进展，急忙派遣使者到祁县调兵增援，李光明白使者来意后便将军队全部交给使者。由于士兵们尚未吃饭，因此行进速度十分缓慢。带队的将领白玉、焦晖向掉队的士兵射响箭。如此残忍的做法遭到士兵们的反对，士兵们问道："将军为何射击自己人呢？"白玉说："如今跟随他人造反，终究免不了一死。反正横竖都是死，射死他们又有何妨？"到了榆次之后，仆固玚责备他们迟到，胡人士兵说道："我们骑马，主要是汉人士兵没办法快速行军。"仆固玚听完便下令殴打汉人士兵，汉人士兵被欺负后，十分愤怒，说道："节度使偏袒胡人士兵！"等到晚上焦晖、白玉率领众人进攻仆固玚，并将其杀死。仆固怀恩听到这个消息后，立即前去告诉自己的母亲。他母亲说："我告诉你不要造反，国家待你不薄，如今众人的心意已经发生变化，灾祸必将来临，这该怎么办呢？"仆固怀恩听后无言以对，拜辞而退。仆固怀恩的母亲追出来叫喊道："我为国家杀掉你这个叛徒，取出你的心向三军将士谢罪！"仆固怀恩拔腿就跑，才得以幸免，于是便与帐下300名将士从汾州西边渡河向北逃往灵州方向。

当时朔方将领浑释之守卫灵州，仆固怀恩向灵州发布檄文，上面写着全军将回到军镇驻守。浑释之看后说道："这一定是仆固怀恩的军队溃败了才会这样做。"便打算拒绝，浑释之的外甥张韶说："也许他幡然醒悟了，带领众将士回到军镇，怎么能不接纳呢！"浑释之十分犹豫，无法决定。仆固怀恩趁着浑释之犹豫的时间，快速行进赶到灵州，浑释之此时也没办法了，不得已接收了仆固怀恩的军队。张韶将自己的计谋告知仆固怀恩，仆固怀恩利用张韶作为策应杀掉了浑释之，并将他的军队收归麾下，让张韶负责这支军队。随后，仆固怀恩对张韶讲道："浑释之是你的舅舅，你尚且会辜负他，又怎么可能会对我忠诚呢？"过了几天，便杖打张韶，打断了他的胫骨，随后将他抛到荒山野岭中，让他自生自灭。

朔方行营都虞候张维岳在沁州听说仆固怀恩离开了，便立刻赶到汾州行营安抚将士，稳定大局。他还将焦晖、白玉杀了，将他们的功劳占为己有，并告知郭子仪。郭子仪派部将卢谅到达汾州，张维岳又贿赂卢谅，让他替自己作证。郭子仪便根据卢谅的报告将张维岳杀掉仆固玚的事情上奏，并传仆固玚的首级至长安。当朝臣知道这个消息后，纷纷入朝庆贺，但代宗满脸忧愁，心中并不愉快，说道："我的诚意并不能使人相信，导致有功之臣叛乱，我深感惭愧啊，这有什么可庆贺的呢？"于是下令用辇车将仆固怀恩的母亲接到长安，给予优厚的待遇。过了一个多月，仆固怀恩的母亲寿终正寝，代宗下令按照礼仪安葬，朝中的功臣都因此备受感动。

二月十日，郭子仪到达汾州，仆固怀恩的部下见到郭公纷纷前来归附，大家欢欣鼓舞，涕泗不止，都喜其终于来了，但又悲叹他为何来得这么晚。很快郭子仪知道卢谅受贿为张维岳作伪证的事情，便乱杖将他打死。另一边，代宗认为李抱真之前警告他仆固怀恩会造反，这是讲了真话，因而任命他为殿中少监。

广德二年（764）三月，党项军队再次进犯同州，郭子仪派开府仪同三司李国臣带兵迎击，在临行前嘱咐道："党项时常趁机掳掠，官军出击他们则逃入山中。因此我们应该派一些老弱之兵前去引诱，之后再派精锐骑兵从后面包围。选择时机将他们一举歼灭。"李国臣按照郭子仪传授的办法与党项在澄城北交战，大胜敌军，并斩首俘虏了上千人。

五月，郭子仪以安史之乱时叛军占据洛阳，所以朝廷在诸道设置节度使控制军事要地，如今叛乱已经平定，诸道设节度使虚耗钱粮，加重了当地百姓的负担为由，上表请求代宗废掉诸道节度使。由于这将会损害不少人的利益，所以可以先从自己任职的河中府开始。六月中旬，代宗下令取消河中节度使以及耀德军。郭子仪接着又请代宗罢黜关内副元帅一职，但没有被批准。

在仆固怀恩于灵武重振旗鼓之际，代宗除了厚葬其母之外，还对他的家属厚加抚慰，广德二年（764）六月二十三日，颁布诏书赞赏仆固怀恩有功于皇室和天下百姓，君臣之间出现误会都是皇帝身边的小人造成的。代宗还认为他的内心深处并无叛变之意，君臣之间的情谊还像最初那样。只不过河北已经平定，朔方军也有了新的领导，所以仆固怀恩河北副元帅和朔方节度使的职务要被解除，太保兼中书令、大宁郡王的职务和爵位还会保留。最后要求他及时回京复命，不要再犹豫。这实际上是唐廷在释放和解的信号。在仆固怀恩看来自己之前已经发动叛乱，这条路只能走到底，而无反悔的可能，所以拒绝接受诏书。

八月，郭子仪从河中回到长安，就在此时，恰好泾原上奏仆固怀恩引回纥、吐蕃10万大军进攻的消息传到京城，京城再度震惊。代宗紧急下诏命郭子仪率军出镇奉天。临行前，代宗向郭子仪问计，郭子仪回答道："仆固怀恩虽然来势汹汹，但能力有限，做不了什么事情。"代宗感到十分疑惑，郭子仪解惑道："仆固怀恩虽然勇猛，但对部下缺少恩情，导致将士们并不真心归附。这些将士之所以跟随仆固怀恩前来进犯，主要是思念故乡。仆固怀恩本来就是我的部将，他的部下也就是我的部下，肯定不忍心与我刀兵相见，凭这点我知道仆固怀恩没办法有所作为。"八月十六日，郭子仪开赴奉天，准备迎战。

九月十七日，代宗任命郭子仪为北道邠宁、泾原、河西以来通和吐蕃使，以陈郑、泽潞节度使李抱玉充南道通和吐蕃使。二十日，郭子仪听说吐蕃军队逼近邠州，便立即派他的儿子朔方兵马使郭晞带领1万士兵前去救援。仆固怀恩的前锋军队到达宜禄，郭子仪派遣右兵马使李国臣带兵作为郭晞部队的后援。邠宁节度使白孝德在宜禄击败吐蕃。十月，仆固怀恩引回纥、吐蕃军队到达邠州，白孝德、郭晞紧闭城门不出，严防死守。

仆固怀恩的联军见没有办法短时间攻下邠州，便改道进逼奉天，京师听到这个消息后开始戒严。奉天诸将争相请求出战，郭子仪却拒绝了所有请求。他对将领们说道："敌军深入我方腹地，必然希望速战速决，我们如果严防死守的话，他们一定认为我们胆怯，肯定会放下戒备，到那时便是攻下他们的最好时机。如果此时立即出战，对我们是十分不利的，这样的话将会导致士气低落，人心不齐。如果谁敢再请战，一律问斩。"十月七日夜里，郭子仪调兵在乾陵南边陈兵布阵。第二天还没有天亮，敌军大部队赶到此处。敌军开始以为郭子仪没有防备，便打算突然袭击。这时忽然见到唐军大部队，十分惊讶，于是不战而退。郭子仪派部将李怀光等人率领5000名骑兵追击敌军，到了麻亭才返回。十三日，敌军逃到邠州后再次对邠州发动进攻，可仍旧没有攻下。十四日，敌军迁徙到泾河的南岸，再次请战。郭晞等与敌军再次发生战斗，并获得大胜，乘胜追击数十里。二十一日，仆固怀恩带兵渡泾水北还。

在仆固怀恩向南进攻的时候，河西节度使杨志烈将 5000 名士兵交给监军柏文达，并嘱咐道："河西的精锐部队全都在这里了，你带领他们进攻灵武，定要成为仆固怀恩的后顾之忧，这可算是救助京师的一个奇招了。"于是，柏文达带领将士们连克摧砂堡、灵武县，之后进攻灵州。仆固怀恩听说后方受袭，便从永寿赶紧回撤，带领吐蕃、吐谷浑 2000 名骑兵连夜进攻柏文达，获得大胜，消灭将近一半唐军。柏文达带着残兵退回凉州，痛哭入城。杨志烈赶忙迎接并安慰道："这次奔袭有安定京师的功劳，牺牲一些士兵又何妨呢？"这种毫不顾及普通士兵生命的言论让出生入死的士兵听后十分恼火。没过多久，吐蕃军队围攻凉州，士兵们都十分气愤而不愿奋勇杀敌。杨志烈不得已只能逃往甘州，最终被沙陀士兵杀害。

十一月十四日，郭子仪在奉天成功指挥唐军击退仆固怀恩带领的联军后，从行营回到朝中，受到隆重的接待。代宗下诏命令百官前往开远门外迎接，自己则亲自登上安福门城楼，盛宴款待郭子仪。为了奖励郭子仪的退敌之功，代宗任命他为关内、河中副元帅兼尚书令。郭子仪在受到如此高规格的封赏后，赶紧上表请求代宗收回这样的赏赐。但是代宗拒绝了他的请求，并且还派 500 名射生军骑兵护送他速到尚书省衙门处理政事，又让百官前往为他庆贺。郭子仪见到如此盛大的仪式再次上表拒绝，他在表中讲道："尚书令这个职务，太宗皇帝曾经在武德年间担任过，所以此后几朝都不再设置，并已经成为原则。陛下应当继续奉行，怎么可以为了我而破坏这条原则呢？况且在整个平叛过程中，得到过分赏赐的官员已经足够多了，甚至有些官员身兼数职，仍然只顾高升而不知羞耻。我近期观察到这种情况，正在思考如何消除这种弊端的源头。只不过因为国家尚未安定，所以才没敢轻易上奏讨论此事。现在，叛乱基本已被平定，正是陛下立法、审查百官的时候，就请从我开始吧！否则国家典章制度出现问题，政务管理自然就会出现问题。政事混乱，国家还怎么能够安定呢？陛下如果听从我的建议，答应我的请求，那些贪图荣誉和官位的人，也自然会辞掉他们的兼职。这样一来，百官设置也就符合制度的要求，国家也就有了秩序，最终也就能够实现天下太平的大业了。"

代宗看到郭子仪如此恳切的辞让表后，只得将此次任命作罢。为了表示重视代宗亲笔下诏回应："崇高的任命，是为了奖励大功；总领百司的机构，是为了对政事有利。您出将入相，自先朝以来，便屡遭磨难，但仍旧知难而进，在外平叛，在内理政，办事过程中少说多做，地位崇高但行事低调。别人常对容易的事情感到为难，您却能把很难的事情做好。因此让您掌管六部，成为百官之首，是非常合适的。但您一再上表辞让，态度诚恳，我只好听从您的意愿。同时应该把您的言行广泛宣传，编入史册，垂范后代。"于是派遣鱼朝恩前往郭子仪处宣诏，并且赐给郭子仪美人卢氏等 6 人、随从 8 人以及车服、帷帐、珍玩等器具。

郭子仪在朝中获得了巨大声望，另一边他的儿子在前线则出现了问题。因为缺少了郭子仪的管束，郭晞在邠州纵容士兵为非作歹。邠州节度使白孝德因为郭子仪的声望，在见到了郭晞这样的行为后也没有立即阻止。泾州刺史段秀实向白孝德请求让自己担任都虞候负责军纪管理，白孝德见有人自愿出头自然十分高兴，马上同意了他的请求。

段秀实上任一个多月后，郭晞的 17 名部下进入市场买酒，与卖酒翁发生冲突后，用刀刺伤卖酒翁，并砸坏了酿酒器具。段秀实知道后，立刻将这 17 名士兵抓捕斩首，并将人头挂在长矛上，立于市场门口示众。郭晞的士兵听说后，群情激愤，都穿好装束准备找段秀实理论。白孝德听说后十分害怕，赶忙找来段秀实问道："该怎么办啊？"段秀实回应道："没有关系的，让我前去解释。"白孝德便立刻派数十名士兵跟着他一同前往，但段秀实只从中选择了一名跛脚老兵，牵着他的马到了郭晞的大营前。

很快从军营中走出来几名穿着完备的士兵，段秀实见状，边走边笑道："杀一个老兵，哪里用得着穿盔甲呀！我是带着我的头来的。"士兵们十分惊愕。段秀实趁机告诉士兵："郭晞有负于你们吗？郭子仪有负于你们吗？为何要去作乱祸害百姓，败坏郭家的名声呢？"

郭晞听到这番言论后，立即从军营中出来，段秀实责问道："您父亲功盖天地，应当想要善始善终。如今您放纵士兵为非作歹，他们的行为必将导致混乱，到时候必然会牵连到您父亲。变乱由您开始，郭家的名声，还能剩下多少呢？"段秀实的话还没说完，郭晞连忙拜谢道："幸亏您以道义相教，恩情甚大，我怎么敢不从命呢？"说完回过头来叱责身边的士兵："都把盔甲脱掉，各回本队，谁再敢喧哗闹事，斩立决！"当晚，段秀实便留在了郭晞军营中，郭晞整晚没脱衣服休息，并告诫哨兵敲着木棒巡逻保护段秀实的安全。第二天一早，段秀实和郭晞一同回到白孝德的官署，郭晞为自己的行为道歉，并承诺改过自新。此后，邠州的士兵便再也没有出现祸害百姓的情况。

三、仆固暴毙

永泰元年（765）九月，消停许久的仆固怀恩再一次开始行动，他再一次引诱回纥、吐蕃、吐谷浑、党项、奴剌入侵，这一次的部队规模更为庞大，达到数十万人。仆固怀恩兵分三路，吐蕃大将尚结悉赞摩、马重英等走北道前往奉天；党项将领任敷、郑庭、郝德等走东道出发进攻同州；吐谷浑、奴剌的部队走西道进攻盩厔，回纥跟随吐蕃行军，仆固怀恩又命令朔方军跟在后面。

郭子仪在知道情况后，马上派行军司马赵复入京汇报相关工作，他说道："狄人都是骑兵，行军速度很快，不可以轻视啊！请求派诸道节度使凤翔李抱玉、滑濮李光庭、邠宁白孝德、镇西马璘、河南郝庭玉、淮西李忠臣出兵扼守敌军必经的交通要道。"代宗听从了他的意见。但大多数节度使拥兵自保，不肯按时发兵。李忠臣正与将领们击球，收到了任命诏书，便想要立即出征。诸将和监军都说："部队行军一定要选择好的日子。"李忠臣听完十分愤怒，说道："父母有了急事，怎么能够先选择日期再施救呢！"当天便派军队出征了。

就在唐军全力以赴准备迎战之时，仆固怀恩突发恶疾，只好匆匆返回灵武，并在九月八日死于鸣沙县。仆固怀恩死后，代宗哀伤道："仆固怀恩没有谋反，只不过是被身边的人误导罢了。"

为何这样一位战功卓著并且有着显赫地位的突厥将领在位极人臣之后，却选择了这样一条不归路呢？史学界主要有三种观点：一是唐廷为了遏制以朔方军为主力的西北边军势力的发展，对朔方军采取削弱—再利用—肢解的措施，这是伴随着神策军的兴起、发展、壮大出现的，这种将仆固怀恩反叛同当时唐廷的政策联系起来的看法，属于宏观视角。沿此逻辑便有学者认为仆固怀恩与辛、李等四人的矛盾及其冲突绝非怀恩之乱的主因，怀恩之乱更深刻的原因在于以仆固怀恩和代宗为代表的地方分权与中央集权的矛盾和冲突；第二种从文化人类学的视角出发，认为仆固怀恩叛乱是由于其文化认同依旧与汉族是有一定距离的，所以造成其最终反叛；第三种观点认为仆固怀恩反叛是长期以来领兵将帅受到唐朝中央及宦官势力的猜忌、排斥、打击而发生激烈矛盾冲突的必然结果。

史书记载仆固怀恩各种谋反的证据主要有几点：一是他与回纥之间的关系不一般。史书中记载，仆固怀恩在去见回纥可汗时，因担心被人构陷，所以迟迟不去见面，直到代宗给他铁券，他才答应前往。但在去见可汗和返回的过程中，均被太原守将辛云京挡在门外。不仅如此，辛云京还对骆奉先提到此事，并让骆奉先去向皇帝报告。辛云京认为仆固怀恩是回纥可汗的岳父，所以二者之间可能会有私下的约定，这完全是毫无根据的猜测。而且从唐廷在仆固怀恩叛乱后发布的招降诏书内容来看，唐廷将他与回纥联系这件事，也就是他从回纥借兵和与回纥联姻等作为仆固怀恩的一个功绩。不过由于是招降诏书，自然不会直接指出仆固怀恩的过错。从其他史料的表述看，唐廷实际上认为仆固怀恩是有二心的，至少对他是有戒心的。不过从仆固怀恩叛乱之后的行动，尤其是榆次之变后，仆固怀恩仓皇逃跑的情形来看，很难找到他与回纥部队谋划的痕迹。所以仆固怀恩在叛乱前与回纥只有公对公的接触，私下里并没有太多联络，更谈不上叛乱前就联合回纥进行谋反。

二是仆固怀恩同鱼朝恩的关系。仆固怀恩同宦官关系不错，导致骆奉先等人污蔑他，正史中对此事是有明确记载的，而他与鱼朝恩的关系则更值得探究。如果他与鱼朝恩真的有勾结，那他在安史之乱中便成了有罪之人，其最后叛乱也就在情理之中了。可是虽然史书中有记载，但两人之间的关系究竟如何，确实值得一说。明确说仆固怀恩与鱼朝恩有关系的是《资治通鉴》、两《唐书》的《李光弼传》，而在《仆固怀恩传》与《史思明传》当中并没有说明该事。在两《唐书》的《鱼朝恩传》中也未提及关于仆固怀恩的事情。如果仆固怀恩与鱼朝恩真的勾结的话，在直接参与人仆固怀恩与鱼朝恩的传记中应当会有记载。首先，仆固怀恩与鱼朝恩作为两个后世史家撰写史书的反面人物，这种不光彩的事情应该会被写入传记中，而不只出现在作为被害者的李光弼的传记中。从第三方史思明的传记中可以看到，邙山之败李光弼其实是要承担一定责任的，而其中并没有提及鱼朝恩与仆固怀恩的勾结。其次，鱼朝恩是构陷仆固怀恩的人之一，关于这点颜真卿说道："如今说仆固怀恩谋反的人，只有辛云京、李抱玉、骆奉先、鱼朝恩这四个人。"一个曾经与仆固怀恩合作过的人为何此时要构陷他呢？两人之间究竟发生了什么矛盾？史书中没有任何记载。最后，如果仆固怀恩真的与鱼朝恩联合导致邙山之战战败，以李光弼的性格和对军队的治理方式，仆固怀恩怎能不受惩罚，反而在战败后还受到肃宗的奖励，甚至地位超过其他将领？这些都是不符合逻辑的。那为何有史料记载仆固怀恩交通鱼朝恩不听李光弼指挥呢？这很有可能是后世史家为了给李光弼转移邙山之败的责任而虚构出来的事情。既然仆固怀恩已经反叛，那何不把战争失利的责任转移到这样一个人的身上，让他承担更大的过错呢？所以有关鱼朝恩与仆固怀恩交往导致战败的记载只见于《李光弼传》和《资治通鉴》当中。

类似的情况还出现在仆固怀恩与郭子仪的关系上，之前讲到相州之战时，郭子仪看到仆固怀恩射杀王思礼，因而认为仆固怀恩有反叛的迹象，所以导致他撤兵，相州之战失利。但如果也从后世史家抹黑仆固怀恩的角度看待这件事情的话，便很好理解为何郭子仪能在仆固怀恩叛乱的 5 年前就意识到他有二心了。这应当是为郭子仪战败寻找替罪羊，而仆固怀恩是最合适的人选。

《资治通鉴》当中还记录了仆固怀恩与郭子仪和李光弼均有关系的事，朝廷让李光弼担任朔方节度使后，朔方军将领出现了不满情绪，仆固怀恩认为邺城之败责任在郭子仪，所以朝廷罢免了他的兵权，朔方军这样的做法是反叛的行为。由此可见，此时仆固怀恩根本没有任何的反叛想法，并且还告诫他人不要有这种心思。他与李光弼、郭子仪的关系也是一种正常的上下级关系，并不存在勾结宦官打压其他人的情况。出现这样的叙述，笔者以为是史家按照线性史观，因为仆固怀恩最终叛乱，所以他之前的事迹中必定存在着违反军纪的行为，而与宦官勾结导致战斗失败是一个比较好的论点。

三是仆固怀恩与河北藩镇的关系。仆固怀恩在平定河北后，重建河北藩镇，采用了将河北切分成几个军镇交由之前安史之乱中的一些将领管理的办法。这实际上是一种最快将被占领的土地收归唐廷的方式，只不过这些藩镇势力强大后开始不服中央的管束。而且这肯定不会是仆固怀恩背着朝廷自作主张的行为，决策者只能是中央而非他个人，他只是这项措施的具体操作者而已。但问题在于他在平完安史之乱后是否同河北藩镇有过私下联系。

如果仆固怀恩真与河北藩镇有勾结，为何仆固怀恩叛乱后河北藩镇没有采取军事行动进行支援呢？而且从河北藩镇这些节度使的传记中也找不到与仆固怀恩勾结的任何记载。后世史家对唐代藩镇基本持否定态度，如果仆固怀恩真与河北藩镇有勾结，应当会在他们的传记中有所显示，正如后世史家把切分河北藩镇的责任归于仆固怀恩那样。此外，从给皇帝进谗言的内容来看，也并未提到仆固怀恩与河北藩镇有勾结。由此可见，仆固怀恩与河北藩镇之间一直是公对公的关系，私下里并未有直接的接触。之所以史书中会出现这样的记述，同样与仆固怀恩叛乱有关系，由于藩镇问题是唐后期困扰唐廷的一大麻烦，史官在上溯其根源时，便会为藩镇政策找到一个合理的代理人。后世史家已经论证过藩镇政策是唐廷政府的决策，但如果这样记述历史是不符合"政治正确"原则的。所以一定要寻找到一个可以承担责任的人。由于仆固怀恩最终叛乱，并且他还是布置河北藩镇的直接人员，于是他便成为最佳人选。所以史书中记录他安排河北藩镇的原因是他担心平叛后，自己不能再得到皇帝的恩宠。史家对其评价中提到他认为功劳和回报不成正比，故发动叛乱。两相比较，可见与河北藩镇勾结便是在史家这一评价框架内出现的。

从上述对仆固怀恩一些有争议的论述看，仆固怀恩在叛乱前并没有太多出格的举动，而且长时期保持着对唐廷的忠诚，但由于唐廷的政治生态出现了问题，猜忌、宦官专权等问题屡见不鲜，所以导致仆固怀恩一步步走上了叛乱之路。

四、勇退回纥

在仆固怀恩死后，叛军内部群龙无首，出现了互相残杀的混乱局面。一开始大将张韶接替仆固怀恩统领军队，但不久就被部将徐璜玉杀害，接着范志诚又杀了徐璜玉成为军队领导者。

虽然仆固怀恩去世了，但他生前纠集的进攻唐廷的联军可并未返回。吐蕃军队到达邠州后，唐军将领白孝德坚持闭门不出。九月十五日，吐蕃10万大军进攻奉天，这一消息再次让长安城内人心惶惶，毕竟距离上次吐蕃攻占长安只有不到两年的时间，那时的混乱还让人记忆犹新。

唐军这次没有坐以待毙，朔方兵马使浑瑊、讨击使白元光带兵驻扎在奉天。浑瑊趁着吐蕃军队安营扎寨的时候，带领200多名骑兵冲进吐蕃军营，奋勇击杀，敌军惊慌奔逃。浑瑊生擒敌军一名将领回到大营，200多名骑兵无一伤亡。城上的士兵远远关注着这一场战斗，都被这一景象鼓舞，勇气倍增。

十六日，吐蕃军队开始攻城，敌军死伤者甚众，一连数日未能获得胜利，只好退兵回营。浑瑊趁着敌军出现疲态，带兵夜晚突袭，斩杀1000多人，前后又与敌军交战200余个回合，共斩首5000余人。九月十七日，代宗在河中召见郭子仪，命令他驻守泾阳。九月二十日，代宗听从郭子仪的建议，在长安周边部署重兵防御，命李忠臣驻扎在东渭桥，李光进驻扎云阳，马璘、郝庭玉驻守便桥，李抱玉驻守凤翔，内侍骆奉仙、将军李日越驻扎盩厔，同华节度使周智光驻扎同州，鄜坊节度使杜冕驻扎坊州，代宗也亲自带领六军驻守苑中。

二十一日，代宗下诏亲征。二十二日，鱼朝恩上奏建议征集京城中居民的私有马匹，以备军用。全城青壮年男子都穿着黑色衣服，组成团练兵，四面的城门全部塞二开一。很明显鱼朝恩想要借着皇帝亲征的机会发次国难财。城中的官员和百姓听到这样的要求后，一片骚乱。年轻人纷纷跳墙、凿墙洞逃跑，由于人数众多，官吏根本没办法禁止。

鱼朝恩又打算护驾前往河中躲避吐蕃的进攻，可是担心群臣有不同的意见。一天早上，百官入朝后，等了很久，宫殿的大门一直不开，突然鱼朝恩跟随着十余名持刀禁军出来，冲着百官说道："吐蕃已经数次侵犯京畿地区，皇帝要迁往河中，诸位觉得如何呢？"百官都十分惊讶，不知如何回应。只有刘给事站出来抗议道："你这是想要造反啊！如今大军聚集在京城附近，不想着合力抵抗敌军，反而撺掇皇帝放弃宗庙社稷，离京出走，这不是谋反是什么？"鱼朝恩没有想到有人敢反对，顿时有些惊慌失措。郭子仪听说这件事后，也立即劝阻代宗不要离开长安，于是此事就此作罢。

就在吐蕃军队大举进犯之际，从九月十七日到二十五日连降大雨。吐蕃军队因此没有办法展开行动，便转而进攻醴泉。党项部队兵分两路，一路向西进攻白水，一路向东进攻蒲津。二十八日，吐蕃军队掳掠了大量男女撤军北走，所到之处焚毁房屋，践踏庄稼。周智光带兵进攻，在澄城北大破敌军，一直向北追击到鄜州。值得一提的是，周智光平时就与杜冕不和，于是假借战乱之机，擅自杀害鄜州刺史张麟，活埋了杜冕家属81人，焚毁坊州民宅3000余户。

十月初，吐蕃军队退到邠州，正好遇到回纥军队，于是两支部队合在一起再次对唐军发动进攻。十月三日，吐蕃、回纥联军抵达奉天。十月八日，联军包围泾阳，郭子仪命令诸将严防死守，不要主动进攻。这天傍晚，吐蕃与回纥联军退至北原。第二天，再次逼至城下。此时，泾阳城中只有1万多唐军，处于劣势。此种情况下，郭子仪积极部署，让李国臣、高昇守卫东面，魏楚玉守卫南面，陈回光守西面，朱元琮守北面，自己率领2000名士兵在中间策应。

这时候，回纥与吐蕃军队听说仆固怀恩已经死了，便开始出现内讧，互不相让。郭子仪听说后，便派牙将李光瓒等人前往泾阳城西的回纥大营游说，想要组成联军进攻吐蕃。回纥将领见到郭子仪的部下觉得难以置信，说道："郭公真的在这吗？如果在这的话，我可以见见他吗？"李光瓒立马回去禀报，郭子仪说："如今我们寡不敌众，很难靠战斗取胜。过去我们同回纥缔结盟约，关系亲密，不如我前去游说，以达到不战而屈人之兵的效果。"诸将请求选派500名士兵作为随从，郭子仪说："这反而会适得其反啊！"

郭晞拉住郭子仪的马劝阻道："回纥军就是一群虎狼之徒，您是国家的元帅，为何要拿自己作为敌人的饵食呢？"郭子仪说："如今战争年代，我们父子都战死，那国家就会出现危机。我前去真心实意地劝说他们，如果能幸运地让他们听从我的建议，这是国家的福气！不然的话，我可能难免一死，但我们全家会得到保全。"说完用马鞭抽了一下郭晞的手说："快走开！"于是便跟着数名骑兵开城门离开。郭子仪派士兵向回纥军营传呼道："郭令公来了！"回纥将士大惊，回纥军统帅、可汗的弟弟合胡禄都督药葛罗拿着弓箭立在阵前。郭子仪扔掉长枪，脱掉盔甲单骑走上前去，回纥的诸位酋长互相看了看说道："是郭子仪！"说罢下马向郭子仪行礼。郭子仪也下了马，上前抓住药葛罗的手，责问道："你们回纥有功于大唐，大唐也投桃报李，为什么违背盟约，攻打我们？抛弃之前的功劳，结下仇怨，背弃恩德而帮助叛臣，这是多么的愚蠢啊！并且仆固怀恩背叛皇帝抛弃母亲，这样的人对你们有什么好处呢！如今我一人过来，听凭你们处置，我的将士们必定会同你们拼死战斗。"

药葛罗听完后说道："仆固怀恩欺骗我。他说天可汗已经驾崩，您也已经去世了，此时大唐没有领导者，所以我们才跟着他前来。如今知道天可汗仍在长安，您就在这里统率军队，仆固怀恩已经死掉，我们怎么可能还要跟您战斗呢！"郭子仪趁机劝说："吐蕃趁着我国混乱，不顾及之前缔结的舅甥之亲，侵吞大唐边境，焚毁京畿地区，他们抢夺的财物不可计数，马、牛等各类畜生散布在原野上，长达数百里，这是苍天赐给你们的。希望你们可以保全好军队，与唐廷继续保持友好关系，击败敌人获取更多的财富，还有什么比这个更利于你们的呢！千万不要错失机会。"药葛罗听完大受启发，说道："我被仆固怀恩蒙骗，实在有负于您啊！现在我请求为您效力，击退吐蕃以谢罪。不过仆固怀恩的儿子是可敦的兄弟，请您不要杀了他。"郭子仪爽快地答应了这个请求。

在一旁围观的回纥将士开始逐渐上前将郭子仪包围住，郭子仪的随从也紧紧跟上来，双方呈现出剑拔弩张的态势。郭子仪摆了摆手令士兵退下，并趁机让士兵拿出酒和回纥的酋长开怀共饮，紧张的氛围顿时缓和下来。药葛罗让郭子仪先拿起酒杯发誓，郭子仪将酒洒在地上说道："大唐天子万岁！回纥可汗万岁！

两国将士万岁！如果谁违背约定，就要死在阵前，家族灭亡。"
轮到药葛罗，他也将酒洒在地上说道："我的誓言也同郭公一样。"
于是回纥的各位酋长皆大为欢喜道："之前有两位巫师跟随军队，
他们认为这趟行程会十分安稳，不会同唐军交战，还会见到一位
大人物就撤军，如今果然如此。"郭子仪下令取来3000匹彩布分
给诸位酋长和巫师。吐蕃在听说大唐与回纥定完盟约之后连夜撤
回了。回纥派酋长石野那等6人去往长安拜见天子。

药葛罗率军队追击吐蕃，郭子仪派白元光带着军队一同追
击。十月十五日，唐、回纥联军在灵台西原大胜吐蕃，斩杀上
万名吐蕃士兵，夺回被虏掠走的男女4000人。十七日，又在泾
州东大胜吐蕃。十月十九日，仆固怀恩的部将张休藏等人前来投
降。如此，一次紧急的危机就被郭子仪巧妙地化解了，至此仆固
怀恩的叛乱与吐蕃的侵扰彻底结束。二十三日，代宗下诏结束亲
征，长安也宣布解除戒严。

结束混乱之后，郭子仪向代宗上奏，他认为仆固怀恩的侄子
仆固名臣与李建忠都是骁勇之将，担心他们怕受到严惩逃至少数
民族部落，所以请求代宗下令安抚他们。代宗觉得很有道理，便
下令凡是有功绩的仆固怀恩旧将皆被赦免，命令回纥统帅将他们
送回朝中。二十四日，仆固名臣带着1000多名骑兵归降。郭子
仪派开府仪同三司慕容休贞写信招抚党项将领郑庭、郝德等，很

快他们也来到凤翔投降唐军。

十月二十七日，回纥胡禄都督等 200 多人请求觐见皇帝，唐廷前后赠送回纥 10 万匹绢帛，这种打肿脸充胖子的行为直接造成唐廷的府库被掏空，只好暂时克扣百官的俸禄来满足回纥的要求。

平息了继安史之乱之后仆固怀恩和吐蕃的侵扰，本以为会让大唐有个长期休整的机会，可没想到，过去没有处理好的问题迟早有爆发的那一天，过去没有消除的矛盾迟早有激化的那一刻。所以就在唐廷论功行赏之际，周智光又发动了叛乱，晚年的郭子仪再次有了新的任务。

第十章

重振河山

年逾古稀的郭子仪在平定完仆固怀恩叛乱和击退吐蕃的再次侵扰后，并未拥有半点的清闲时光。为了避免节镇势力壮大不受唐中央的管控，郭子仪请求重新部署节镇统帅。但节镇势力强大已经成为既定事实，贸然地改变地方势力格局极有可能出现动荡。加之此时骄兵悍将已经出现，所以唐廷又出现了新一轮的战乱，郭子仪将再次肩负起重振山河的使命。

一、灭周智光

连年的兵荒马乱导致国家的财政入不敷出，所以为了充盈国库唐廷又开始谋求更多的财政收入。大历元年（766）正月三十日，代宗任命户部尚书刘晏为都畿、河南、淮南、江南、湖南、荆南、山南东道转运、常平、铸钱、盐铁等使，侍郎第五琦为京畿、关内、河东、剑南、山南西道转运等使，两人共同掌管天下财赋。

上一章提到周智光在平叛过程中假公济私，大肆屠杀杜冕亲属，虽然他有赫赫战功，但也不能掩盖他的罪行。代宗在了解了周智光这些罪行后没有对他做进一步处理。不料，这却成为他嚣张狂妄以至于起兵反唐的资本。

周智光回到华州后，十分嚣张跋扈。大历元年（766）正月，代宗命令鄜坊节度使杜冕跟着张献诚前往山南西道避难，周智光派兵前往商山截击，但没有得逞。周智光自知做出如此大逆不道的事情，回到唐廷必然会受到严惩，所以干脆起兵反唐。他纠集了数万名亡命之徒、地痞无赖，纵容他们四处掠夺百姓财产以获得满足感。同时他又擅自截留运往关中的粮米 2 万斛。一些藩镇上贡朝廷的物资在经过他的占领区时，他残忍地将使者杀害，并将物资占为己有。

周智光先前与陕州刺史皇甫温关系紧张。十二月底，陕州监军张志斌进京汇报工作，在经过华州时，被周智光邀请到客馆。张志斌并不了解周智光的为人，当众责骂其整顿军队不严格，周智光听后十分生气，说道："仆固怀恩本不想造反，但正因为你等小人不断刺激污蔑，才让他走上不归路。我本来也不想造反，今天就是被你逼反的！"说完命令部下将张志斌拉出去斩首，并将他剁成肉块吃掉。

朝廷赴选的举选人，都害怕周智光的残暴性格，不敢从华州经过，而多从旁边的同州绕道进京。周智光了解到这个消息后，便派兵在半路截杀这些人员，导致很多人无辜被害。

如此下去并不是长久之计，代宗便想利用优待的方式让周智光回心转意。十二月二十七日，代宗下诏任命周智光为检校左仆射，并派中使余元仙带着委任官职的任命状前去任命。没想到，周智光指着余元仙破口大骂："我对国家有很大的功劳，却只给个左仆射的职务，为何不能被任命为平章事呢！并且，同州和华州地域比较狭小，也不足以施展我的才能，如果给我增加陕州、虢州、商州、鄜州、坊州等五州，那还差不多。"接着又开始历数朝中权臣的过失，并说："这里距离长安有180里，我晚上睡觉都不敢将腿伸直，生怕踏破长安城，至于挟天子以令诸侯这类的事情，也只有我周智光能做到。"余元仙听后气得双腿发抖，郭子仪在听到如此狂妄的话语后，请求出兵征讨周智光，但代宗不同意。

到了大历二年（767）正月六日，代宗可能对周智光的嚣张气焰实在忍无可忍了，便密诏令郭子仪讨伐周智光。郭子仪命令大将浑瑊、李怀光在渭水边上驻扎。周智光的部下听说郭子仪出兵后，便都开始有了叛离的心思。在这种情况下，周智光部队出现了分崩离析的状况，正月八日，周智光手下的大将李汉惠在同州率领部队投降郭子仪。十一日，代宗将周智光贬为澧州刺史。两天后，代宗下诏任命张仲光为华州刺史、潼关防御使；任命大理卿敬括为同州刺史。就在同一天，华州内部又出现了巨大分裂，牙将姚怀、李延俊杀死周智光及其二子周元耀、周元干，并将三人的头颅送至京城，周智光的势力就在内耗中被彻底消灭。

淮西节度使李忠臣见到华州群龙无首，便打着收复华州的名号，率领他的部下大肆掠夺，从潼关到赤水200里的土地内，民间的财物牲畜均被洗劫一空。甚至有些官吏都未能幸免，只能穿着纸糊的衣服，有的几天吃不上饭。正月十八日，唐廷决定在潼关驻守2000名士兵以防不测。

二月六日，郭子仪入朝觐见。代宗命元载、王缙、鱼朝恩、第五琦和黎干等朝中重臣各出钱30万，并在郭子仪家中隆重地设置宴席，一次宴会的花费就高达 10 万缗，这足见朝中达官显贵的奢侈无度。郭子仪也因使国家再度恢复稳定备受代宗器重和重视，代宗经常称他为"大臣"而非直呼其名。

郭氏家族还同皇室联姻，永泰元年（765）七月四日，代宗将他的第四女昇平公主嫁给了郭子仪第六子郭暧。此时郭暧是一个正在经历青春期的 13 岁小男孩，突然一下子成了当朝驸马，自然会有些轻狂。大历二年（767）二月的一天，15 岁的驸马郭暧同昇平公主发生了口角，两个尚处于叛逆期的孩子吵起架来自然是口无遮拦。郭暧冲昇平公主吼道："你靠着你父亲是皇帝是吧！我父亲可是因为看不上皇位才不愿去当皇帝的！"公主听完大怒，立刻乘车飞奔回宫告御状。代宗听后并未觉得有任何问题，反而劝慰道："这可不是你能理解的事情，郭子仪确实如此，如果他愿意当皇帝，天下怎么可能还是咱们的呢？"随后便让女儿回家去了。

郭子仪听到这个消息的时候，他的内心受到了极大的震撼，真如晴天霹雳一般，他浑身发抖，脸颊上也瞬间失去了血色，变得苍白无力，眼神里满是惊恐和不安，好像即将面临前所未有的灭顶之灾一般。郭子仪立即下令，将郭暧囚禁起来，严加看管，防止他逃跑，然后亲自入宫，恭恭敬敬地等待着代宗皇帝发落。

代宗皇帝看到郭子仪如此忠诚，不禁微笑着说："俗话说得好：'不痴不聋，是没办法当公婆的。'孩子们闺房中的话，何必当真？不要理会就是了。"代宗的话语，如同一缕春风，让郭子仪心中的疑虑和恐慌顿时烟消云散，一颗悬着的心终于放了下来。

虽然代宗皇帝并未对此事过于在意，但是郭子仪深知此事的严重性，也深知自己必须要表示对皇帝的忠心，才能够让皇帝消除对自己的猜忌。因此，回家之后，郭子仪毫不留情地打了郭暖10棍，以表明自己的态度，以此警示所有人都要严于律己，"非礼勿言"。这一次，郭子仪不仅仅是为了保护郭暖，也是为了维护自己的尊严和家族的荣誉。

这年十二月四日，郭子仪父亲郭敬之的陵墓被人盗掘。事发之后，地方官府并没有将犯罪嫌疑人抓获。当时民间开始流传这件事是鱼朝恩指使人干的。要知道掘人家的祖坟是罪大恶极的事情，对当时人来说也是完全不可接受的。郭子仪在知道这件事后，立刻从奉天回到长安，朝廷十分担心郭子仪会因愤怒而起兵反叛。代宗见到郭子仪后，生怕他多想，便极力安慰他。郭子仪此时虽然伤心流泪，但显示出了自己的格局，克制住了激动的心情，向代宗哭诉道："我长期在外带兵打仗，没能禁止部下的恶行，也时常出现士兵盗掘他人祖坟的情况。如今这种事情落到了我的头上，是上天对我的谴责，并非人为。"一句话将问题归咎到自己身上，既减轻了皇帝的担忧，又让整个朝廷对郭子仪的为人更为敬重。朝廷又恢复到之前的安稳局面。

大历三年（768）二月十九日，郭子仪下令军营内禁止无故骑马飞奔。郭子仪的夫人南阳夫人的奶妈的儿子在军中谋差事，偏偏触犯了这条军令，都虞候严格按照军令将他杖毙。郭子仪几个儿子听说这个消息后，都向父亲哭诉都虞候蛮横无理。但郭子仪在了解了事情的来龙去脉之后将几个儿子责骂一顿，赶了出去。第二天，郭子仪对部将和幕僚说到这件事情时，叹息道："我的几个儿子都是奴才啊！他们不去赞扬都虞候的铁面无私，反而痛惜母亲乳母的儿子，这不是奴才是什么！"

这三个充满传奇色彩的故事清楚地反映了郭子仪在大唐朝廷中的威望与声势都达到了巅峰，几乎与皇帝处于同一水平。而郭子仪始终保持着严谨谦逊的态度和冷静从容的处事方式，在面对各种问题时，他都会从大局出发，将个人情感置于次要地位，不会被一时的情感波动所影响。正是因为郭子仪的这种行为，他才赢得了如此崇高的声望。

在身边人对他无限制的抬高和赞誉之下，郭子仪依然能保持冷静的态度和居安思危的意识，他深知站得越高，摔得越惨的道理。所以，在他的儿子犯下重大的错误之后，他毫不犹豫地前去皇帝面前负荆请罪；在祖坟被刨的情况下，他仍然将问题的主因归咎于自己，克制住了愤怒，保持冷静，他的这些举动让代宗对他充满了信任。他在晚年时期，终于迎来了大唐的稳定发展阶段。

然而，郭子仪并没有因为自己的成就而松懈，他依然坚定地为大唐的未来发展做出贡献，誓要将自己最后的力量投入到守护大唐的事业中。很快，他就服从大局前往战事最为频繁的邠宁镇，为大唐站好最后一班岗，延续他为国家付出一切的精神。

二、移镇邠宁

前文提到，广德元年（763），吐蕃的铁蹄如同急风骤雨般击穿了长安的坚实城墙，自此之后，为维护唐廷的命脉，重建边防便显得尤为重要。唐廷费尽力气将精兵强将聚集在一起，倾尽全力构建起以守卫长安为核心的军事防御系统，其中就包括在京畿地区设置军镇作为战略重地。

然而，这并非唯一一处设置的军镇。在唐廷的其他防御重地，军镇早已广泛设置，其中最值得关注的是肃宗乾元二年（759）设立的邠宁镇。尽管这只是一座位于长安北方的军镇，规模不大，兵力也有限，但它的作用是至关重要的。它地处唐廷防御体系的中心位置，是军事防御的重要支点。

　　除了邠宁镇，还有另一处军镇设立于肃宗乾元二年（759），那就是凤翔镇。凤翔镇位于长安西侧，与长安城之间仅隔一条宽阔的通道。这条通道的北面是泾原，南侧则是邠宁，这条线路成为吐蕃入侵长安的重要通道。在这种区域位置下，凤翔镇的战略意义可谓异常重要。

　　综上所述，唐廷在防御体系中，设置了多个军镇，用以镇守各个重要的防御节点，确保唐廷核心区域——长安的安全。而邠宁镇正是在这样的战略背景下，成为守卫长安的重要军镇，其地理位置在唐廷的防御体系中占据着举足轻重的地位。

　　除了军镇的设置，大历年间，唐朝在长安西北地区依托自然地理环境构建出一套边防体系，其军队来源很有深意。这些军队的主要兵力是各镇的驻军、宦官统领的神策军以及定期从其他地区征调的防秋兵。除了正常的诸军以及防秋兵外，神策军是十分重要且不可替代的一支军事力量。它是为了防御吐蕃、维护长安安全，由中央直接控制的部队，所以其地位更为特殊，权力不受地方军镇的约束。此外神策军的领导者一般是宦官，所以除了加强防御外，神策军还有一点功能就是监督边镇军队。所以神策军在当时的军镇军队当中地位很高，权力很大。

　　大历二年（767），唐朝与东方强邻吐蕃在素有盛名的兴唐寺举行了一次和平会盟。这虽然是一次官方正式的和平协议，但遗憾的是，会盟的成果并未能如其所愿，和平的局面未能持久。会盟结束之后，唐蕃两国之间时战时和，就像曲折离奇的电影剧情，充满了不确定性。

就在会盟结束不到半年的时间，即大历二年（767）九月上旬，吐蕃的军队又一次集结了数万兵马，对着唐朝边境重镇灵州发起了猛烈的围攻。吐蕃的前锋军队势如破竹，一路东进，直至潘原和宜禄等地。面对这一次吐蕃的来势汹汹，唐朝的都城长安不得不再次进行戒严。为了保卫国家的安全，代宗皇帝紧急下诏，命令手握重兵的大将郭子仪带兵 3 万，从河中地区迁移到泾阳地区，全力守卫国家的西方边境。九月十七日，郭子仪带领朔方军的主力，一路向西，直奔奉天。

到了十月初的时候，在灵州城下，朔方节度使路嗣恭发挥了他卓越的军事才能，指挥手下的将士浴血奋战，成功击杀了吐蕃军 2000 余人，获得了巨大的胜利。打击了吐蕃军队嚣张的气焰，也迫使他们不得不撤兵。

大历三年（768）八月，吐蕃再次集合 10 万精兵对大唐的战略要地灵州发起猛攻。而就在此时，吐蕃的大将军尚赞摩亲率 2 万名精锐骑兵，浩浩荡荡地冲向了大唐的军事重镇邠州。一时之间，长安城内外皆是一片肃杀之气，长安再次进入戒严状态，城内人心惶惶。

就在这危急时刻，唐代宗在九月一日再派名将郭子仪率领5万军队从河中出发，日夜兼程赶往奉天，以期能够有效地抵御吐蕃军队的侵袭，确保长安的安全。而在这个过程中，朔方军将领白元光两次击败了吐蕃的数万大军，让吐蕃军队士气大挫。同时，邠宁节度使马璘也成功地击退了尚赞摩的进攻。

此时，大唐的凤翔节度使李抱玉派遣其麾下的右军都将临洮人李晟，带领5000名士兵对吐蕃军队进行了一场出其不意的奇袭。李晟在临行前对部下说道："如果我们凭实力作战，那么5000名士兵肯定是不够用的；但是如果我们能够使用智谋取胜，那么这5000名士兵就显得太多了。"于是，李晟率领1000多名士兵，出大震关，一路奔袭，直逼吐蕃军队的防线。最终，他们攻破了吐蕃的定秦堡，将堡内的物资焚烧一空，俘虏了堡内的将领慕容谷种，心满意足地返回了长安。吐蕃得知此事后，立刻从灵州撤军。长安城的戒严状态，也在九月二十七日得以解除。从此，大唐的西北边疆再次恢复了安宁。

十月二十七日，结束战事的郭子仪从奉天出发，风尘仆仆地回到了长安。回京期间，朝廷为了犒赏郭子仪在战场上的英勇表现，花费了巨额资金。宴会中的吃喝玩乐只是一方面，另一方面则是商讨国家大政。当朝宰相元载召集朝中最重要的将领，齐聚一堂，同郭子仪及朔方将领一起商议长安西北地区的防务问题。

当时，吐蕃军队连年不断地发动进攻，而由马璘统领的四镇军队驻扎在邠宁，他们不仅要面对恶劣的自然环境，还要面临吐蕃军队的强烈攻势。马璘统领的军队兵力匮乏、物资短缺，自然无法与之抗衡。相较之下，郭子仪统领的朔方军却驻扎在战事相对较少的河中地区，并且兵力数量充足、物资丰富。于是，元载从全局考虑，建议让马璘镇守泾州，郭子仪带领朔方军驻扎邠州。同时，他还特意强调如果觉得边地荒凉残破、军费不足，朝廷可以将内地征收的租税和物资作为对边地的资助。郭子仪及其他将领听完这个建议，都觉得十分可行。

到了十二月九日，唐代宗下达了一道诏书，正式任命马璘担任泾原节度使，将邠、宁、庆三州都划入朔方军的管理范围。在此之前，马璘已经先一步抵达了泾州，并在那里指派都虞候段秀实担任邠州留后，以便在郭子仪前往邠州交接事务的时候协助他处理一些必要的行政工作。

大历四年（769）正月七日，郭子仪回到长安，他的归来引起了朝野一阵不小的骚动。当时在朝中呼风唤雨的权宦鱼朝恩素来嫉妒郭子仪，但为了表现出自己的大度，他选择放下过去的仇恨，热情邀请郭子仪游览章敬寺。这一幕让那些饱受鱼朝恩压迫的人，看到了希望的曙光，只要郭子仪与鱼朝恩达成和解，这个朝堂上的风波或许就能慢慢平息。

　　然而，看似平静的背后却隐藏着深深的危机。当时身为朝廷权臣的元载，担忧郭子仪与鱼朝恩和解会对自己的利益构成威胁，于是暗中派人提醒郭子仪："鱼朝恩可能会对你不利，你要小心谨慎。"郭子仪身边的将士听完觉得最好派 300 名士兵保卫他的安全，但郭子仪并没有接受这样的建议。他只带着数名仆从前往章敬寺赴宴。鱼朝恩前往迎接，当他看到郭子仪只带了几个仆从前来，有些吃惊，因为他知道郭子仪向来是一个谨慎的人，像这样冒着生命危险前来赴宴的行为实在有些不合常理。在鱼朝恩的追问下，郭子仪将听到的消息告诉了他，鱼朝恩感慨涕零道："如果不是您这样的长者，怎能不怀疑我呀！"

　　除了同权宦和解，郭子仪还不忘那些曾经遭受迫害的朝中重臣。早在宝应元年（762）九月，右仆射兼山陵使裴冕因为坚决不肯向权阉程元振卑躬屈膝、阿谀奉承，被程元振落井下石、诬告构陷，被贬为施州刺史，接着改任澧州刺史。在朔方军移镇邠宁后，郭子仪上奏代宗："裴冕在灵武辅佐先帝（肃宗），有安定社稷的杰出贡献。但程元振嫉妒他的才华和正直，对他进行诽谤，让他蒙受不白之冤，被贬往荒远之地。我希望您可以接受我的建议，将他召回京城，让他重新参与朝政，他定能有所作为。"宰相元载在担任县尉时，就得到过裴冕的提携，他也向代宗皇帝推荐了裴冕。有当朝两位权臣的建言，代宗欣然同意了他们的建议，下诏任命裴冕为左仆射兼同中书门下平章事，重新让他进入权力核心。然而，遗憾的是，裴冕已经年老多病。在被重新起用后的短短一个月内，便因病去世了。此事也足见郭子仪对于朝中弊端的清醒认识，一有机会便尽力肃清朝中恶疾。

郭子仪是唐朝的一位杰出军事家、政治家，在朝堂的风浪中他保持了清醒的头脑，深谙为政之道，心中牢记着"和而不同"的道理，并没有选择与困难硬碰硬，而是用自己过人的智慧，一次次化解了险象环生的危机。他团结身边的所有人，共同面对困难，用自己的行动向众人表明他不畏艰险的决心。在每一次危机到来的时刻，他都能够稳住阵脚、沉着应对，维护国家的稳定和安宁。唐朝中期，宦官的权势在不断增强，在朝廷内外的政治、军事活动中都能看到他们的身影。作为平定安史之乱的功臣、四朝元老，郭子仪在与宦官的交往中，展现出了一位杰出政治家的智慧和风范。

郭子仪深知宦官在朝廷中的地位，因此在与宦官的交往中，他始终保持着谦逊、谨慎的态度。他深知宦官的权力源于皇帝，因此他在与宦官交往时，总是尊重皇帝的权威，尽量避免与宦官发生冲突。同时，也注意维护与宦官之间的关系，尽量减少双方的矛盾和嫌隙。

郭子仪在处理与宦官的关系时，始终坚持国家利益至上的原则。他认为，无论是宦官还是其他人，都应该为国家的繁荣和稳定做出贡献。因此，他在与宦官交往时，总是尽力维护国家的利益，避免因为个人恩怨而影响大局。

郭子仪的智慧和风范，对于今天的从政者仍然具有很高的借鉴价值。在处理与一些特殊利益团体的关系时，从政者应该保持谦逊、谨慎的态度，尊重领导的权威，维护国家利益，以大局为重，避免因为个人恩怨而影响国家的稳定和发展。同时，还应该学习郭子仪的宽宏大量，尽量减少彼此间的矛盾和嫌隙。只有这样，才能更好地为国家的繁荣和稳定做出贡献。

三、防秋练兵

在带领着朔方军从河中迁移至邠宁之后，郭子仪不仅拥有朔方重兵，并且还因邠、宁、庆三州隶属朔方，扩大了朔方军的势力范围，这也结束了郭子仪镇守河中，经常来回奔袭的作战方式。虽然有郭子仪镇守处于吐蕃攻唐最前线的邠宁，但这并未给大唐带来持续的和平，吐蕃仍旧在不断地骚扰着大唐的边境。

在吐蕃王朝最为兴盛的时期，其强盛的国力与大唐日渐衰败的肃、代、德三朝形成了巧妙的呼应，这也就使得双方的实力对比在一定程度上呈现出了一种不平衡的态势，吐蕃一方在四面八方展开了不可思议的扩张，而唐朝一方盛极而衰，各种内乱和纷争让大唐疲于奔命。所以，面对如此严峻的形势，唐朝必将采取一些旷日持久的防御措施，只有这样才能稳定自己的地位，抵挡吐蕃王朝强势的进攻。

在唐朝大历五年（770）到大历十三年（778）的那段时间，吐蕃军队在兵强马壮的夏秋两季，连续不断地侵犯唐朝边陲，不惜一切代价进行大规模的掠夺行为，其主要目的就是获取足够的物资以满足吐蕃部族过冬的需要。尤其值得一提的是，吐蕃的进攻重点主要集中在泾州、邠州和灵州三个地方。其中，规模最大的战事开始于大历八年（773）的秋天。

八月十六日，正值秋收时节，6万吐蕃骑兵大举入侵灵州。一阵骚乱后，吐蕃军队迅速离开，这番骚扰造成庄稼大面积被损毁。二十八日，幽州节度使朱泚决定派遣自己的弟弟朱滔，带领5000名训练有素的精锐骑兵到达泾州"防秋"。自从安禄山叛乱以后，幽州地区的士兵便很少参与到国家的军事行动中。因此，朱滔能够率兵前来助阵，无疑是一个令朝廷振奋的好消息，代宗十分高兴。因此，为了感谢朱滔的到来，代宗还特地赐予他丰厚的赏赐，以示尊敬和感激。

十月初的时候，吐蕃军队再度进犯。唐廷的灵州驻军兵不血刃，以其精良战斗力成功地击败了1万余敌军的进攻。然而，好景不长，继灵州之战后，吐蕃的 10 万大军再度进犯唐朝的泾州和邠州。面对严峻的军事形势，郭子仪果断地派遣得力助手浑瑊率领 5000 名精锐的步骑兵前往宜禄，与泾原节度使马璘配合，形成一种坚实有效的攻防联合模式。在抵达长武县北的黄菁原后，浑瑊迅速进行了初步的敌情侦察。在瞭望敌情后，他果断地下令占领该地区的险要位置，并设置了拒马枪，以防止吐蕃的骑兵发动冲锋。

然而，就在这至关重要的时刻，唐朝的朔方军老将史抗、温儒雅等五六名将士凭着自己的资历完全不把浑瑊放在眼里，任性地无视了浑瑊的命令。因此，当浑瑊派出使者传令准备出击时，这些将士竟然临阵醉酒，他们甚至在看到浑瑊之前布置的拒马枪时嚣张地说道："在野外作战，看到敌人，就应该出击，何必用这种东西！"竟然下令让士兵撤掉了拒马枪，随后喝令骑兵发动了一次冲动的冲锋。此时，吐蕃军队已经摆好了阵势，准备迎击唐军。所以唐军骑兵不仅未能突破敌军的防线，反而在退回时，搅乱了后军的阵脚。结果，吐蕃军队借此机会发动了反击，唐军被打得大败，溃散的士兵在逃跑时纷纷被杀，死亡人数达到了总人数的十分之七八，就连当地的居民也有 1000 余人被吐蕃军队掳掠而去。浑瑊等人则在奋勇冲杀之下，成功地冲出重围，避免了全军覆没。

二十二日，当泾原节度使马璘率领的唐军在泾川西面的盐仓（名叫盐仓，实则是唐军重要的战略据点）与吐蕃军队进行生死决战之际，突然从后方传来了令人担忧的消息，那就是宜禄方面的唐军在战场上失利。此消息令防秋的诸路大军顿时心惊胆战，望着敌军虎视眈眈的模样，军队的士气迅速跌入谷底，战斗力大大削弱，最终又惨遭败绩。马璘率领的唐军也被吐蕃军队围困，至暮色降临还没有回城。

就在这个时候，兵马使焦令谌等人与士兵们争抢着逃回城里，所有人都想尽快逃离这个令人胆战心惊的战场。有人劝行军司马段秀实尽早关闭城门，以免吐蕃军趁机攻入城中。段秀实听完这个建议后，脸色严肃地说道："主帅现在身处困境，我们只有继续向前，怎么能够贪图自己一时的安稳，不顾别人呢？"说完，他立即召来焦令谌等人，责问道："按照军法，统帅若是遭遇危险，那么部下也将会受到应有的惩罚，如今主帅还没有被解救出来，诸位是不是已经忘记了自己的死罪？"焦令谌等人听到段秀实的责备后，顿时惊恐万分，连忙跪倒在地，向段秀实请罪。

段秀实看到焦令谌等人这副模样，虽然心中有些不忍，但是一想到现在的处境，他还是下令让城中尚未参战的士卒全体出动，列阵于东原之上，并且召集那些已经溃散的士卒，摆出了拼死一战的架势。吐蕃军看到段秀实率领唐军摆出这样的阵势，不禁有些胆寒，便稍微向后撤退了一些。

夜幕降临，马璘终于得以摆脱敌军的包围，回到城中。当他看到段秀实时，心中对段秀实的敬佩之情油然而生，若不是段秀实在关键时刻挺身而出，恐怕他现在早已命丧黄泉。

位于邠州行营的郭子仪获悉前线战况后，立即召集军中诸将，准备商议退敌的计策。他严肃而沉重地说："这次战事失败的罪责，主要在我本人，并不在各位将领。然而，朔方军一向以其卓越的兵力和强劲的战斗力闻名于世，如今却遭到了敌军的无情打击，这使我们蒙受了巨大的耻辱。有什么计策能够洗雪这次的耻辱？"诸将听完一时陷入了沉默，没有人立即给出合适的答案。

就在这时，浑瑊站了出来，他诚恳地说："作为这次战事失败的罪魁祸首，我本没有资格再参与到这次商议中来。然而，我想说的是：这次战事失败，副元帅只需要治我一个人的罪；或者，请给我一次赎罪的机会，让我带领部队，前往朝那，与敌军殊死一搏。"郭子仪听完轻轻地点了点头，选择宽恕浑瑊的败军之罪，并同意他提出的建议，命他带领一支部队，火速开赴朝那，寻找机会与敌军决战。

吐蕃在取得胜利后，他们贪婪的目光开始瞄准了汧、陇一带，打算到那里掠夺一番。面对吐蕃的威胁，盐州刺史李国臣向郭子仪建议道："吐蕃军队必定会乘胜追击，大举进犯京师。假如我们能巧妙地在他们背后牵制他们，他们必定要回军支援照应。"于是，郭子仪果断地安排李国臣率领一支军队向西奔赴秦原，他们一路敲响鼓声，营造出一种声势浩大的假象。吐蕃军队一路行进至泾州百里城时，得知唐军要对他们进行前后夹击，便立即仓皇回撤。

在这个紧要关头，浑瑊统率的精锐唐军，早已在曲折险峻的山路两侧精心设伏，等待着吐蕃军队被迫撤退时出现混乱。在这场生死攸关的战斗中，唐军成功地将被吐蕃军队掠夺的众多人口和物资一一夺回，为之后唐军的胜利奠定了坚实的基础。

此外，马璘也派出了一支精锐部队，趁着夜色的掩护对吐蕃军队的辎重基地潘原发起了一次成功的突袭。在这场突袭战中，唐军展现出了令人敬畏的战斗力，他们行动迅速、战斗力强，面对任何敌人都毫无畏惧，一度杀敌数千人。这场战斗不仅重创了吐蕃军队，还严重动摇了他们的士气，使他们意识到自己的处境其实非常危险。面对如此惨重的损失，吐蕃军队意识到唐军的实力远比他们想象中强大，于是决定全线撤退，向西逃亡。

大历九年（774）二月下旬，郭子仪返回朝中觐见代宗。此次会面两人展开了一场关于吐蕃日益强大后，西部边疆在持久的战事中难寻安宁的激烈讨论。在这种既激动人心又令人忧虑的话题面前，两人都情绪激昂、慷慨陈词，以至于激动不已的情绪凝聚成了他们眼眶里的泪水，难以抑制。

郭子仪回到家中，立刻着手草拟一份奏章，将自己对边事的见解与策略毫无保留地书写进去。他的笔触强劲有力，言辞直白坦率，表达出对于国家安全事务的深深忧虑和对边疆安宁的热切期望。在这份战略规划中，郭子仪指出朔方是唐朝的北方门户，需要抵御来自西方的吐蕃和来自北方的回纥。然而，在开元、天宝年间，唐朝的军队数量只有 10 万，战马 3 万匹，只能抵御一个方向的敌人。自从肃宗灵武即位以来，在收复两京的过程中已经消耗了大量的人力和物力，现在唐朝的军队只剩下原来的十分之一。

可是吐蕃的势力却已经强大了 10 倍，并且占据了河陇地区，还与羌、浑等部落联合，每年都会侵犯唐朝的边境。郭子仪指出，唐朝在西北地区有 4 个节度使，每个节度使的军队都有上万人，而吐蕃军队的数量是唐朝的 4 倍。所以，以现在唐朝军队的实力，很难与吐蕃军队抗衡。郭子仪还提到，他所统领的军队数量不到吐蕃军队的四分之一，战马数量不到吐蕃军队的百分之二，因此他认为应该采取守势，而不是与吐蕃军队作战。如果吐蕃军队越过渭水，进入唐朝的内地，将会引起民众的恐慌，其他地方的军队也可能受到影响。

然后，针对以上问题，郭子仪建议皇帝应该更加重视军事训练，选择合适的将领统领军队，并从各个地方抽调精兵，组成四五万人的军队，这样才能取得胜利。

最后，郭子仪还以年龄太大为由，请求辞职退休。代宗看完他的奏章后，回应道："您考虑的问题很深远，深深触动了我的心。我始终依赖您，您不能辞职。"

四月中旬，郭子仪向代宗辞行，返回邠州。在告别之际，郭子仪言辞郑重，再次就长安西北的防务问题向代宗娓娓道来，这些建言都经过了他的深思熟虑，言辞中充满了忧虑和勤勉，言辞恳切。每当触及一些关键的问题时，郭子仪的眼中便溢出了泪水，他的忧国忧民之心溢于言表，令人敬佩。在郭子仪两次上奏完成后，吐蕃的进攻频率相较于之前开始减少。吐蕃在这期间也开始积极调整进攻思路。

在代宗大历十年（775）以前，吐蕃军队东侵的矛头主要集中在关中西北部，攻击的重点方向是灵州、泾州、邠州三地，这三地地理位置极为重要，是护卫唐朝中央的重要屏障。然而，在长安西北地区诸军镇的顽强抵抗下，吐蕃军队那股气势汹汹、锐不可当的攻势被一次又一次地遏制住了，从而迫使吐蕃军队在大唐境内止步不前，双方因此陷入了一场旷日持久、艰难曲折的拉锯战。面对这样的局面，吐蕃也在积极地寻求解决方法。

大历十年（775）开始，吐蕃军队的进攻策略发生了根本变化，一方面加强了对唐朝西南地区的攻势；另一方面开始调整对关中地区的攻击方向，企图从灵州向东、从庆州向东越过子午岭对关中作远程迂回攻击。

大历十二年（777）九月，吐蕃派遣 8 万大军齐聚原州的北部，二十一日，吐蕃大军不费吹灰之力，就轻松地占领了方渠县，势如破竹般地进入了拔谷。郭子仪敏锐地觉察到了危机，他迅速地派出部将李怀光率领精兵前去救援。吐蕃见状迅速后撤。二十二日，吐蕃大军又将目标指向了坊州。十月七日，西川节度使崔宁上奏，在望汉城大胜吐蕃军队，成功地阻止了吐蕃的进攻。一个多星期后，一支吐蕃军队从原州北上，然后向东进犯盐州和夏州；另一支则直接向东进犯邠州长武城。郭子仪调兵遣将，分头迎击，吐蕃军无功而退。

大历十三年（778）二月二十二日，吐蕃将领马重英带领一支 4 万人的精锐部队迅速入侵了唐王朝的边防重镇灵州。他们对灵州的填汉、御史、尚书三条重要水渠进行了严重破坏，妄图以此来破坏唐朝军队的屯田生产活动，削弱唐朝军队的物资保障。然而，这种阴谋似乎效果一般。四月下旬，吐蕃展开第二波强势攻击，镇守在灵州的朔方留后常谦光率领战士击退敌军。

就在吐蕃进犯不止的情况下，回纥也开始轮番攻击。七月十四日，郭子仪再次上书朝廷，报告了一个令人担忧的情况：回纥军队依然在塞外驻扎，丝毫没有退去的迹象。边境地区的民众无不为此深感忧虑，生怕回纥入侵会再次给他们带来无法承受的灾难。在此局势下，郭子仪向朝廷提出了一个十分合理的建议：委派邠州刺史浑瑊，带领一队精锐士兵前往振武军驻扎，以此威慑回纥军队。代宗对郭子仪的建议深表赞同。消息传出后，回纥军队立刻感受到了唐朝坚决捍卫边疆的决心。为了避免与唐朝发生正面冲突，回纥首领审时度势，选择主动撤退，避免了一场可能发生的战事。

七月二十七日，吐蕃将领马重英再次率领一支规模庞大的骑兵部队入侵灵州，然而，这一次，他们遭遇了朔方军都虞候李怀光的强力阻击，战斗激烈而残酷。八月初吐蕃军队继续东侵，达到银州、麟州后，大肆掠夺当地党项部落的牲畜。李怀光率领唐军，趁着吐蕃骑兵驱赶掠夺的牲畜行进缓慢之际，准确地抓住战机，成功地将其击溃，赢得了这场战争的胜利。

到了九月二十七日，情况发生了一些变化，原州方向的吐蕃军出动了万余名骑兵，从青石岭的险峻山岭向东进犯唐朝的泾州。郭子仪、段秀实和朱泚接到诏令后，严阵以待，吐蕃军队见没有什么机会只得无功而返。

　　此时 82 岁高龄的郭子仪，开始有些刚愎自用，他的副手张
昙性格刚毅直率，可能平时对郭子仪多有冒犯，导致郭子仪觉得
他有些轻视自己，因此心生不满。孔目官吴曜被郭子仪重用，张
昙可能是觉得吴曜能力不足，不该如此被重用，便上奏要求惩罚
吴曜。郭子仪得知后非常生气，便诬告张昙谋反，他说："张昙
这个人竟敢诬陷我们，他的行为太过分了，应该立即处死。"军
中的掌书记高郢想要努力挽回局面，尽力阻止郭子仪的冲动行
为，但郭子仪并不听他的，甚至上奏要将高郢贬到猗氏担任县
丞。这次混乱让郭子仪的诸多老部下有些寒心，觉得下一个被贬
的可能就是自己，所以纷纷称病辞官。

　　郭子仪看到事态发展到这一步，也有些后悔了，他明白自己
的冲动行为对军队内部造成了多么严重的影响。因此，他决定再
次向皇帝举荐这些老部下回到军中任职，并且深刻地反思自己的
过错。最后，他决定将吴曜赶走。

　　认识到自己可能并不再适合领兵打仗后，郭子仪终于荣耀归
朝，那个叱咤风云的郭子仪终于结束了他长达 60 多年的疆场生
涯。回朝之前他命令得力助手杜黄裳负责各军的留守工作。就在
此刻，李怀光开始有了一些居心叵测的小算盘，他灵机一动，试
图伪造诏书篡夺郭子仪的职位，却不料被杜黄裳成功识破，他见
此情景，也只能甘愿受罚。为了军队内部的安定，杜黄裳也采用

了假造郭子仪命令的方式，将军队中不服从管教的将领全部放逐于外，以此来巩固军队内部的稳定局面。这件事情，也暴露出朔方军内部实际上已经开始分崩离析，毕竟郭子仪以 82 岁的高龄带兵，身体的各方面能力确实已经有所不济。

四、忠武永垂

大历十四年（779）五月，唐代宗李豫驾崩，在他留给后人的遗诏中，任命郭子仪担任冢宰。当新皇帝德宗李适即位后，他尊郭子仪为尚父，又加封郭子仪为太尉兼中书令，将郭子仪原本的实封土地再度增加 2000 户。对于德宗而言，郭子仪虽然是整个大唐最为重要的官员，但年龄已大，不再适合担任具有太多实际权力的官职了。德宗将郭子仪之前担任的副元帅和诸多使职一一罢免。这些职务分别由其部下接任：朔方都虞候李怀光为河中尹，邠、宁、庆、晋、绛、慈、隰等州节度观察使；朔方右留后常谦光为灵州大都督，西受降城、定远军、天德军及盐、夏、丰等州节度使；朔方左留后浑瑊为单于大都护，振武军和东、中二受降城、镇北及绥、银、麟、胜等州节度营田使。这一次的罢官行为，也意味着本书的主人公郭子仪，终于如愿以偿地离开了大唐最为核心的权力中心，这位曾经叱咤风云的战神，如今已经是 84 岁的高龄，在这场看似体面的罢官过程中，他过上了闲云野鹤的退休生活。并且德宗也用隆重的礼节对待这位退休的老人，每次郭子仪入宫谒见德宗，都是乘坐抬轿从光顺门直接进入内殿，要知道进入光顺门便可以直接到达皇帝用来休息的紫宸殿和延英殿，乘坐轿子直接进入内殿充分显示了郭子仪地位之崇高。

两年后的建中二年（781）二月，忠诚敬业、戎马一生的郭子仪突感身体不适，病情于六月加剧，德宗皇帝一听到这一消息，便立刻派遣舒王李谊探望郭子仪的病情。然而，令人遗憾的是，四个月后的六月十四日，郭子仪不幸离世，享年 85 岁。听到这一噩耗，德宗皇帝悲痛欲绝，宣布停朝五天，以示对郭子仪深深的哀悼。同时，他还下诏追赠郭子仪为太师，让郭子仪身着华丽庄重的衮冕之服入殓，陪葬在肃宗李亨的建陵，并赠予 3000 匹洁白的绢、3000 端乌黑的布、3000 石晶莹的米、3000 袋金黄的麦。郭子仪丧葬的所有费用均由国库提供。同时，德宗还令朝中的各位大臣依照官位的高低和次序，前往郭子仪的灵堂吊唁，向郭子仪致以最崇高的敬意。除了上述这些规定内的礼仪，德宗皇帝还特意要求在规定的一品官员一丈八尺的坟高基础上，再额外增高一丈，以此表彰郭子仪卓越的军功和为国家立下的汗马功劳。最后，德宗根据谥法制度的要求，赐予郭子仪"忠武"这个非常贴切和崇高的谥号，并在代宗的宗庙中，设立郭子仪的灵位，让他享受国家的祭祀，世代被人们敬仰和赞颂。

郭子仪出殡当天，德宗在文武百官的陪同下，登上皇城西面的安福门，哭送灵柩西出安远门，可谓哀荣备至。德宗还亲自撰写了《册赠太尉兼中书令尚父汾阳郡王郭公庙碑铭并序》，回顾郭子仪的戎马一生，歌颂郭子仪的丰功伟绩。

除了皇帝的无上尊崇外，当时唐廷广泛存在的藩镇势力对郭子仪也无比尊重。唐代宗广德元年（763）平定河北地区后，唐朝政府任命了一批安史叛将担任地方藩镇的节度使，这标志着唐朝开始了藩镇割据的历史时期。其中，田承嗣被任命为魏博节度使，他坐镇河北魏州（现今的河北大名），专横跋扈，对朝廷的命令阳奉阴违，甚至公开反抗。据史书记载，当时的汾阳王郭子仪派使者前往魏州，田承嗣竟然向西下跪道："我这膝盖不向别人下跪已有好多年了，今天专为郭令公跪拜。"

到了大历十一年（776）五月至十月间，这场反叛的风暴更加猛烈，汴州（今河南开封）的军将、都虞候李灵曜，竟然妄图占据一州的地盘，发动叛变，将汴州城内外搅得天翻地覆。李灵曜在造反期间，竟然把经过汴州的公私财物全部劫取。他的这种做法，无疑给当地的民众带来了极大的痛苦和困扰，同时也严重损害了唐朝政府的威信。然而，这场叛乱并非不可控制，郭子仪的封币（封户所缴赋税）在途径汴州时，李灵曜却未敢扣留，甚至派兵护送出境。这件事情充分表明即便专横跋扈如田承嗣、李灵曜在面对郭子仪时，均表现出极高的尊重，甚至对他的尊重在一定程度上要高于对当时皇帝的尊重。

郭子仪去世后，后世史官在议论郭子仪的生平事迹时，都交口称赞。说他当时权倾朝野，功盖一生，以身为天下安危者20年。虽然郭子仪为上将，拥有强兵悍将，在一些地区地位甚至高于皇帝，朝中宦官程元振、鱼朝恩也因此百般诋毁他，可郭子仪并未有异心，皇帝的诏令一发布，郭子仪就能够立刻回朝复命，这也有力地回击了那些不堪的声音。

除了郭子仪自身拥有很多优良品格外，他还一直强调家族门风的建设。对于郭氏家族来说，郭子仪的丰功伟绩让整个家族拥有极高的地位，在郭子仪的后人中，共出现了5位驸马和1位皇后。郭子仪儿子郭暧为昇平公主驸马，郭暧第三子郭钊为汉阳公主驸马，郭暧第四子郭铦为西河公主驸马，郭暧之孙郭仲恭为金堂公主驸马，郭暧之孙郭仲辞为饶阳公主驸马，郭暧之女郭氏为唐宪宗元妃，穆宗即位后被尊为太后，敬宗、文宗、武宗时期为太皇太后，死后被追封为懿安皇后。可以看到，上述驸马和皇后均出自郭子仪第六子郭暧一族，这也是郭氏家族的核心。这个家族承袭了郭子仪持盈守虚、谦虚谨慎的特点，这也让郭暧家族可以长期成为最靠近皇室的一族。此外郭氏家族还有两名子弟娶了当时的县主，一名是郭子仪儿子郭晞的孙子郭从实，娶了长寿县主，另一名是郭子仪的弟弟郭幼明的孙子郭从真，娶了江华县主，只不过二人不是驸马，所以影响有限。

至于其他郭氏家族则有着郭子仪明敏强干、恪尽职守的特点。虽然远离了皇室和权力中心，但他们依靠着自身的能力也在不断地发展壮大，获得更高的品级。比如在郭子仪长子郭曜的儿子郭锜的墓志中，提到郭锜最初为官时依靠明经入仕，而非恩荫。入仕后担任了正九品上的高陵主簿，接着靠着自己的能力一步步升到从四品上的太府少卿。在他为官过程中，能够明辨是非，获得其他官吏的支持与帮助，以上种种都离不开郭子仪个人的影响。

郭氏家族开始由军功起家，之后便依靠着郭子仪不凡的智慧和能力，迅速在肃宗、代宗时期崭露头角，成为当时最为显赫的家族之一。除了与皇室通婚外，家族成员间也积极与一些名门望族结亲，借助他们的丰富资源和深厚背景巩固自己的地位。比如与长孙氏家族、陶氏家族的多重联姻，同时还与山东五大姓"崔卢李郑王"保持了密切的关系。这些名门望族拥有精深的文化修养，这无疑提升了郭氏家族后裔的文化素养，让郭氏子孙在知识文化的熏陶下日益成熟、茁壮成长。

此外，当时的肃宗、代宗对郭子仪的忌惮由来已久，为削弱郭氏家族的权力，他们已经开始着手采取一系列措施。这些措施中，剥夺郭氏家族的军权，无疑是最为关键的一步。在此背景下，郭氏家族由武转文是必然的趋势，这种转变如同凤凰涅槃，也让郭氏家族在全新的领域焕发出新的生命力。

随着时间的推移，郭氏家族的文化水平与前代相比，已经有了显著的提升。在这个家族的血脉中，那份源自军功起家的刚毅与智慧，正在逐渐演变为更加博大精深的文化底蕴，成为郭氏子孙立足于世的基石。在这个过程中，郭氏家族的实力和影响力也在不断增强，为后世留下了丰厚的文化遗产。

与家族风格在郭子仪去世后出现明显变化的情况不同，郭氏家族的居住环境实际上变化不大。根据学者的研究，郭子仪的家族在繁盛热闹的长安城中拥有的宅第并非仅仅一处，而是分布在四面八方，各具特色，展现出家族成员的多样风采。但是，郭子仪的父亲和妻子并未居住在亲仁坊郭宅中。郭暧与昇平公主喜结良缘后，也搬离了亲仁坊，进入其北邻的宣阳坊落户。尽管如此，亲仁坊郭宅依然展现出其庞大的规模，足以让人叹为观止。这处宅第从安史之乱后，至少一直延续至晚唐。郭子仪生前便与兄弟聚居于此，到子辈郭曜一代，仍然维持兄弟聚居的面貌。这个大本营成为郭家在京城经营家族大业、维系家族命脉的重要场所。但正像历史上各大家族由盛而衰的发展历程一样，郭氏家族同样避免不了这样的结局。在郭子仪的一生中，他为国家立下了无数赫赫战功，然而在其死后不久，便有人对他的显赫地位产生了强烈的嫉妒。这些别有用心之人，以各种手段鼓动郭子仪家族内部成员互相举报，企图借此将他的家族推向黑暗的深渊。

郭子仪的女婿赵纵、李洞清和王宰，由于受到了这场风波的牵连，都相继被贬黜，他们的事业和生活陷入了一片阴霾。特别是郭子仪的长子郭曜家，更是陷入了恐慌之中，整日提心吊胆，生怕自己的家庭也会遭受厄运。幸好，郭子仪的家族在这场风波中抓到了一根救命稻草。宰相张镒一直对郭子仪的忠诚和英勇事迹深为敬佩，并且对他的家族充满了同情。在张镒的庇护下，郭子仪的家族逐渐摆脱了厄运，重新找回了自己的幸福和安宁。这个家族不仅保住了自己的地位，还保持了声望，只不过难以重回郭子仪时期的巅峰状态了。

结　语

　　行文至此，我们对郭子仪波澜壮阔的一生进行了全面的回顾与总结，一个伟大的历史人物的一生就此告一段落。今天的我们，站在 1200 多年后的历史长河边，回望这位英明勇武的郭子仪，会发现他之所以被后世敬仰与怀念，其中一个原因是他战功显赫，深受当时的皇帝唐玄宗的器重和信任。然而，在那个年代，与郭子仪同样战功显赫的将领并不罕见，如李光弼、仆固怀恩等人，他们都有着极其显赫的战功，但人生的结局各不相同，他们也并没有像郭子仪一样，被后世长期怀念和纪念。例如，李光弼因愧疚而生病，最终因病去世；而仆固怀恩则因为叛变，最终被杀。为什么这些本来人生轨迹相似的时代英雄，最后的结局却有如此巨大的差异呢？这其中就与另一个重要的原因——郭子仪独一无二的个人品格有关。

在宋朝，著名的文学家、史学家徐钧对《资治通鉴》所记载的1000多个历史人物的功过得失进行了深入的研究和评价，并用诗歌的形式对这些历史人物进行了高度概括和总结，最终汇集成《史咏集》。在这部诗集中，对郭子仪一生的评价和总结是这样的："身佩安危三十年，谗锋虽中节弥坚。古今多少功名在，谁得如公五福全。"

这段评价，充分表达了徐钧对郭子仪人格魅力和高尚品质的肯定，也是他对郭子仪独一无二的个人品格的高度赞赏。这也是郭子仪能够在历史的长河中，被后世敬仰和怀念，并成为一位不朽的英雄人物的原因。

今天的我们在新时代该如何看待和学习郭子仪的个人品行呢？毕竟历史学的功能除了秉笔直书记录历史外，资政育人也是其十分重要的作用。后人在分析郭子仪成功的原因时，经常会提及他始终谦虚谨慎、明识进退、防微杜渐、以身作则、遵纪守法、竭诚尽忠等。但与同时代战功卓著的将领相比，郭子仪最为突出的特征便是对国家的忠诚。

首先，郭子仪的忠诚表现在从大局出发，维护皇帝与国家的权威。比如在肃宗乾元二年（759）相州兵败事件后，肃宗对郭子仪的态度有些微妙，如果此时处理不好，郭子仪便很有可能被革职查办，但他在接到肃宗要求自己回京的命令后，并未考虑此行是否有去无回，即便他的部下极力劝阻，郭子仪也并未反悔，而是毅然决然地跟着使者回到朝廷。当然最后的结局很明了，郭子仪失去了军权，在家赋闲了很长一段时间。但他选择了接受，并未做出任何出格的举动，这些都让他安然度过了那段充满危机的时光。因为郭子仪知道，如果自己对国家、对皇帝表现出明显的不满，或者将矛盾激化，那对整个国家都是巨大的灾难。从这一点出发，郭子仪选择了忍辱负重。当然今天这个时代与郭子仪所处的时代并不相同，我们不用再去顾及皇帝的权威，但是我们要努力培养自己从大局出发思考问题的能力，站在更长时段思考哪种措施对自己或者对国家解决问题更为有利，而不是计较眼前之得失。

其次，郭子仪的忠诚表现在遇到问题时，首先考虑的是不计较个人得失，面对国家的危难能够毫不犹豫挺身而出。当回纥与吐蕃联合进犯之际，郭子仪不顾个人安危，孤身一人前往回纥军营，以一己之力，不战而屈人之兵。当吐蕃大举入侵之际，代宗仓皇东逃，宦官程元振甚至劝代宗迁都洛阳。郭子仪听说后，立刻上奏反驳，并且劝代宗返回长安。自己则身先士卒，请缨抗敌。这些都能反映出郭子仪对于国家的忠诚与大无畏精神。

再次，郭子仪的忠诚还表现在国家利益高于一切，主动避贤让路，不贪恋官位。郭子仪的一生被数次褫夺军权，但每次被罢免军权之后，郭子仪都坦然接受，这些被罢权的原因中，有一些是因为他人的诬陷，有一些则是他从国家战略的角度出发，主动要求被夺权。比如郭子仪上奏分析安史之乱后一些军镇设置不合理，造成冗官、冗费的情况，所以他主动要求裁撤自己管理的军镇，作为地方改革的样板。此时郭子仪并未考虑失去权力后，自己的处境会有什么样的变化，反而站在国家的角度上，思考如何可以让国家的经费开支减少，以此来平稳度过国家最为艰难的阶段。

最后，郭子仪的忠诚还表现在他自始至终没有忘记自己作为官员的本分，一直保持着不骄不躁、谦虚谨慎的行事风格。郭子仪作为权倾朝野的官员，能够经历玄、肃、代、德四朝，并且死后还荣宠备至，这都与他能化解任何矛盾有关系。比如跟朝中权宦的纠葛应该说贯穿了郭子仪的仕宦生涯。在当时，被宦官盯上，被反复构陷的官员结局一般都不会很好，而郭子仪则成了例外，甚至在最后还让鱼朝恩对他产生了敬佩之情。并且他对国家忠诚的表现，也让程元振、鱼朝恩的诬陷一次次化为乌有，皇帝的疑虑自然也就消除了。

综上所述，郭子仪的忠诚既让大唐在由盛而衰这样敏感的时期没有再出现更大动荡，又让自己在面对诋毁、诬陷时，并未陷入深渊，反而一次次巧妙地化解危机。这便是郭子仪获得辉煌人生的根本原因。

有了忠诚这样优秀的品格，如果不善于表达这种感情，可能也会让自己的苦心白费。而郭子仪恰恰是那种善于吐露情感的官员，这也是他不同于其他将领的重要特质。在面对猜忌时，郭子仪屡次向皇帝献上长文，其中有一次给代宗献上了自己收集的1000多封诏敕，表达自己的一片忠心，并且劝告皇帝远离小人。

郭子仪之所以能够表现出如此忠诚的特质，是因为他深知君主专制体制的特征，并且深谙专制制度对官员的要求，官员对于皇帝必须要表现出绝对的服从，而皇帝神圣的光芒是不允许任何人掩盖和触碰的。在帝制时期，皇帝被视为独一无二、至高无上的天子，皇帝所具有的权力便是皇权，所以皇权被视作神圣不可侵犯的存在。然而，在皇帝身边，总是会有一些奸佞之人存在，他们或多或少地影响和左右皇帝的决策，甚至利用皇权。

在君主专制制度下，作为官员，他们必须谨慎行事，低调地在制度的约束中穿行，无论面临何种困境和压力，必须要学会容忍和退让。除了要防范君主的猜忌，他们还必须警惕那些心怀不轨的小人，他们不追求虚名，只希望自己能够安分守己、脚踏实地做好自己的分内之事。只有这样才能在那个充满权力斗争和危机的世界中全身而退，保全自己。

自古以来，多少赫赫有名的王侯将相，只因为不慎说错一句话、疏忽做错一件事就丢掉了宝贵的性命，他们的人生轨迹在那一刻戛然而止，令人唏嘘不已。这样的悲剧在历史长河中不断上演，让人感慨万分。然而，像郭子仪这般幸运，躲过诸多磨难，最终善始善终的传奇人物，却是屈指可数，尤为珍贵。这其中所隐藏的无奈与辛酸以及为了化解危机而付出的巨大代价，可能只有郭子仪自己心里最为清楚。而全书的内容实际上就是在尽力依靠现有的材料将郭子仪的经历和生存环境表现出来，让读者认识到那个时代生存并不容易。

学习历史的目的，在于借鉴古人的经验教训，以古为镜，照见自身的不足。郭子仪作为一位卓越的历史人物，他的为人准则和处世智慧无疑给了后人许多宝贵的启示。郭子仪的一生无疑是非常成功的。但是，我们在今天的社会环境下，切忌一味地套用古人的处世哲学，而应该灵活运用，结合时代背景审视历史，从中汲取有益的经验。

古人云："读史可以明智。"阅读历史书籍和文献能使我们洞悉人事变迁、历史规律，从而明智地对待生活。然而，要真正领悟到那些高深莫测、玄妙无比的为人处世哲学，我们必须接受一个漫长的人生历练过程。这个过程不会轻松，而是充满了挫折、挑战和困难。这些困境既是我们成长的催化剂，也是我们不断提升自己为人艺术和处世智慧的珍贵资源。只有在不断的学习、思考、实践和修正中，我们才能逐步积累生活智慧，不断提高自己的为人艺术和处世智慧，从而在人生的道路上更加从容不迫、自信满满地前进。

后 记

　　2022 年 11 月，我收到耿元骊老师的邀请，让我参与"唐朝往事"系列丛书的编写，撰写一部关于郭子仪的小书。最初看到这个题目时确实感到有些为难，毕竟郭子仪这样重要的历史人物，肯定被很多学者写过，我是否能超越前辈学者的作品，还留待各位读者评价。

　　在我看来，写作这种兼具通俗和学术的图书是当代史学公众化的重要方式之一，同时也是当代历史学者的重要使命和任务。只不过由于我阅读和写作的习惯，一是不知该如何使用更通俗的语言将学术性的问题表述出来，让读者在轻松的阅读感受中获得新知；二是如何最大程度地扩大有限史料的解读范围，这一问题既关系着本书的厚度，也关系着本书的深度。记得读博时，参加过一次新书分享会，与谈人提到通俗性质的历史读物比学术性的论文更难写，因为这不仅对作者的学术水平有要求，而且对文学水平还有比较高的要求。我对这个观点有很深的印象，而我撰写此书的过程实际上就是在反复印证这个观点。

在写书的半年时间里，疫情防控加上课，构成了我这期间的主要记忆。这半年多是我第一次登上讲台的阶段，平均每周 12 个课时的工作量让我这个"青椒"确实有点吃不消。感谢内子的支持与帮助，每每在我"拖延症"又犯的时候，为我制订详细的规划，助我按时完稿。回头再看看这半年的经历，白天上课，晚上备课加写书成了一种常态。很多次都是在写作的过程中，因难以忍受疲劳，趴在键盘上睡着了，醒来之后发现电脑屏幕上出现了一行行乱七八糟的文字，正像我熬夜写作时的思绪，混乱不堪。但好在，我每次都能重回正轨，将郭子仪的一生作为我叙述的对象，也在时刻思考着他为何能成为一个"完人"，这两点也是我力图在写作中要解决的问题。

当今时代，古人的优良品格更应该成为我们批判学习的模板。哪些是对今天这个时代有益的，哪些是应该摒弃的，我们要有一个清醒的认识。我想郭子仪这种"完人"形象的出现，固然有历史书写的因素在其中，但更多的还是他自身能够达到十分优秀的境地。这种优秀的形成，也不是一下子就能够实现的，可能他年轻时候也有冲动，也有后悔，但正是这些经历成为他日后"完美"人格形成之基础。

    本书的写作参考了大量的学术成果，但限于篇幅，所以在文末感谢那些研究过郭子仪的前辈学者，没有这些前期研究，也就不会有本书的内容。

孟献志

2023 年 6 月 30 日于京南寓所